Gloria Beck
Komplimente

PIPER

Zu diesem Buch

Komplimente spenden Trost, zaubern Menschen ein Lächeln
auf die Lippen und erleichtern es hin und wieder, eigene Ziele besser durchzusetzen.
Doch nichts ist verhängnisvoller als eine missglückte
Schmeichelei. Ob in Beruf, Freundschaft oder Liebe: Das
Komplimentemachen ist eine vielseitige Technik, für die Rhe-
torikexpertin Gloria Beck eine leicht anwendbare Systematik
entwickelt hat. Dabei präsentiert sie einen anregenden und
nützlichen Fundus an aufschlussreichen Beispielen aus Geschichte und Gegenwart.

Gloria Beck, geboren 1968, arbeitet als Autorin in Zürich.

Gloria Beck

Komplimente

Die raffinierte Kunst der schönen Lüge

Piper München Zürich

Mehr über unsere Autoren und Bücher:
www.piper.de

Von Gloria Beck liegen bei Piper vor:
Verbotene Rhetorik
Komplimente

Ungekürzte Taschenbuchausgabe
Piper Verlag GmbH, München
September 2011
© Eichborn AG, Frankfurt am Main, April 2009
Umschlag: semper smile, München
Umschlagabbildung: Stefanie Levers
Satz: Oliver Schmitt
Papier: Munken Print von Arctic Paper Munkedals AB, Schweden
Druck und Bindung: CPI – Clausen & Bosse, Leck
Printed in Germany   ISBN 978-3-492-25791-6

Inhaltsverzeichnis

Für die Complimente im gewöhnlichen Leben gibt es
eigene Complimentirbücher; doch der Gebildete,
Wohlerzogene wird stets von selbst das Richtige
wählen und die goldene Mittelstraße zwischen dem
Zuviel und dem Zuwenig zu behaupten wissen.
(Damen Conversations-Lexikon, 1834)

Vorwort

Wer kann mir erwünschter sein als Sie!

Komplimente – was für eine wundervolle Art, einen anderen zu schätzen, noch bevor man ihn kennt. Es gibt sie überall, wo Menschen zusammenkommen, in jeder Kultur und quer durch die Jahrhunderte. Einige mögen es, sie zu verschenken, aber alle lieben es, welche zu bekommen!

Weil es alle so lieben, obwohl nicht jeder es zugeben würde, ist die Kompetenz, gelungene Komplimente zu formulieren, eine besonders nützliche.

Denn wer Personen, gleich welchen Alters oder welcher Kultur, zu jedem beliebigen Zeitpunkt in innerliche Euphorie versetzen kann, der bestimmt über ihren Gefühlszustand. Es ist eben etwas Besonderes, durch simple Worte – denn mehr ist das Kompliment im Grunde nicht – einem traurigen Menschen wieder Hoffnung zu geben oder einem unsicheren Selbstbewusstsein zu schenken oder einen hässlichen für einen Moment in die Einbildung zu versetzen, er sei der schönste Mensch auf Erden. Dieses Machtmittel zu beherrschen mag manchem Absicht genug sein, die *Kunst des Komplimentierens* zu erlernen.

Andere finden es vielleicht widerlich, im Zusammenhang mit Komplimenten an Manipulation zu denken. Schließlich geht es doch darum, dem anderen eine Freude zu machen und einfach mal nur nett zu sein. Kein Mensch soll Sie daran hindern! Sie dürfen und sollen nett sein, denn es besteht immer ein Mangel an Freundlichkeit.

Gleich, für welchen Weg Sie sich aber entscheiden, eines gilt in jedem Fall: Wirkungsvoll ist nur das gelungene Kompliment.

Ein schlechtes Kompliment ist eine graue Trübseligkeit mit peinlichen Nebenwirkungen. Dabei ist das gute Kompliment kein Hexenwerk. Nur fehlte es bisher an Lehrwerken.

Dieser traurige Zustand hat nun ein Ende und die Kunst des Kompliments soll wieder zum Leben erweckt werden. Das geschieht zur Wonne all derjenigen, die sich auf einmalige Glücksmomente durch das Verschenken dieses Buchs freuen dürfen, und zum Nutzen derer, die Komplimente als Mittel zur Manipulation kennenlernen wollen. Denn beides kann vorliegen: der hinterhältige Egoismus des Charmeurs und die aufrichtige Ehrlichkeit des Gutmeinenden. Keine andere rhetorische Technik verbindet diese Gegensätze zu einer Taktik, von der alle profitieren: die Charmeure ebenso wie die beneidenswerten »Opfer« schönster Komplimente.

Viel Freude und Erfolg!
Gloria Beck

Zwischen Emotion
und Strategie

ZWISCHEN EMOTION
UND STRATEGIE

87 % der Deutschen, so ergab letztens eine Umfrage, seien zufrieden mit den erhaltenen Komplimenten. Warum also ein Buch über Komplimente?

Eine Gebrauchsanleitung ist notwendig, weil Komplimente in der Form, in der sie heute kursieren, schlappe Ableger von dem sind, was sie eigentlich sein könnten: eine Technik der schönen Worte, mit der sich die Emotionen anderer steuern lassen wie durch kaum etwas anderes.

Dabei ist das Kompliment ein unauffälliges Luder: Fast keiner bemerkt, dass er beeinflusst wird, während ihm eine aufrichtig (erscheinende) Schmeichelei ins Ohr geflüstert wird. Aber die Komplimenttechnik ist auch gefährlich: Wer die Kunst des Kompliments nicht beherrscht, wird auf der Stelle entlarvt. Und mit einem »Schleimer« will niemand etwas zu tun haben.

Was können wir mit Komplimenten erreichen? Anderen eine Freude machen? Ja. Aber das ist nur ein Zwischenschritt. Eigentlich beginnen sie jetzt erst Wirkung zu entfalten. Wirklich gute Komplimente sind ein langsames süßes Gift, das viele Jahre in einem Menschen bleibt, seine Gedanken umgarnt und sein Selbst formt. Menschen richten nämlich ihr Verhalten nach den erhaltenen Komplimenten aus. Wem einmal das erfreuliche Kompliment gemacht wurde, ein gutmütiger Mensch zu sein, der wird in Zukunft mit hoher Wahrscheinlichkeit weiterhin gutmütig sein. Denn diese Eigenschaft hat offensichtlich soziale Anerkennung zur Folge. Und danach streben wir alle auf die eine oder andere Weise.

Deswegen sollte die Macht der Komplimente nicht unterschätzt werden. Sie verraten uns, was wir alle wissen wollen, nämlich wie wir auf andere wirken. Und je nachdem, was wir über uns zu hören bekommen, verändert sich auch unsere Identität. Denn wir reagieren auf Komplimente physiologisch, also rein körperlich, ohne dass wir selbst es bewusst beeinflussen könnten:

Wenn wir ein gelungenes Kompliment erhalten, beginnt unser Gehirn vermehrt Neurotransmitter zu produzieren, die Stress bekämpfen. Die sichtbare Folge tritt sofort ein: Unsere ganze Erscheinung erstrahlt, die Augen leuchten auf und unser Teint wird rosiger. Wir sind glücklich in einer leichten Euphorie über uns selbst.

Diese Euphorie hat weitreichende Folgen: Der schwedische Arzt Dr. Lars Lindstroem führte eine Langzeitstudie durch und stellte fest, dass Menschen in regelmäßigen Abständen Streicheleinheiten und Aufmunterungen benötigen. Wer sie nicht bekommt, erkältet sich häufiger und leidet mehr als andere an Kopfschmerzen.

Aber die Macht der schönen Worte geht noch viel weiter:

Wer oft Komplimente bekommt, hat gute Aussichten, länger zu leben: Sie bewirken gute Laune und diese begünstigt prosoziales Verhalten. Und hilfsbereite Menschen haben tatsächlich eine höhere Lebenserwartung als weniger freundliche, so zumindest das Forscherteam um Stephanie Brown von der University of Michigan.

Wir haben also mit den Komplimenten ein Instrument, mit dem wir die Seele der anderen streicheln können, sodass deren Zufriedenheit wächst wie ein frisch gegossenes Blümchen.

Weil jeder glücklicher sein will, ist das Kompliment eine machtvolle Angelegenheit. Aber das ist noch lange nicht alles.

Komplimente sind nicht nur Instrument. Während wir Komplimente verteilen, verändern auch wir uns. Zumindest in den Augen anderer. Wie nennt man so jemanden? People's man, womanizer, everybody's darling oder altmodischer – Charmeur. Sie verstehen es, sich mit diplomatischen Schmeicheleien aus komplizierten Zwickmühlen zu retten. Und sich durch taktisch geschickt eingesetzte Komplimente in einer Diskussion zu behaupten. Sie finden immer die richtigen Worte, um andere zu trösten, und ihnen fallen im entscheidenden Moment die zartesten Wendungen ein, um andere zu verzaubern. Doch vielleicht genügt das dem einen oder anderen noch nicht. Wozu die Mühe? Deswegen, weil wir als versierte Komplimenteure einen ganz unmittelbar spürbaren Vorteil erlangen: Wir werden geschätzt, gemocht und geliebt.

In den Augen der anderen verändern wir uns. Wurden wir vorher als nüchterner Typ eingeschätzt, gelten wir auf einmal als herzlicher, liebevoller, freundlicher Mensch. Und die Veränderung dieser Kleinigkeit, nämlich das häufigere Äußern passender Komplimente, positioniert uns neu. Wir werden besser eingestuft, als wir in Wirklichkeit vielleicht sind. Aber das ist nicht sicher. Vielleicht verändern wir uns auch tatsächlich zum Besseren, wenn wir nicht mehr aufhören können, in anderen stets nur die schönen Seiten zu sehen.

Macht der schönen Worte: Sind neunzigtausend Komplimentarten genug?

Das Kompliment ist ein komplexes Phänomen. Es genügt nicht in einer Anleitung, ein paar vorbildhafte Schmeicheleien hinzuwerfen und zu sagen: Bitte nachmachen!

Vieles spielt eine Rolle für das Gelingen: der Kontext, das Gegenüber, der Zeitpunkt und vor allen Dingen Ihre eigene Persönlichkeit. Nicht jeder kann oder will vor Esprit sprühen und funkelnde Worte in die Luft streuen. Aus diesem Grund vermittelt dieses Buch eine *Komplimentkompetenz*. Das geschieht sicher nicht durchs Lesen allein, sondern durch die Umsetzung in den Alltag.

Deswegen hat dieses Buch auch zwei Teile, einen zum Genießen und einen zum Üben. Im ersten Teil geht es unter anderem um die aufregende Geschichte des Komplimentierens und um die Darstellung einer Epoche, in der das Kompliment raffinierte Technik gesellschaftlicher Durchsetzung war. Wie breit gefächert und kulturabhängig das Kompliment ist, zeigt das Kapitel »Komplimente aus aller Welt«. Welche Raffinessen es für Frauen und für Männer gibt und wie ein Kompliment für Kinder aussehen sollte, findet ebenfalls seinen Platz.

Im zweiten Teil, dem eigentlichen Praxisteil, stelle ich zunächst 20 Grundmuster vor. Ich habe sie durch linguistische Analyse aus rund 5000 Komplimenten gewonnen. Es steckt nämlich in jedem guten Kompliment ein Skelett. Das Fleisch bekommt es durch den zeittypischen Geschmack des jeweiligen Jahrhunderts und durch den Kontext sowie unsere persönliche Art und Weise, die Dinge beim Namen zu nennen. Wer aber das Fleisch abkratzt, der entdeckt immer gleichbleibende Knochenstrukturen gelungener Komplimente.

Wer heute nach einem dieser 20 Grundmuster ein Kompliment formuliert, verwendet damit eine der bewährten Strukturen. Das ist für den Anfang nicht schlecht. Mithilfe der Grundmuster lässt sich ein Kompliment schneller als sonst formulieren. Denn jetzt weiß man, was alles möglich ist. Das macht schlagfertiger und führt dazu, im entscheidenden Moment die Worte zu finden, die sonst gar nicht in den Sinn gekommen wären.

Doch für echte Komplimentkompetenz braucht es weit mehr. Denn zu den ganz großen Komplimenten gehört eine gewisse Versiertheit im Umgang mit Sprache. Eloquenz ist erforderlich, Beredsamkeit. Und beredsam ist, wer Techniken kennt, mit denen sich die Gedanken in besonderen Kleidern präsentieren. Es ist nämlich nicht einerlei, *wie* wir etwas sagen. Auf eine feine Auswahl der Worte und ihre Anordnung kommt es an. Spannung erzeugen wir nicht einfach so, sondern indem wir bestimmte Regeln anwenden.

Regeln gibt es auch für andere Wirkungssteigerungen. Ich nenne sie **Eloquenzien**. Davon stelle ich 15 vor.

Und dann gibt es noch die Ziele, die wir mit einem Kompliment verfolgen. Knifflige Sachen, etwa die Frage, wie ich ein humorvolles Kompliment mache. Oder mit welchen Worten ich eine fremde Person anspreche. Oder welche Schmeicheleien im Beruf mehr nützen als schaden. Kurzum: Jedes Kompliment kann ein Ziel haben, das über das Geschenk zweckfreier Freude hinausgeht. 20 Ziele stelle ich vor und 20 besondere Komplimentformen, um diese zu erreichen.

Etwas fehlt noch: Das Kompliment muss glaubhaft sein. Es bringt nichts, eine Schmeichelei hinzuhauchen, die niemand ernst nimmt. Ein Kompliment ist nur dann gut, wenn es auch ankommt. Dabei ist es ein Fehler, anzunehmen, dass ehrlich Gemeintes auch immer so verstanden wird. Nicht umsonst gibt es diese peinlichen Situationen, in denen man einen abwertenden

Blick erntet, trotz bester Absicht, jemanden zu erfreuen. Aber Glaubwürdigkeit lässt sich rhetorisch herstellen. Wie, das zeigen die 15 **Techniken für glaubhafte Komplimente**.

Wer nun alle Grundmuster und Eloquenzien, alle Techniken für glaubhafte Komplimente und besondere Komplimentformen beherrscht, besitzt zweifellos eine umfassende Komplimentkompetenz. Aber wir wollen nicht übertreiben. Es ist gar nicht nötig, 20 mal 15 mal 15 mal 20, also neunzigtausend verschiedene Komplimentformen zu beherrschen. Aber schön wäre es schon.

EINFÜHRUNG IN DIE KUNST
DES KOMPLIMENTS

Es gibt niemanden, der keine Komplimente mag. Aber es gibt genug, die keine schlechten Komplimente mögen.

Nähern wir uns der Kunst des Komplimentes mit vier Fragen:

Was ist ein Kompliment?

Im Sinne der Linguistik können wir das Kompliment beschreiben als »eine Äußerung, die jemandem Verdienste in Bezug auf etwas Gutes zuschreibt«.[1]

Auf den ersten Blick eine gute Definition. Eine Beleidigung, so könnte man daraus schließen, sei jedenfalls kein Kompliment. Aber kann nicht selbst eine Beleidigung gleichzeitig ein Kompliment sein? Ich meine ja. Folgendes Beispiel: In einer voll besetzten Kölner U-Bahn rief ein Mann, den Arm um seinen Freund gelegt, laut durch den Waggon:

Hey, der ist der geilste Arsch Kölns!

Das würde nicht jeder als Kompliment verstehen, der »geilste Arsch Kölns« schon. Er grinste übers ganze Gesicht und war offenbar sehr geschmeichelt. Ebenso der Adressat dieses Satzes, den ich in einem Berner Café hörte:

Weisch du scho, dass du abgefucktes Huregesocks bisch!

Es gibt auch andere, nicht verbale Äußerungen, wie lautes Rülpsen beim Essen, die zwar nicht in Europa, wohl aber in manchen asiatischen Ländern positiv verstanden werden. Ein gutes Kompliment kann durchaus in einer Beleidigung bestehen, wenn der Inhalt in einem bestimmten Kontext und unter der Voraussetzung einer gemeinsamen Sprachebene geäußert wird. Deswegen hat der Vorschlag des Anglisten Ernst Leisi einiges für sich, das Kompliment als ein Ansprechen von Vorzügen des Partners zu definieren. Ein geiler Arsch zu sein ist ohne Frage ein Vorzug des Partners, wenn es denn das ist, worauf in der Partnerschaft besonderer Wert gelegt wird, ebenso wie eine schöne Frau zu sein oder ein gutmütiges Wesen zu besitzen. Aber was ist, wenn diese Vorzüge in Wirklichkeit gar nicht vorliegen? Wenn jeder andere Mann Ihre Frau wirklich unattraktiv findet mit ihrer krummen Nase und dem dicken Hintern und der geile Arsch eigentlich ein verklemmter Homo ist? Hört die Äußerung deswegen auf, ein Kompliment zu sein? Sicher nicht. Ein Kompliment bleibt es. Aber es ist für weniger Menschen wahr.

Und dennoch, der nüchternen Definition des Kompliments fehlt etwas. Denn Erklärungsversuche aus sprachwissenschaftlicher Sicht können die Faszination des Kompliments einfach nicht einfangen. Sie berücksichtigen nicht die Wirkung, die Worte oder Gesten haben. Sprachwissenschaftler beschränken sich auf Sprache, besser auf Gesprochenes, nicht aber auf den Glückszustand, der den Worten folgt. Und deswegen würden sie auch eine 600-jährige Linde als Pflanze mit Stamm und Blättern definieren, ohne auf das schattige Grün hinzuweisen, auf die Kraft und die geheimnisvolle Aura eines alten Baums. Ein Kompliment ist sicherlich eine sprachliche Erscheinung, aber darüber hinaus noch viel mehr: Es ist auch ein Sprachkunstwerk. Mit jedem guten Kompliment werden kleine verbale Glanzstücke geschaffen, Alltagskunst in unmittelbarer Anwendung. Das Kompliment ist und bleibt ein Faszinosum mit eigenem ästhetischen Wert und entfaltet seine unglaubliche Kraft in demjenigen, an den sich die Worte richten. Sie sind wie Seifenblasen, die in der Nähe des Beschmeichelten aufplatzen und den wundervollsten Duft verströmen, nur für ihn allein.

Schließen wir uns deswegen einer Definition aus dem Film *Besser geht's nicht* an, in dem Jack Nicholson das Wesen des Kompliments so erklärt wird: »Einfach nur etwas Nettes sagen!«

Was unterscheidet ein gutes von einem schlechten Kompliment?

Die Wirkung. Wir erkennen ein gelungenes oder gutes Kompliment am Lächeln des anderen! Aber es gibt zwei verschiedene Lächeln.

Wenn der mimische Muskel, der für das Lächeln verantwortlich ist, der Zygomatikus, der sich von beiden Mundwinkeln jeweils rechts und links zum Jochbein zieht, in Aktion tritt, heben sich die Mundwinkel, die Zähne werden sichtbar und ihr Weiß blitzt uns an. Dann wissen wir, unser Kompliment war nicht schlecht.

War ein Kompliment aber ein wirklicher Volltreffer, geschieht mehr als nur ein Lächeln. Dann nämlich wird der große Ringmuskel um die Augen aktiviert und zieht sich zusammen, sodass sich der obere Teil der Wangen nach oben schiebt. Dabei entstehen diese niedlichen Krähenfüßchen, die Augenkonfiguration verändert sich und die Tränenflüssigkeit lässt die Augen erstrahlen. Während der Zygomatikus willkürlich bewegt werden kann (versuchen Sie es und sagen Sie *cheese*), entzieht sich der Augenringmuskel einer willkürlichen Kontrolle.

Nur wenn wir uns aus tiefstem Herzen über eine Schmeichelei freuen, kommt es zu dem schönen »Strahlen der Augen«. Damit haben wir unmittelbar und sofort die notwendige Rückmeldung auf die Frage: Ist mir das Kompliment gelungen? Wer nur das Cheese-Lächeln erntet, hat noch nicht das Herz des anderen berührt. Aber dieser ist höflich und reagiert freundlich. Das kann durchaus als gelungen interpretiert werden. Ganz sicher ist man aber erst, wenn nicht nur ein aufgesetztes Lächeln vorliegt, sondern eines mit Krähenfüßchen und Fältchen um die glänzenden Augen!

Und doch gibt es Grenzfälle. Wie ist es zum Beispiel mit folgendem Satz – stellt er für Sie ein Kompliment dar?

Wow, schöne Augen, schönes Shirt. Darf ich dich vögeln?
(American Pie 2)

Die meisten sagen zweifellos: Nein! Ja, aber warum denn nicht? Darin kann doch viel Wahrheit stecken! Vielleicht ist es wirklich das, was wir nicht gerne wahrhaben möchten: Das Gegenteil des Kompliments könnte die Wahrheit sein. Wieso?

Weil nüchterne Tatsachen oder die Beschreibung von Tatsachen, vor allen Dingen dann, wenn sie dem Gegenüber bekannt sind, kein Kompliment ausmachen. Wenn mir jemand exakt berechnet, dass meine Gesichtszüge ebenmäßig sind und genau in das allgemeine Schönheitsraster von 1 : 2 : 3 passen, dann ist das keine Schmeichelei, sondern die Wahrheit. Und darüber hinaus frage ich mich: Sieht er mich mit solch neutralen Augen? Objektiv, als würde er die Architektur eines Gebäudes beschreiben? Selbst wenn von der Perfektion meiner Hüften die Rede ist und dem Schwung meiner Beine, handelt es sich um kein Kompliment, wenn dies von einem Modedesigner ausgesprochen wird, der mich wie eine Kuh auf Marktgängigkeit beurteilt und eine Kriterienliste dabei abhakt.

Die Wahrheit ist also kein Kompliment. Auf jeden Fall dann nicht, wenn ich selber darum weiß. Meine Augen sind blau, das weiß ich, jeder, der es ebenfalls sagt, ist also in der Lage, meine Iris auf der entsprechenden Farbskala zuzuordnen. Höre ich aber:

Deine Augen haben ein seltenes Blau,

dann ist es etwas anderes. Blau, das wusste ich, aber selten?

Wann also freue ich mich über eine solche Aussage? Nur dann, wenn mir vorher gar nicht bewusst war, dass mein Blau ein besonders seltenes ist. Frauen, die durch wasserklare Augenfarbe auffallen oder ein stechendes Hellblau haben, wissen um diese Ungewöhnlichkeit, weil jedermann sie seit frühester Kindheit darauf angesprochen hat. Wer aber nur ein banales Blau aufweist, für den ist die Feststellung, es sei ein seltenes Blau, überraschend. Ich habe mich darüber gefreut. Und ich will mir ungern bewusst machen, dass ich mich nur deswegen darüber gefreut habe, weil ich in Wirklichkeit keine seltene Augenfarbe habe. Ich möchte lieber weiterhin glauben, dass *er* der einzige Mensch ist auf der ganzen Welt, dem diese Kleinigkeit an mir aufgefallen ist. Außer mir selber, die es jetzt auch weiß.

Wann liegt ebenfalls kein Kompliment vor?

Zum Beispiel dann, wenn der andere keine Kenntnis davon hat, dass jemand etwas Nettes über ihn sagt. Wenn ich im Café sitze und meiner Freundin zuflüstere, dass der Mann dort, der grad an seinem Cappuccino schlürft, wirklich, wirklich fantastisch aussieht, dann könnte ein Kompliment vorliegen – wenn er nur davon wüsste.

Ein Kompliment liegt darüber hinaus auch dann nicht vor, wenn offensichtlich ist, dass es nicht der Wahrheit entspricht. So wurde in einem Unternehmen einmal der Abschied des Seniorchefs gefeiert, und bei einem Stehempfang ging dieser umher und bedankte sich mit Handschlag bei jedem seiner Kaderkräfte. Bei einem aber stockte er, weil er den Namen nicht wusste. Als man ihm diesen zugeflüstert hatte, schüttelte er die Hand des Mannes und rief: »Ach ja, Herr Dr. Müller, einer meiner besten Mitarbeiter!« Es war zu offensichtlich, dass er bis dahin von Dr. Müller weder etwas gehört noch gelesen hatte.

Es kommt auch vor, dass eine Aussage nachträglich zu einem Kompliment wird, obwohl man eigentlich gar kein Kompliment machen wollte. Das ist zum Beispiel der Fall, wenn jemand eine auffällige karierte Hose trägt und man sich belustigt nähert und sagt: »Das ist aber eine auffällige Hose«, woraufhin sich der andere freut und ausruft: »Ja, nicht wahr? Ich habe mir gleich drei Stück davon gekauft!«

Neben den genannten gibt es noch die Komplimente, bei denen es einfach nicht zu entscheiden ist, ob sie nun eines sind oder nicht. Von Dieter Bohlen stammt eines dieser Prachtstücke, das sich an Fady Maalouf richtete, einen der Finalisten in der *DSDS*-Fernsehshow:

*Als ich ein kleiner Junge war und es war dann ganz kalt
im Winter da, hab ich mir oft in die Hose gepinkelt, und
das war eben auch immer so ein unheimlich schönes warmes
Gefühl, genau wie wenn du singst, also mir hat es sehr, sehr
gut gefallen.*

Ob das nun ein Kompliment war oder nicht, kann nur derjenige
entscheiden, an den es gerichtet wurde. Fady antwortete: »Danke
Dieter«, und damit wurde es zu einem Kompliment!

Komplimente und die Macht der guten Laune

Von Carl Rogers, einem amerikanischen Psychologen und Psycho-
therapeuten, stammt die revolutionäre Einsicht, dass der Mensch
von Natur aus positiv sei, von Grund auf gut und sozial und vor-
wärtsstrebend. Die Erkenntnis habe er aus seinen klinischen
Erfahrungen gezogen.

Dieser schöne Gedanke, den er 1961 in seinem Buch *Entwick-
lung der Persönlichkeit* vorstellt, ist in der Tat ungewöhnlich. Die
Religion, vor allem die protestantisch-christliche Tradition, hat
unsere Kultur mit der Grundansicht durchdrungen, dass der
Mensch im Wesen sündhaft sei. Freud spricht vom Es: Die den
Menschen ausmachende und primär aus Instinkten bestehende
Natur führe, wenn sie unkontrolliert bliebe, zu Inzest, Mord und
anderen Verbrechen.

Dabei wollen sich doch die meisten Menschen wohlfühlen
und spüren nichts von einem dunklen Unbewussten. Wir wollen
nichts anderes als glücklich sein. Deswegen bevorzugen wir angenehme Kommunikation im Beruf, in der Freizeit am Gartenzaun
mit den Nachbarn, beim Einkaufen mit der Verkäuferin oder beim
Plausch an der Bushaltestelle. Wir haben nur wenig Lust, uns zu
streiten, und finden es anstrengend, unsere Positionen verteidigen
zu müssen. Wie wohltuend ist dagegen eine ruhige und freundliche Unterhaltung. Und so versuchen wir in der Regel, unangenehmen Dingen aus dem Weg zu gehen. Wir meiden *dissonanz-
erhöhende* und suchen *dissonanzreduzierende Informationen.*

So kann ich als Nichtraucherin mir zum Beispiel in aller Ruhe Artikel über den Zusammenhang zwischen Nikotinaufnahme und Lungenkrebs zu Gemüte führen, mich stundenlang in die karzinogenen Substanzen des Zigarettenrauchs hineinlesen und die 25.000 Todesfälle durch Lungenkrebs bedauern, ohne dass es mir dadurch schlechter gehen würde. Gut, vielleicht keimt etwas Mitleid auf, aber das ist kaum der Rede wert, denn ich selber rauche ja nicht. Ein anderer, der gerade genüsslich an seinem Zigarillo zieht, wird sich diese Artikel nur ungern durchlesen. Jeder Moment ist einzigartig, sagt er, und sollte ausgeschöpft werden. Ist es nicht das, was wirklich zählt? Der Genuss im Augenblick des Erlebens?

Der legitime Wunsch, sich wohlzufühlen, geht so weit, dass wir eigentlich unangenehme Situationen positiv umdeuten. Wer einmal Opfer eines schlechten Friseurs geworden ist, weiß, wie intensiv sich einreden kann, dass der neue Schnitt ja gar nicht so schlecht ist, sondern modern und flippig, und man nur Mut braucht, um ihn morgen früh den Kollegen vorzuführen. Kurzum, jeder, der nun etwas Freundliches über die Frisur sagt, wird zum Retter des Wohlbefindens.

Wenn dem so ist, wieso verschenken wir dann nicht viel mehr Komplimente? Sagen Sie Ihrer Frau jeden Tag etwas Nettes, einfach nur so? Oder ich meinem Mann? Leider nein und schade. Warum ist das so?

Vielleicht liegt ein Grund darin, dass sich die meisten die Rückkopplung von Komplimenten nicht klarmachen. Denn Nettigkeit ist in der Tat ansteckend und nette Sätze bringen Nettigkeiten beim anderen hervor. Wie man in den Wald hineinruft, so schallt es heraus. Und wissenschaftlich formuliert bedeutet dies, dass ein freundlicher Stimulus auch eine freundliche Reaktion auslöst.

Aber vielleicht wollen das die meisten gar nicht hören. Ich sag dem anderen doch nichts Nettes, damit dieser auch nett zu mir ist. Und ich sage nur deswegen etwas Nettes, weil ich es wirklich so meine. Umso besser. Dass auf diese Weise das soziale Spannungsgefälle gelockert und die Voraussetzung für freundliche und angenehme Kooperation geschaffen wird, muss ja auch nicht im Bewusstsein vorherrschen. Denn das eine ist die Wirkung, das andere die Ursache.

Wenn wir selber gefragt werden, wieso wir Komplimente machen, dann nennen wir im Großen und Ganzen fünf Gründe dafür:

- weil wir einen anderen aufrichtig bewundern,
- weil wir unsere Solidarität mit jemandem bezeugen wollen,
- um ein Gespräch zu eröffnen,
- um ein gewünschtes Verhalten zu initiieren oder
- weil wir uns für ein erhaltenes Kompliment bedanken wollen.

Dabei fällt auf, dass der Grund »weil ich es wirklich so meine« oder »weil es wahr ist« nicht auftaucht. Die Bewunderung für den anderen muss als zusätzlicher Motivationsfaktor hinzutreten, um ein Kompliment auszulösen. Wir informieren nicht jemanden, den wir hübsch finden, dass er hübsch sei, nur weil er hübsch ist. Hübsch sein allein genügt nicht, dass einem von aller Welt Komplimente entgegenströmen. Erst wenn wir jemanden bewundern, vielleicht beneiden oder wenn wir seine Nähe suchen oder wollen, dass er mehr in unserer Nähe ist, teilen wir ihm mit, dass er oder sie hübsch ist in unseren Augen.

Ein Kompliment als Dank für ein Kompliment (»Danke für das Kompliment. Du siehst aber auch toll aus heute!«) lässt sich mit der Regel der *Reziprozität*[2] oder Gegenseitigkeit erklären: Wir neigen dazu, uns für alles Erhaltene sogleich zu revanchieren. Dabei kann dieser soziale Tausch alles Mögliche umfassen, die Tasse Zucker vom Nachbarn ebenso wie den Kuss auf die Wange, das Geschenk zum Geburtstag wie den Gruß an den Kollegen, die Einladung zum Essen ebenso wie die verteilten Komplimente. Niemand wird sich auf Dauer motiviert fühlen, Nettigkeiten zu verstreuen, wenn er selber niemals etwas Ähnliches zu hören bekommt. Wenn Sie Ihrer Freundin immer wieder sagen, dass sie mit ihrer tollen Figur tatsächlich alles tragen kann, und diese niemals erwidert, dass Sie selber aber auch eine tolle Figur oder etwas anderes Schönes an sich haben, dann kommen Sie sich bald als banaler Claqueur vor, als Anhängsel und Stimmungsaufheller für jemanden, dem scheinbar an Ihnen gar nichts liegt.

Das Komplimentemachen ist also wie jeder andere soziale Austausch auch. Er muss nicht sofort stattfinden, aber doch innerhalb einer gewissen Zeit. Wir machen keine Komplimente mehr, wenn wir dafür nicht irgendeinen Vorteil erlangen. Der Vorteil kann materiell oder immateriell sein. Allein das Zeigen von Freude kann uns aber schon zufriedenstellen. Wenn der andere lächelt, findet das sogenannte Programm des Anlächelns statt, das heißt, wir selber beginnen ganz automatisch ebenfalls zu lächeln. Der Prozess der gegenseitigen Beeinflussung pendelt sich irgendwann in ein allgemeines Gleichgewicht ein. Sie sagen: »Gut sehen Sie aus!«, und der andere: »Sie aber auch!« Sie machen eine höfliche Bemerkung über seinen neuen Regenschirm und er über Ihren neuen Trenchcoat. Ich lobe meinen Mann für das leckere Abendessen und er gibt sich das nächste Mal umso mehr Mühe, noch köstlicheres Hirschragout mit Preiselbeeren zu zaubern.

Doch bleiben wir noch ein wenig bei den üblichen Komplimenten. Es lässt sich nicht leugnen – sage ich zu meinem Mann: »Das war aber lecker!«, ist das ein gutes Kompliment. Aber ich habe ihn durch diese Worte noch nie dazu gebracht, die aufwendige Forelle blau zu kochen oder einen Truthahn mit Maronenfüllung. Dieses Kompliment reicht eben nur für belegte Brote ohne Garnitur.

Solche, zwar guten, aber doch wenig beflügelnden Komplimente sind sehr häufig. Mehr noch, sie sind sogar außerordentlich beliebt! Schauen wir uns **die beliebtesten Komplimente** der Deutschen an:[3]

1. Mmh, du riechst so unglaublich gut. (58 %)
2. Ich liebe dein tolles Lächeln. (56 %)
3. Du bist das Beste, was mir in meinem Leben bisher passiert ist. (55 %)
4. Du hast samtweiche Haut. (31 %)
5. Du hast die schönsten Augen, die ich je gesehen habe. (30 %)
6. Mit dir kann man Pferde stehlen. (25 %)
7. Deine Frisur steht dir prima. (14 %)
8. Ich hätte dich viel jünger geschätzt. (11 %)
9. Du hast eine Figur wie ein Model. (10 %)
10. Du kochst besser als meine Mutter. (9 %)

Hier fällt auf: Wie in der Kommunikation als Ganzes, so scheinen wir auch bei den Komplimenten dem Grundsatz der Bequemlichkeit zu folgen. Ein in uns unbewusst wirkendes Ökonomieprinzip lässt die Alltagskomplimente kurz und im Vergleich zu den Wortfeuerwerken vergangener Jahrhunderte beinahe fantasielos erscheinen.

Das wäre an sich noch nicht weiter tragisch. Das Ziel, dem anderen eine Freude zu machen, rechtfertigt auch weniger taugliche Mittel. Aber etwas anderes kränkt doch: wenn sich Komplimente wiederholen. Wenn das »Du riechst so unglaublich gut« oder das tolle Lächeln oder die samtweiche Haut nicht nur mir, sondern vielen anderen Frauen ebenfalls zugestanden wird, dann ist es recht ernüchternd. Sicherlich, ich bin nicht die Einzige mit weicher Haut und auch nicht die einzige Frau, der eine neue Frisur gut steht. Und Millionen Frauen kochen besser als die Mutter des Ehemannes. Aber diese Tatsachen sollten sich doch nicht in einem Kompliment spiegeln. Gibt es denn keine Möglichkeit, für einen besonderen Menschen auch besondere Worte zu finden?

Das scheint in der Tat schwierig zu sein.

Werfen wir einen Blick auf die englische Sprache mit ihrem großen Wortschatz. US-Amerikaner gebrauchen in zwei Drittel der Komplimentäußerungen, in denen ein Adjektiv als positiver Ladungsträger fungiert, nur knappe fünf Varianten! Diese lauten: *nice, good, beautiful, pretty* und *great*. Wenn gar ein Verb das Positive transportieren soll, beschränken sich 90 Prozent beim Formulieren eines Komplimentes auf die Wörter *love* und *like*: »I love your shirt« oder »I like your car«.

Wenn ein Amerikaner also gesteht: »I like your eyes«, ist das eine Äußerung, wie sie viele Männer in den USA jeden Tag zu einer Frau sagen.

Und etwa 38 Prozent der Deutschsprachler treiben die Bequemlichkeit auf die Spitze: Sie setzen Komplimente mit elliptischer Struktur ein, das heißt, es werden Wörter oder sogar ganze Satzteile einfach ausgelassen: »Tolle Jacke!«, »Prima Auto!«, »Macht dich jünger!« oder nur »Huihuihui« oder »Geil ey« oder »Echt phett« oder Pfeifen oder unartikuliertes Grunzen. Auch das sind Komplimente, wenn auch in verkümmerter Form.

Schlimmer aber als verkümmerte sind schlechte Komplimente. Zu ihnen zählen **die lausigen, verunglückten und verschlimmbesserten Komplimente.**

Spreiz die Haxn, Zensi, i will di fruchtn!

Dem Schrecken eines schlechten Kompliments kann niemand entkommen. Einmal gehört, muss man damit leben. Denn als rücksichtsvolle Mitmenschen thematisieren wir nicht, was gut gemeint war. Oder beschweren Sie sich, wenn Sie eine rote Rose bekommen, dass sie nicht mehr ganz frisch ist? Oder nicht so intensiv duftet wie die, die uns einmal ein anderer überreicht hat? Nein, das wäre unsensibel und unklug. Vielleicht bekommen wir dann eines Tages gar keine Rosen mehr geschenkt. Und dennoch, wenn uns jemand eine verwelkte Rose unter die Nase hält, dann wehren wir uns. Das ist Ausdruck von Respektlosigkeit, und wer nicht eine sehr gute Ausrede für den Zustand der schlaffen Blume findet, wird zu Recht abgewiesen.

Wer aber entscheidet, ob ein Kompliment gut oder schlecht ist?

Das tun Sie. Nicht ich, nicht die anderen. Sie entscheiden darüber, ob das, womit Ihnen geschmeichelt wurde, gut oder schlecht war. Meiner Ansicht nach gibt es viel zu viele schlechte Komplimente. Ich wundere mich darüber, dass sie dennoch milde aufgenommen werden. Vielleicht sind einige von uns zu bescheiden? Geben sich mit einem Apfel zufrieden, obwohl sie einen Apfelkuchen haben könnten?

Sicher, Äpfel liegen überall herum, ein Apfelkuchen macht viel mehr Arbeit. Es ist schön, den Gedanken für die Tat zu nehmen, aber zu viel Nachsicht führt dazu, dass wir niemals bekommen, was uns zusteht.

So gefällt den meisten Frauen das Kompliment:

Mit dir will ich alt werden!

Ein sehr häufig verwendetes Kompliment der Deutschen. Es ist aber schon so bekannt, dass man Witze darüber macht:

*Der Ehemann zu seiner Frau: »Mit dir will ich alt
werden!« Und zu seiner Geliebten: »Mit dir will ich
jung bleiben!«*

Deswegen werte ich es als schlechtes Kompliment. Denn es gibt so
viel über mich zu sagen, dass man nicht auf Altbekanntes zurückgreifen muss. Wer sich so äußert, hat sich nicht genug Mühe gegeben, sondern Altbewährtes auch bei mir versucht anzuwenden.
Das ist kränkend.

Du bist das Beste, was mir im Leben passiert ist!

Selbst dieses Kompliment würde mich nur dann vom Hocker
reißen, wenn es weniger beliebt wäre. Sicherlich ist der Gedanke
dahinter nett, ein schöner Superlativ, verpackt in das 13. Grundmuster mit einer hübschen Überhöhung des anderen. Ich halte es
deswegen nicht für wirklich schlecht. Aber ich würde es doch
mit dem Prädikat »Es geht noch besser!« versehen und auf eine
feinere, eloquentere Formulierung des Inhalts hoffen.

Wie ist es mit Ihnen? Teilen Sie meine Ansicht? Oder haben
Sie andere Ansprüche? Wären Sie schon mit einem rotbackigen
Äpfelchen zufrieden? Genügt es Ihnen zu hören, dass Sie eine
»super Schnecke« oder ein »toller Käfer« oder eine »fette Beute«
sind? Oder nehmen Sie diese mittelmäßigen Komplimente einfach
nur mit, weil Sie nicht auf Schöneres warten wollen?

Ich denke, wer einmal erfahren hat, was ein wirklich heraus-
ragendes Kompliment ist, eines, das nach wirkungsästhetischen
Gesichtspunkten formuliert ist und einen detailreichen Inhalt hat,
der nur auf uns selber und auf keinen anderen Menschen passt,
der wird unzufrieden werden mit dem, was er bisher zu hören
bekommen hat.

Und das ist gut so. Wir dürfen uns nicht zufriedengeben! Wo
bleibt sonst der Anreiz, eine Komplimentkompetenz zu entwickeln? Wir sind durchaus der Anstrengung wert. Jeder von uns in
seiner wunderbaren Einzigartigkeit. Nachsicht ist der falsche Weg.
Er führt zur Akzeptanz dessen, was es bereits gibt. Er führt nicht
dazu, die Kunst des Kompliments wieder zum Leben zu erwecken.

Die zweite Ursache für schlechte Komplimente ist weniger gravierend. Hier geht es nicht darum, dass man sich nicht die Mühe gemacht hätte, angemessener zu formulieren. Genau das Gegenteil ist der Fall. Deswegen sind diese »schlechten« Komplimente mitleiderregend und gleichzeitig rührend. Es sind solche, die einen selber peinlich berühren. Ein Gefühl, als ob jemand mit den Fingernägeln an einer Schiefertafel kratzt, stellt sich ein, wenn wir Zeuge eines verunglückten Kompliments werden. Der arme Urheber.

Wie aber kommt es zu dieser Sorte schlechter Komplimente?

Meistens entstehen sie aus Missverständnissen heraus. Auch aus formalen Fehlern, wie einer falsch eingeschätzten sozialen Situation, oder die Ausführungen beginnen gut, verheddern sich dann und enden schlimm.

Manchmal geschieht es ganz unabsichtlich, dass wir einen anderen kränken, ja sogar beleidigen. Das ist kinderleicht:

»Sag mal, Schatz, was ziehst du vor? Eine schöne Frau oder eine intelligente Frau?« »Weder noch«, lautet die Antwort. »Ich liebe nur dich!«

Dann gibt es noch die schlechten Komplimente, die folgendermaßen zustande kommen: Zuerst begeht man einen kleinen Fehler, dann will man ihn korrigieren und macht genau damit alles noch viel schlimmer. So erging es einmal dem Komponisten Igor Fjodorowitsch Strawinsky (1882–1971).

Denn als dieser einmal zu einem langweiligen Abendessen eingeladen war, fragte er nach dem Diner die Gastgeberin, wer eigentlich diese geistlose und unvorteilhaft aussehende Dame gewesen sei, die er zu Tisch zu führen die Ehre hatte? Die Gastgeberin darauf pikiert: »Meine Schwester!« Darauf versuchte Strawinsky, sich mit folgender Entschuldigung aus der peinlichen Situation zu retten: »Pardon, dass ich die Ähnlichkeit nicht gleich bemerkte!«

Wie aber sollten wir reagieren, wenn der Versuch eines Kompliments misslingt? Vielleicht darüber lachen. Selbstironie ist besser als verschämtes Zurückziehen. Aber auch anspruchsvoller. Denn: Die schwierigste Turnübung ist immer noch, sich selber auf den Arm zu nehmen!

Warum gelungene Komplimente nicht immer gut sind

Der Inhalt eines Kompliments kann uns selber gut gefallen, aber dem Gegenüber gar nicht. Das haben wir schon angesprochen. Weil der andere die Beurteilungsinstanz ist, sind wir von seinem Urteil abhängig. Und doch gerät das immer wieder in Vergessenheit. Die meisten Komplimente werden aus der eigenen Perspektive heraus geäußert. So lobt ein Mann den großen Hintern einer Frau und bedenkt nicht, dass das aus seiner Sicht schmeichelhaft ist, aber für viele Frauen ganz und gar kein Kompliment. Sie wollen auch von hinten klein und verführerisch sein und keinen riesigen Pferdehintern haben. Komplimente dieser Art sind also geschmacklos, weil nicht auf den Geschmack der Frau geachtet wurde. Wer nur auf sich selber achtet, ausplappert, was ihm gefällt, ohne Rücksicht auf Verluste, handelt gleichzeitig respektlos. Der Philosoph Max Stirner (1806–1856) bezeichnet solche Menschen als selbstsüchtig, denn ihr Grundsatz lautet: Die Dinge und die anderen sind für mich da! Sie kämen niemals auf den Gedanken, einen anderen Menschen zu verdienen. Dafür müssten sie sagen: Ich bin auch für die anderen da!

Doch selbst, wer den Geschmack des anderen zu treffen versucht, kann nicht sicher sein, ein gutes Kompliment zu machen. Denn sosehr wir annehmen, selber über etwas zu entscheiden, so häufig ist das gar nicht der Fall. In der rhetorischen Wirkungsforschung weiß man schon seit Langem um den großen Einfluss der Bezugsgruppen. Sie sind die eigentlichen Manipulatoren, die ein schönes und gutes Kompliment zu einem schlechten werden lassen. Unter Bezugsgruppe fallen alle Menschen, deren Meinung uns wichtig ist. Meist ist das die Familie, sind es Freunde und Bekannte. Eine so schöne Begebenheit wie ein Kompliment wird weitererzählt, es folgt eine »interpersonale Kommunikation, die der Bewertung der Innovation« dient. Das Ergebnis der Bewertung durch die Bezugsgruppe fließt in unsere Meinungsbildung ein.

So kann es geschehen, dass wir ein Kompliment zuerst sehr nett fanden und uns damit gut fühlten, und dann, nachdem unsere Freunde darüber gelästert haben und meinten, das sage er oder sie doch zu jedem, finden wir es nicht mehr gut. Dabei gehen wir davon aus, dass die anderen recht haben. Erwägen meist nicht, dass aus ihnen Neid sprechen könnte oder die Angst, ein anderer gewinne mehr Einfluss auf uns als die Gruppe, oder andere menschliche Egoismen eine Rolle spielen.

Besonders empfänglich für die Meinung der Bezugsgruppe sind wir dann, wenn wir unsicher sind. Manchmal wissen wir eben nicht, ob das nun ein gutes oder ein weniger gutes Kompliment war. Wir vergessen, dass nur wir selber das entscheiden, und denken, es gäbe vielleicht so etwas wie eine übergeordnete Instanz, die es für uns entscheiden könnte. Dann wenden wir uns an die Bezugsgruppe. So wie diese Chatterin, die ein Kompliment bekam und sich damit an ihre Bezugsgruppe im Chat wandte.

Ich hab gerade ein Kompliment bekommen: »Dein Lächeln wärmt den Beton einer ganzen Großstadt!«

Reaktionen:

- Cool – das habe ich noch nicht gehört.
- Oh Wahnsinn! Ich schmelze gerade vor mich hin. Bin kaum noch fähig zu schreiben. :-)
- Ich bewundere jeden, der sich spontan so lyrisch artikulieren kann. Bin zwar auch recht eloquent, aber leider nicht so kreativ. Also Kompliment an Deinen Chat-Kunden! :-) Äh, ist auf dem Spruch irgendein Copyright, oder darf man sich den mal ausborgen? ;-)
- Ich komme morgen zum Aufwischen der Reste! :-) So, und nun komm mal wieder runter. Solche Sprüche findest du in jeder Spruchdatenbank! :-)

- Na, das klingt aber hübsch in der Kneipe aufgeschnappt und brav auswendig gelernt.
- Is ja knuffig :-)
- Ja, manchmal ist der chat schon gut fürs ego ;-) ich bin gern die Traumfrau *lach*

Hier fallen die Bewertungen für das Kompliment positiv aus. Das verschafft Sicherheit und die Chatterin kann es jetzt innerlich akzeptieren. Die interpersonale Kommunikation des Social Network hat damit beeinflusst, was der Chatterin gefällt. Und ihr gefällt jetzt, was ich selber als ziemlich schlecht bewertet hätte. Denn ein Lächeln kann niemals Beton wärmen, und selbst wenn, wieso sollte warmer Beton etwas Schönes sein? Bei mir wäre dies Kompliment durchgefallen als Beispiel für eine schlechte Metapher und eine misslungene Bildersprache. Aber das sind Komplimentkriterien, wie ich sie anlege. Vielleicht wäre ich weniger rigide, wenn ich in seine haselnussbraunen Augen geblickt hätte und das Zittern seiner Stimme gehört und meine Freundinnen alle geschwärmt hätten von diesem wundervollen Kompliment, wie es eine Frau nur einmal im Leben hört.

Wie originell muss ein Kompliment sein?

> »Deine Augen sind wirklich traumhaft schön.«
> »Oh, bitte ...«
> »Was?«
> »Deine Augen sind wirklich traumhaft schön? Da hast du dir aber was wahnsinnig Originelles ausgedacht.«
> (Eine wie keine)

Wie originell ein Kompliment sein muss, das bestimmt auch hier wieder der Anspruch des anderen. Wer ihn richtig einschätzt, wird einen Treffer landen.

Doch selbst wenn wir einen Menschen vor uns haben, dem wir nicht mit »gewöhnlichen« Komplimenten kommen dürfen, weil diese ihm niemals gerecht werden würden, selbst dann bleibt die

Frage: Wie formuliere ich eine originelle Schmeichelei? Was heißt in diesem Zusammenhang originell sein?

Originell werden wir, indem wir das Gewöhnliche variieren. Jedes originelle Kompliment wird nach der Abweichung vom bloß Gewöhnlichen beurteilt. Dabei ist das Gewöhnliche Voraussetzung. *Abweichungspoetik* nennt man es in der Literatur, wenn ein Schriftsteller absichtlich vom Regelkanon abweicht und auf diese Weise originell, nämlich neu ist.

Zwei Wege führen zu einem originellen Kompliment:

1. Formulierung

Wir alle kennen »normale« Komplimente. Originell ist ein Kompliment, das anders als bloß normal formuliert ist. Der Inhalt kann derselbe bleiben, aber die Wahl der Worte und deren Anordnung, die Metapher oder die Betonung im Vortrag – all das sollte von dem Gewöhnlichen, also dem, was der andere gewohnt ist, abweichen. Erreichen können wir das durch den Einsatz rhetorischer Stilmittel. Sagen wir, sie sei »eine Orchidee, so selten«. So wäre Originalität durch Formulierung, Wortstellung und Vergleich gegeben.

Ein weiteres Beispiel: Nehmen wir das beliebte sprachliche Bild »Sterne vom Himmel holen«, denn die Planeten halten oft für Liebeskomplimente her. Versuchen wir dieses häufige und deswegen banale Kompliment ins Einzigartige zu kehren. Wie würde ein Dichter vorgehen? Sehen wir, was Rainer Maria Rilke (1875–1926), auch Anhänger des Sternemotivs, damit angestellt hat:

> *Du biegst die Sterne für mich aus dem Himmel und bringst sie zu mir.*

Mit dieser Formulierung macht er aus einem durchschnittlichen Gedanken eine besondere Aussage. Die Sterne werden also vom Himmel »gebogen«. In diesem Wort steckt ein anderes, neues Bild. Zudem verknüpft er zwei Handlungen, für die wir gewöhnlich nur »holen« sagen.

Aber ziehen wir noch eine zweite Inspiration heran, zum Beispiel die Künstlerin Else Lasker-Schüler (1869–1945). Auch sie konnte nicht von den Sternen lassen, kombiniert sie aber mit »Schicksal«. Daraus lässt sich dann bilden: Du bist für mich wie ein Stern, der mein Schicksal bestimmt, oder wie sie es in poetischen Worten ausdrückt: »Du Stern, der in mein Schicksal mündet.«

Selbstverständlich ist Originalität nicht für alle Komplimentarten sinnvoll. Was beim Liebeskompliment wunderschön ist, ist beim Berufskompliment ganz fehl am Platz. Hier sind Banalitäten von Vorteil. Im Job geht es um ritualisierte Höflichkeiten, die nur vorsichtig verändert werden sollten. Aber überall dort, wo wir einzigartigen Menschen etwas ihnen Entsprechendes schenken wollen, ist Originalität genau das richtige Mittel.

2. Inhalt

Originalität kann auch durch den Wechsel des Komplimentinhalts erfolgen. Ihre Kreativität, ihr Verstand, ihre Stimme, ihr Wissen von irgendetwas – alles, außer das, was ihr sonst schon von allen Seiten ins Ohr geschmeichelt wird. Dazu ist eine Einschätzung des anderen erforderlich: Wie sehr ist er an Komplimente gewöhnt? Wurde ihr schon einmal gesagt, dass ihr Haar weich wie der Flaum einer Rosenblüte ist? Oder dass sie überhaupt schöne Haare hat? Hat sie überhaupt schönes Haar? Wenn da nur struppige Fransen sind, dann wahrscheinlich nicht. Die meisten werden in der Vergangenheit auf ihre schönen langen Beine ausgewichen sein, die sie zweifellos hat. Also wäre ein Kompliment über ihr Haar für sie eine Abweichung vom Gewöhnlichen.

Übrigens stellt man Originalität nicht dadurch her, dass man sich selber kommentiert:

»Du bist sehr schön« – und dann gleich danach: »Das haben dir sicher schon viele gesagt« kann man sich sparen. Das rettet kein Kompliment und zieht es nicht aus der Gewöhnlichkeit heraus.

Anders, wer diese Floskel bei einer Frau verwendet, die offensichtlich nicht durch die gängigen Schönheitsschablonen passt. Hier ist der Zusatz »Das haben dir sicher schon viele gesagt« eine Verstärkung. Nicht nur ich, sondern alle anderen finden dich schön. Schade, wenn sie dann treuherzig zugibt: »Eigentlich nicht.«

Rhetorische Regeln und andere Kleinigkeiten

> *Erfolg ist, im richtigen Moment die richtige Fähigkeit*
> *zu haben!*

Dass die Wirkung schöner Worte von der Anwendung bestimmter Grundmuster, Eloquenzien, Techniken des Glaubhaftmachens und besonderer Komplimentformen abhängt, wurde bereits erwähnt. Sie sind Inhalt des zweiten Teils.

Im Folgenden geht es um all die Kleinigkeiten, die darüber hinaus dazu beitragen, dass Wörter zu unvergesslichen Worten werden.

Der richtige Zeitpunkt

Als im Jahr 1776 in Paris zum ersten Mal Christoph Willibald Glucks Oper *Alceste* aufgeführt wurde, hinterließ diese beim Publikum nicht den geringsten Eindruck. Der Komponist saß betrübt im Dunkel der Empore. Da näherte sich einer der Garderobiers, legte ihm die Hand auf die Schulter und sagte etwas, das treffender und aufmunternder in dieser Situation nicht hätte formuliert werden können. Er meinte:

> *Dieser Misserfolg wird als Zeugnis für den Kunstverstand des französischen Publikums in die Geschichte eingehen.*

Der Garderobier behielt recht. Erst etwa zweihundert Jahre später wurde die Oper in ihrem wahren Wert geschätzt. Doch nicht die prophetische Kraft der Worte waren für Gluck das Besondere, sondern die Tatsache, dass zum Zeitpunkt des Misserfolgs und der Niederlage jemand unerschütterlich im Glauben an dem anderen festhält. Das ist nicht üblich, denn der soziale Wert eines Menschen bestimmt sich nach dem, was die Gemeinschaft über ihn denkt. Aber die Einschätzung der Leute ist nicht starr, sondern fluid. Sie unterliegt Schwankungen und morgen halten die Menschen dich für ein Genie, während sie heute noch nicht einmal hersehen. In diesem Schaukeln der sozialen Anerkennung ist der richtige Zeitpunkt für ein Kompliment derjenige, in dem der Einzelne allein ist und die Welt unterzugehen scheint. So fühlte sich Gluck am Premierenabend. So fühlen wir uns alle dann und wann.

Aber es gibt viele richtige Augenblicke, die ein Kompliment so zur Entfaltung bringen wie eine sich öffnende Knospe. Jeder Moment, in dem intensive Emotionen erlebt werden, ist der richtige Moment. Wer besonders traurig ist oder besonders glücklich, wer sich selbst ganz nahe ist, weil er von einem hohen Berggipfel ins Tal hinabblickt oder weil er am Ostseestrand einen tiefroten Sonnenuntergang erlebt, oder wer im flackernden Kerzenschein vor einem köstlichen Glas Rotwein sitzt – dessen Gefühle sind in der Regel besonders intensiv. Solche besonderen Momente sind »Komplimentmomente«.

Dabei darf nicht übersehen werden, dass es im Alltag sehr häufig Komplimentmomente gibt, die vielleicht gar nicht als solche erkannt werden: Auch wer an der Bushaltestelle im strömenden Regen steht, durchnässt bis auf die Wäsche, mit klatschnassem Haar, zitternd vor Kälte, empfindet intensiv. Eine Freundin erzählte mir, dass sie in einer solchen Situation ihren späteren Lebenspartner gefunden habe. Er war damals nur Kollege gewesen, näherte sich ihr mit seinem Regenschirm und sagte: »Ihre Schminke verläuft und jetzt sehe ich, wie schön Sie sind!«

Warum ist der richtige Zeitpunkt so entscheidend? Weil die Intensität einer Emotion die Behaltensleistung terminiert. Personen erinnern sich besser, wenn zum Zeitpunkt des Erlebens eine intensive Emotion vorlag. Ein Kompliment also, das in einem Moment geäußert wird, in dem der andere stark empfindet, so wie Gluck eine große Enttäuschung empfand, wird Jahre und Jahrzehnte überdauern. Deswegen erinnern sich viele ältere Akademiker noch genau an die Worte in der Laudatio ihres Professors oder den Händedruck bei der Verabschiedung aus dem Prüfungsraum.

Wenn wir folglich die Gelingenswahrscheinlichkeit eines Kompliments erhöhen wollen, sollten wir Momente abwarten, in denen der andere stark empfindet. Das ist nicht immer ganz einfach einzuschätzen. Auch wer verträumt an seinem Schreibtisch sitzt, vor sich einen Stapel Papiere und den Blick aus dem Fenster in die Wolken gerichtet, kann stark empfinden. Ebenso, wer in der Mittagspause nach einer erfolgreich erledigten Arbeit im Sonnenschein zur Kantine schlendert oder wer sein Kind sieht, wie es aus dem Kindergarten strahlend auf ihn zuläuft. Es gibt tausend richtige Momente, tausend Gelegenheiten, ein Kompliment anzubringen. Es ist niemals zu spät und wenn ein Zeitpunkt verpasst wurde, folgt der nächste.

Das richtige Behaupten

> *An dir stimmt einfach alles, weißt du? Du bist klug, du bist schön, du weißt, was du willst. Du hast alles, was ich an einer Frau schätze.* (Eiskalte Engel)

Sosehr wir uns wünschen, dass ein Kompliment wahr ist, so sehr ist wahr, dass ein Kompliment immer auch eine Behauptung darstellt.

Wir behaupten, jemand habe ein schönes Gesicht oder eine interessante Ausstrahlung, als ob wir ein *assertorisches Urteil* in der Form »A ist B« fällen würden. Wir beziehen damit Position und stehen hinter unserer Aussage. Denn wir wissen, dass wahr ist, was wir behaupten. Natürlich! Es ist ein Grundpfeiler des guten Kompliments, die Selbstüberzeugung, dass das, was wir behaupten, selbstverständlich wahr ist. So wahr, wie ich dies im Moment schreibe, so wahr, wie Sie es im nächsten Moment äußern, und ebenso wahr, wie ich einem Mann glauben will, der meine Schönheit in moosgrünen Worten immer und immer wieder aufs Neue beschreibt.

Jede Form von *problematischen Urteilen*, also Aussagen, die entweder bejaht oder verneint werden können, darf niemals Inhalt eines Kompliments sein: Die Form »A kann B sein« ist ausgeschlossen. Denn wenn schöne Worte Auslöser für zukünftige Probleme sein könnten, dann haben wir etwas falsch gemacht. Äußerungen wie »Vielleicht bist du eine kluge Frau« sind deswegen verboten. Sätze dieser Art sind keine Schmeichelei, sondern eine ungeschickte Bemerkung von jemandem, der nicht genug nachgedacht hat, bevor er spricht.

Anders dagegen die *apodiktische Aussage*, die in ihrer logischen Nacktheit lautet: »A muss B sein.« Sie ist erlaubt und eignet sich sehr gut für Komplimente:

> *Sie müssen eine kluge Person sein, weil Sie sich für die sprachlichen Raffinessen der Komplimente interessieren.*

> *Ich vermute, Sie sind hochgebildet, weil Sie so viel lesen.*

Dies sind Aussagestrukturen, die einem Komplimenttyp ganz eigener Art zugeordnet werden können. Die apodiktische Komplimentstruktur eignet sich vor allem, wenn wir uns fremden Menschen nähern wollen. Dann dürfen wir zum Vorteil des anderen vermuten und zum Beispiel sagen:

> *Du musst ein aufregender Mensch sein, bei dem, was du gerade getan hast und was du erzählt hast.*

Oder:

> *Sie müssen eine liebevolle Mutter sein, so wie Sie Kinder ansehen.*

Denn niemand wird Ihnen jemals widersprechen bei solchen schönen Spekulationen über die eigene Person.

Der richtige Inhalt

Für jeden, der ein Kompliment beabsichtigt, ist die Frage nach dem geeigneten Inhalt entscheidend. Schwer zu glauben, dass man oft keine Antwort weiß. Springt denn nicht ins Auge, was ein Kompliment verdient? Und wenn mir dennoch nichts einfällt, sollte ich dann nicht lieber den Mund halten, anstatt mir etwas aus den Fingern zu saugen?

Ja, wenn wir Komplimente als das nehmen, wofür sie heute meist gehalten werden: unwichtige Süßholzworte, ohne Informationsgehalt und überflüssig, wie eine Pfütze auf dem Weg sachgerechter Kommunikation.

Und nein, weil wir bereits wissen, dass Komplimente mehr als nur Süßigkeit sind, weil das richtige Kompliment auf uns selber zurückfällt. Während alle anderen schweigen, weil ihnen nichts für ein Kompliment an einen besonderen Menschen einfällt, können wir hervortreten und uns mit den richtigen Worten in ein gutes Licht setzen.

Es lohnt sich, darüber nachzudenken, worüber wir etwas anmerken sollten. Das Kompliment ist viel zu wichtig, um es irgendeiner Intuition zu überlassen, welchen Aspekt eines Menschen wir hervorheben.

Nehmen wir als Ausgangspunkt für die Auswahl des richtigen Komplimentinhalts die Theorie vom Aufrechterhalten der Selbstbewertung. Diese von Abraham Tesser und Jennifer Campbell in den 80er-Jahren entwickelte Theorie beinhaltet eine Hypothese darüber, wann der Selbstwert durch die Erfolge und wann durch die Misserfolge anderer stabilisiert werden kann. Weil Komplimente mit einer Aufwertung des anderen und oft auch einer Abwertung der eigenen Person zusammenhängen, können wir an dieser Stelle pragmatische Schlussfolgerungen für den richtigen Inhalt ziehen.

Relevant für die Auswahl ist das Wissen darüber, dass jede Person besondere Interessen, Aufgaben und Vorlieben hat, die bestimmten Leistungsdimensionen *Selbstrelevanz* verleihen. Ein Beispiel:

Wenn die beste Freundin einer Frau hervorragend stricken kann, dann kann ihr das egal sein, solange sie selber noch niemals eine Stricknadel angefasst hat und auch sonst mit Handarbeit nichts am Hut hat. Anders, wenn die beste Freundin einer erfolgreichen Geschäftsfrau ebenfalls plötzlich ein kleines Unternehmen hochzieht und womöglich erfolgreicher als jene damit ist. Dann berührt die neue Leistung der Freundin einen selbstrelevanten Bereich bei der anderen. Konkurrenzdenken und Konkurrenzgefühle entstehen sowie Neid, und das Selbstwertgefühl leidet. Zwar gönnt eine Freundin der anderen den Erfolg, aber eigentlich auch wieder nicht. In dieser Situation fällt es schwer, ein aufrichtiges Kompliment zu machen. Wer rote Ohren vor Neid hat, muss schon gut schauspielern können, um ehrlich zu wirken. Dagegen wird ein Kompliment über den neuen Wollpullover mit dem Norwegermuster ganz leicht über die Lippen kommen.

Wer es sich also einfach machen möchte, wählt einen Inhalt aus, der einen selber nicht berührt. Dann entstehen diese Komplimente, die aufrichtig wirken, weil sie es tatsächlich sind.

Nichtsdestotrotz liegen häufig Situationen vor, in denen erwartet wird, dass wir etwas Nettes zu einem anderen sagen, obwohl es uns im Halse stecken zu bleiben droht.

Wer seinem ärgsten Konkurrenten zu dessen beruflichem Erfolg gratulieren muss, kennt dieses unangenehme Gefühl. Je zähneknirschender uns ein Kompliment über die hervorragenden Leistungen des Kollegen über die Lippen kommt – und das ist die eigenartige Folge –, desto gelungener ist es. Wer jemals das breite Grinsen seines verhassten Konkurrenten gesehen hat und seinen jovialen Schulterklopfer hinnehmen musste, der weiß, dass ein erfolgreiches Kompliment nicht immer etwas Schönes ist. Gibt es irgendwelche Methoden, dem anderen diese Freude zu vermiesen?

Allerdings. Wir können unsere Komplimente so glaubhaft werden lassen, dass der andere unseren tiefen Neid nicht bemerkt. Wie das geht, zeigen die Techniken für glaubhafte Komplimente, doch dazu später.

Wenden wir uns zunächst noch einmal der Frage zu, welche Inhalte für ein gutes Kompliment überhaupt zur Verfügung stehen. Da wären als Erstes die **Leistungen und Erfolge**.

Über die Leistungen einer Person werden eigenartigerweise in Rumänien mehr Komplimente gemacht als in Deutschland oder der Schweiz, und dabei gehören erbrachte Leistungen zu einem Hauptanwendungsbereich des Kompliments. Ob die gute Zeugnisnote oder der gewonnene Marathon, ein erfolgreicher Geschäftsabschluss oder das gute Abendessen – Komplimente über Leistungen gehören in den Bereich der Höflichkeit und sind stark formalisiert. »Herzlichen Glückwunsch!« ist üblich und kein spektakuläres Kompliment. Der andere fühlt sich denn auch nicht wegen dieser Worte geschmeichelt, sondern wegen der dadurch ausgedrückten Anerkennung seines sozialen Umfelds.

Und Anerkennung ist für ehrgeizige Personen das Wichtigste im Leben. Wer bloß um seiner selbst willen etwas tut, ist nicht ehrgeizig. Ehre zu erlangen, Gloria, Ruhm und sozialen Status ist der Inhalt seines Strebens. Manch einer würde widersprechen. »Ich tue das nur für mich selbst«, heißt es, wenn einer Gedichte schreibt und diese dann in der Schublade versteckt. Nur dass andere davon wissen, ist das verräterische Etwas, hier glüht doch der Ehrgeiz. Das ist auf vielen Gebieten so. Fast alles tun wir, um von anderen beachtet zu werden. So positionieren wir uns jeden Tag neu in der Gesellschaft. Ohne die anderen wären wir nicht ehrgeizig. Eine winzige Ausnahme vielleicht – der Narzisst. Wer sich an sich selbst berauscht, braucht keine anderen.

Für die allermeisten ist also ein Kompliment über eine erbrachte Leistung eine schmeichelhafte Sache.

Dabei unterliegen Leistungskomplimente historischer Vergänglichkeit. Der Engländer Charles Burney wollte Laura Bassi (1711–1778), der ersten europäischen Universitätsprofessorin, noch mit folgenden Worten schmeicheln:

Obwohl Sie gebildet und genial sind, sind Sie doch nicht im Geringsten unweiblich oder anmaßend.

Heute käme diese Aussage nicht mehr als Kompliment durch. Frauen und Wissenschaft sind zur Normalität geworden und dass Frauen dabei ihre Weiblichkeit nicht einbüßen, versteht sich von allein.

Zeitlos gelungen dagegen das Kompliment, das David Hilbert (1862–1943), bedeutender Mathematiker seiner Zeit, einem seiner Erstsemester-Studenten machte:

Die meisten Dissertationen enthalten einen halben Gedanken. Die guten haben einen ganzen. Diese Arbeit hat zwei gute Gedanken.

Die Leistung eines Menschen kann sich in tausenderlei Verdiensten zeigen. Besondere Komplimente entstehen, wenn wir auf die ganz feinen, beinah ätherischen Leistungen sehen:

*Du brauchst nur eine einzige Nacht, um mich ganz zu
verändern ...*

Manchmal müssen die Verdienste gar nicht genannt werden, es genügt die Demonstration des festen Glaubens daran:

*Ein Mädchen, das so schön ist und so sensibel wie du,
hat es nicht verdient, so abgrundtief traurig zu sein.*
(American Werewolf)

Und nur in ganz seltenen Fällen, bei vor Ehrgeiz beinah verbrennenden Menschen, wird ein Leistungskompliment mit einem narzisstischen Eigenkompliment beantwortet:

*Zu dem Tänzer Vestris sagte man: »Wissen Sie, dass
Ihr Sohn Sie noch übertrifft?« »Das glaube ich wohl,
ich habe auch keinen so hervorragenden Lehrmeister
gehabt.«*

Doch was eignet sich noch, um Inhalt eines Kompliments zu sein? Selbstverständlich das, was für viele so wichtig zu sein scheint und wofür sie viele Stunden schweißtreibender Fitnessarbeit auf sich nehmen sowie Tage und Nächte mit knurrendem Magen durchstehen, um sich am nächsten Morgen stundenlang zu betupfen, zu cremen und zu parfümieren: **die äußere Erscheinung**.

Für den Philosophen Schopenhauer war sie die Idee des Menschen überhaupt, ausgedrückt in der angeschauten Form. Aber was ist so schön daran, schön zu sein? Wer hat den Nutzen davon? Das Spiel der ästhetischen Einbildungskraft findet nicht in meinem schönen Kopf statt, sondern in den Köpfen derer, die mich betrachten. Eine schöne Frau sehen wir gerne an und freuen uns an ihr. Aber was hat sie selber davon? Sind Sie lieber das Bild oder der Betrachter des Bildes?

Viele ziehen es vor, ein Bild zu sein. Betrachtet zu werden heißt Aufmerksamkeit auf sich zu ziehen. Wenn auch »nur« auf unser Äußeres, aber immer in der Hoffnung, dass auch unser schönes Inneres erkannt wird.

Unsere äußere Hülle eignet sich deswegen fast immer als guter Komplimentinhalt. Beinahe jeder glaubt ein Kompliment über die eigene Schönheit. Denn jeder hat irgendwo irgendetwas Schönes an sich.

Jetzt erst begreif ich den Frühling, wenn er nicht endet Rosen auszustreuen, die alle schön sind und doch dir nicht gleichen können. (Nach Emanuel Geibel)

Bei dieser Gelegenheit darf nicht vergessen werden, dass Komplimentinhalte selbstverständlich kombiniert werden können. Ein Kompliment über die Leistung kann mit einem über das Aussehen zusammenfallen. Wie zum Beispiel:

Du siehst mir so aus, als seist du in allem die Beste.

Natürlich kann auch ein Kompliment über das Aussehen misslingen. So wie dieser Versuch eines französischen Diplomaten:

Dieser traf in Gesellschaft eine Dame. »Wie freue ich mich, Sie wiederzusehen«, sagte er. »Fünf Jahre ist es her, dass wir zuletzt beisammen waren.« »Wie die Zeit vergeht! Und finden Sie mich verändert?« »Ja, natürlich!« »Hässlicher geworden?« »Sie konnten doch nur schöner werden!«, erklärte er übereifrig.

Zum Schluss zu einem der begehrtesten Komplimentinhalte überhaupt und zu dem, wonach wir uns alle sehnen, nämlich geliebt zu werden wegen unserer **inneren Werte**.

Von dem Dichter Georg Christoph Lichtenberg stammt die Erkenntnis, dass, wer einen Engel sucht und nur auf die Flügel schaut, eine Gans mit nach Hause bringen könnte. Und tatsächlich scheint es bei den Frauen so zu sein, dass sie als Engel erkannt werden wollen. Eine breit angelegte angelsächsische Studie, bei der 3300 Frauen zwischen 15 und 64 Jahren befragt wurden, brachte folgendes Ergebnis:[4] 77 Prozent der Frauen aus Deutschland, Brasilien, Kanada, China, Italien, Japan, Mexiko, Saudi-Arabien, Großbritannien und den USA beklagen, dass der gängige Schönheitsbegriff einer Frau zu eng mit ihren körperlichen Merkmalen verknüpft sei.

Das ist eine schwierige Ausgangssituation. Denn die äußere Schönheit ist für viele ein hoher Wert. Wer schön ist, gilt mehr als die, die nicht für schön gehalten werden. *Lookism* heißt das Modewort, das diesem Aspekt Rechnung trägt. Anknüpfend an die sich vielfach durch empirische Untersuchungen bestätigende Annahme, dass attraktive Menschen erfolgreicher als weniger attraktive sind, unterliegen manche dem Trugschluss, Schönheit führe zu hoher Lebenszufriedenheit. Dabei ist die Schönheit nur ein Zusatz, ein Mehr und keineswegs der Grund für Erfolg und Glück.

Zum Ende dieses Kapitels noch ein paar Worte zu einer Selbstverständlichkeit im Zusammenhang mit der Kunst des Kompliments, nämlich dem **Respekt**.

Ich seh dich an und du schaust nicht zurück. Hat es dich vielleicht verletzt, dass ich so ungefragt auf deine Schönheit blicke? (Nach Abu Nuwas, »Warum strafst du mich?«)

Vor der Gründung der Volksrepublik gab es in China eine übliche Grußformel, die *jing jing* lautete und »Respekt bitte!« bedeutete. Respekt scheint auch heute ein Zauberwort zu sein. »Respekt!« als Ausruf der Bewunderung und Teil der Jugendsprache. Als allumfassende Antwort auf die Frage: Wie soll ich eine Frau behandeln? Mit Respekt. Was selbstverständlich erscheint, ist es offensichtlich gar nicht. Seinem etymologischen Ursprung nach verweist *re-spectare* auf das noch einmal Betrachten.

Wie nun demonstrieren wir, dass wir vor einer Person Respekt haben? Indem wir es sagen. Wir können sagen: »Ich respektiere dich.« Worauf ich antworten würde: »Natürlich, was sonst?« Ein solcher Satz wird also nur bei den Personengruppen als Kompliment aufgefasst, die die Erfahrung des Nicht-respektiert-Werdens machen mussten. Gedemütigte Menschen, geschlagene Menschen, in ihrem Menschsein nicht anerkannte Personen. Und Personen, die sich dieses Image gerne überstülpen. Für alle anderen aber, zu deren Selbstverständnis ein respektvoller Umgang miteinander gehört, zeigt sich Respekt in einem respektvollen Verhalten.

So gehört es sich nicht, einer Frau ein Kompliment über ihr schönes dichtes Haar zu machen und gleichzeitig in ihre Locken zu greifen, diese zu befühlen oder zu kneten. *Proxemik* nennt man die Forschungsrichtung, die sich mit dem Verhalten des Menschen zum Raum und dem Raumverhalten untereinander beschäftigt (lat. proximare = sich nähern). Der Erfinder der Proxemik, der Anthropologe Edward T. Hall, unterscheidet vier Zonen der sozialen Distanz:

- Öffentliche Zone (Hörbarkeit der Stimmen)
- Soziale Zone (1,5 bis 3,5 Meter)
- Persönliche Zone (0,5 bis 1,5 Meter)
- Intimzone (bis 0,5 Meter)

Beim Komplimentemachen ist die jeweilige Distanz einzuhalten, wenn wir nicht unangenehm auffallen wollen. Dass wir dabei beim erotischen Kompliment weniger Abstand halten möchten als beim Kompliment an den Chef, versteht sich von selber. Zumindest in den meisten Fällen.

Neben dem Einhalten der sozialen Distanz, was als respektvolles Verhalten vorausgesetzt wird, gibt es auch weniger selbstverständliche Bezeugungen von Respekt. Eine schöne Möglichkeit, Respekt zu demonstrieren, ist, jede Störquelle zu eliminieren. Dabei sollte das Handy beim Date nicht unbedingt ausgeschaltet werden. Sonst kann man nämlich nicht Folgendes tun:

Das Handy klingelt:
»Willst du nicht rangehen?«
»Das interessiert mich jetzt nicht.«

Nichts ist wichtiger als der andere im Augenblick. Sein Anliegen ist Ihr Anliegen. Sie beugen sich leicht vor, halten Augenkontakt. Schieben buchstäblich alles andere zur Seite, klappen Bücher zu und schalten den Fernseher aus. Sie begrüßen den anderen mit einem Händedruck, wenden sich ihm zu, obwohl dies gar nicht üblich ist. Sie schieben ihn vorsichtig in einen ruhigen Winkel oder bitten ihn, Platz zu nehmen. Sie sind ganz für ihn da, in diesen Momenten, die gar nicht lange dauern müssen. Das ist Respekt, wie er nur besonderen Personen zukommt, weil nur selten dieses Verhalten zu finden ist. Wunderbar, dies zu erfahren. Vor allen Dingen dann, wenn es kein Verkäufer ist, der sich nur deswegen so verhält, weil er Ihren Schmeichelzustand ausnutzen will.

Wie bedeutsam der Respekt anderer für einen selber ist, zeigt sich dann, wenn wir das Gefühl haben, nicht respektiert worden zu sein. Wer achtlos an uns vorbeigeht, ohne uns eines Blickes zu würdigen, obwohl man sich schon einmal unterhalten hat, der empfindet dies als Zurückweisung. Das war im 16. Jahrhundert nicht anders als heute.

In dem Brief eines Diplomaten aus dem Jahr 1526, in dem er über seinen Besuch am Moskauer Hof berichtet, heißt es:

> *Niemand der Anwesenden entbot uns einen Gruß oder erwies uns eine Ehrenbezeugung, selbst wenn wir zufällig den einen oder anderen kannten und ihn ansprachen, gab er keine Antwort und tat so, als erkenne er uns nicht, manche übersahen unseren Gruß.*

Sie wussten ja nicht, dass zu dieser Zeit das Zeremoniell des Schweigens galt. Gerade im Schweigen demonstrierte man Respekt für den Herrscher.

Doch zurück in unsere heutige Zeit und zu der Frage: Was, wenn wir tatsächlich einmal eine Person übersehen, weil wir in Gedanken sind oder verträumt oder den anderen nicht wiedererkennen? Hierfür gibt es eine wunderbare Lösung, eine diplomatische Antwort, wie sie vor rund 250 Jahren einem der ganz großen Charmeure des 18. Jahrhunderts, Bernard le Bovier

de Fontenelle (1657–1757), eingefallen ist und die noch heute
besticht:

> *Er hatte im Alter von 97 Jahren der jungen, schönen*
> *Madame Helvétius soeben ungezählte Liebenswürdigkeiten*
> *und galante Dinge ins Ohr geflüstert. Um sich zu Tisch*
> *zu begeben, ging er an ihr vorbei und bemerkte sie nicht.*
> *»Sehen Sie nur«, rief Madame Helvétius, »wie viel ich*
> *von Ihren galanten Sprüchen halten soll – Sie gehen an*
> *mir vorbei und sehen mich nicht einmal an.« – »Madame«,*
> *erwiderte der Greis, »hätte ich Sie angesehen, wäre ich gar*
> *nicht erst vorbeigegangen.«*

GESCHICHTE
DES KOMPLIMENTS

*Und euch, die ihr schuld seid an ihrer Verrücktheit, ihr
hohlen Worte, ihr verderblichen Vergnügungen müßiger
Köpfe (…) – euch sollen alle Teufel holen!* (Molière)

Im Jahr 1643 war das *Compliment* schon in den deutschen Wortschatz eingeflossen. Es zählte zu den sogenannten Hofworten.
Aber kaum war dies neue Wort geboren, wurde seine Existenz als
ungeladener Gast beklagt. Deswegen fand es Aufnahme in einem
Buch mit dem Titel *Unartige Sprachverderber.*

Woher die Bezeichnung stammt und wann sie zum ersten Mal
auftauchte, kann keiner genau sagen. Linguisten und Rhetoriker
lehnen es ab, eine einheitliche Etymologie zu entwerfen. Zu dunkel sei die Entstehungsgeschichte und zu dürftig die Quellenlage.
Im Wörterbuch der Brüder Grimm von 1860 wird der Begriff
Compliment auf das letzte Drittel des 17. Jahrhunderts datiert.
Auch das Wort *complimentieren* findet sich dort und bezeichnet
den Vorgang des Komplimentemachens. Heute ist das Verb *komplimentieren* unüblich geworden, ebenso wie herausragende und
taktische Komplimente selber ein trauriges Nischendasein führen
und nur dann und wann in Erscheinung treten. Aber im Zeitalter
des Barocks war die Komplimentierkunst hoch angesehen und
gleichbedeutend mit Esprit, Charme, Diplomatie. Der Komplimentierer konnte alles erreichen, weil er es verstand, sich in das
Herz der Menschen einzuschmeicheln. Dabei ist die Komplimentierkunst nicht gleichzusetzen mit Schleimerei. Denn die verrät
den schlechten Komplimentierer, damals wie heute.

Im 17. und 18. Jahrhundert verstand man unter dem französischen *compliment* eine »Verbeugung aus Ehrfurcht« oder »Hoch-

achtung«. Der Begriff steht im Zusammenhang mit dem Menuett-Tanz und den dort üblichen Verbeugungen. Aber in einer weiteren Bedeutung meinte das Kompliment auch den Gruß. Ferner eine kurze Anrede bei feierlichen Gelegenheiten oder ein Glückwunschschreiben, in weitester Bedeutung schließlich alle äußeren Bezeigungen der Hochachtung und Höflichkeit im gesellschaftlichen Leben. Man könne darunter, so eine Erklärung aus dem Jahr 1857, aber auch ganz allgemein die Achtung oder Teilnahme verstehen, die man auf einfache Weise, aber auch in einer gewissen Form mündlich, durch einen Beauftragten oder schriftlich zeige.

Heute wird der Begriff des Kompliments also enger verstanden. Nicht jeder Gruß gilt als Kompliment, und doch fällt vielen in diesem Zusammenhang das Wort *Galanterie* ein. Ein altmodisch klingendes Wort aus einer vergangenen Epoche der europäischen Geschichte. »Wer die Zeit vor 1789 nicht gekannt hat«, so sagte der französische Diplomat Charles-Maurice de Talleyrand-Périgord (1754–1838) einmal in seinen alten Tagen, »der hat überhaupt nicht gelebt.« Etliche seiner Zeitgenossen sollen sich dieser Ansicht angeschlossen haben. Er bedauerte den Verlust der großen Zeit der Galanterie, die Zeit der schönen Frauen und eleganten Männer und der Wahrheiten im Kleid sprühenden Esprits.

Die Galanterie, hieß es, sei nur den gebildeten Nationen eigen gewesen. Ein Galan war ein Kavalier, der Frauen gegenüber im geselligen Umgang ein solches Benehmen an den Tag legte, dass er heute als *ladie's man* bezeichnet würde. Galante Männer gibt es immer noch. Sie geben Frauen stets zu verstehen, dass diese Vorrang genießen vor den Vertretern des männlichen Geschlechts und deshalb größere Aufmerksamkeit verdienen. Ihr Anspruch auf Wertschätzung gründet sich allein auf die Tatsache, dass sie weiblichen Geschlechts sind. Er gründet sich nicht auf persönliche Eigenschaften. Ein galanter Mann macht deswegen in der bevorzugenden Behandlung auch keinen Unterschied, ob er eine junge schöne Frau oder eine ältere Matrone mit abstehenden Ohren vor sich hat. Er behandelt jede Frau mit gleicher Höflichkeit. Andernfalls könnte man aus einer Ungleichbehandlung schließen, welche Vorliebe er für eine Person empfindet. Aber das soll im Verborgenen bleiben. Charme ist eine Charaktereigenschaft und unabhängig vom jeweiligen Gegenüber. Charmante Menschen sind zu allen Menschen charmant. Ein Galan zu jeder Frau gleich galant. Das macht ihn attraktiv. Denn jede Frau hofft, dass nur sie der Grund für die Vorzugsbehandlung ist.

Das Wort *galant* war in Deutschland etwa von 1685 an *das* Modewort, um eine »irgendwie schöne Sache« zu bezeichnen. Es beschränkte sich nicht auf zuvorkommendes Verhalten im sozialen Umgang. Man sprach von galanter Kleidung, von galanter Art, sich zu bewegen, sogar vom galanten Essen. Bei dem einen waren die Hände galant, bei dem anderen die Füße. Gottlieb Siegmund Corvinus mit dem Pseudonym Amaranthes (1677–1746) spricht vom »ertzgalanten Fus« seiner Herrin. Der Theologe Erdmann Neumeister (1671–1756), der eine Schrift mit dem Titel *Allerneueste Art zur reinen und galanten Poesie zu gelangen* veröffentlichte, deren weltlicher Inhalt so gar nicht mit seinem geistlichen Stand zu vereinbaren war, sprach von den Augen als »galante Sterne«. Ja, es gab sogar die Wendung, man habe »galant geruht«. Hübsche Kinder, Mädchen, Frauen waren ein galanter Anblick, und Frauen wurden dadurch charakterisiert, dass sie galant Pflanzen wässerten, sammelten, säten, kochten, nähten. Männer dagegen gaben galante Anweisungen, kurzum, das gesamte Denken und Tun wurde unter dem Aspekt des Galanten betrachtet, bis schließlich die Frage auftauchte:

Aber ad propos, was ist galant und ein galanter Mensch?
Dieses dürfte uns in Wahrheit mehr zu thun machen, als alles
vorige, zumahlen da dieses Wort bei uns Deutschen so gemein
und so sehr gemisbrauchet worden, dass es von Hund und
Katzen, von Pantoffeln, von Tisch und Bänken, von Feder
und Dinten, und ich weis endlich nicht, ob nicht auch von
Aepffeln und Birn zum öfftern gesagt wird.

Doch abgesehen von der Begriffsdiffusion dieses Wörtchens wurde die Galanterie gelebt und ausgelebt. Die galante Sprache bemühte sich um besondere Formulierungen ebenso wie um besonders schöne Inhalte. Vielleicht wäre für eine Frau das Leben bei Hofe im 18. Jahrhundert in Frankreich oder Deutschland mehr als erstrebenswert gewesen. Es gab wahre Meisterschaften im Komplimentieren, Charmeure höchsten Grades, Schmeichler der schönsten Art. Die Ausdrucksweise war raffiniert, verschachtelt und der wahre Sinn nicht selten verborgen hinter blumigen Metaphern und kryptischen Wortkaskaden.

Die europäischen Höfe waren im 17./18. Jahrhundert aber auch politische Brennpunkte. Im streng hierarchischen Umfeld des absolutistischen Staatswesens versuchte der entmachtete Adelige sich bei dem jeweils Ranghöheren in ein gutes Licht zu setzen. Höchstes Ziel des Strebens war die Zuwendung des Fürsten. Hier ging es um Gunst und Gnade und darum, diese unter allen Umständen zu erhalten. Die Konkurrenz war groß, der eine missgönnte dem anderen die kostbaren Gesprächsminuten mit dem Einflussreichsten. Im Wettbewerb um die Aufmerksamkeit des Fürsten winkte gesellschaftlicher Erfolg und dafür wurde eine hoch differenzierte Interaktionskompetenz vorausgesetzt. Höflichkeit war unerlässlich. Wer es nicht verstand, andere unter der Maske der Liebenswürdigkeit aus dem Weg zu räumen, oder den Zeitpunkt für eine taktische Schmeichelei verpasste, dessen Vorhaben war gescheitert.

Komplimentieren als politisches Instrument hatte dabei nicht das Geringste mit Ehrlichkeit zu tun. Die Verstellung war eine notwendige Fertigkeit, die man heute unter die Soft Skills einsortieren würde, nur dass sie wenig soft war. Es ging vordergründig um Manierlichkeit, Höflichkeit, Wohlanständigkeit, aber jeder wusste, dass es sich um bloße Taktik handelte. Das Beherrschen der Kunst der *Dissimulatio-/Simulatio-Praktiken*, also der Kunst der Verstellung und der Kontrolle der Affekte, entschied über das gesellschaftliche Überleben. Für uns, die wir in einer egalitären Gesellschaft leben, ist das schwer nachvollziehbar. Aber wer sich auch heute in einem hierarchischen System bewegt, zum Beispiel in einem hierarchisch strukturierten Unternehmen arbeitet, weiß, dass ihn geschicktes Verhalten weiterbringt, und dazu zählen wohldosierte Lügen, raffinierte Schmeicheleien und die Tarnung der Absichten.

Als der geniale Finanzexperte Jean-Baptiste Colbert (1619–1683), der spätere Begründer des Merkantilismus, in den persönlichen Dienst Ludwigs XIV. aufgenommen wurde, pries ihn sein

Vater, weil »seine Fehler von dem besten Herrn, dem erlauchtesten aller Menschen, dem größten und mächtigsten Könige, der je einen Thron bestiegen, bemerkt und korrigiert werden«. Und bei anderer Gelegenheit wandte Jean-Baptiste sich an den König mit den Worten:

> *Man muss, Sire, schweigen, bewundern, Gott alltäglich danken, dass er uns unter der Herrschaft eines solchen Königs wie Eure Majestät hat geboren werden lassen, der keine anderen Grenzen seiner Allmacht mehr kennt als die seines eigenen Willens.*

Ludwig XIV. aber war, wie der Historiker Eduard Fuchs bemerkt, ein »kompletter Strohkopf«, der nicht einmal schreiben und lesen konnte, Colbert dagegen einer der bedeutendsten Köpfe seiner Zeit.

Komplimente dieser Art waren durchaus ernst gemeint, heute erscheinen sie wie pure Ironie. Doch bei Hofe, und nicht nur dort, herrschte die allgemeine Vorstellung, der König vertrete das Göttliche, nichts bei ihm und um ihn herum dürfe profan sein. Die Hallen und Galerien, die Säle und Flure waren mit Kristallen und goldenen Spiegeln ausgestattet, in denen sich seine Erscheinung tausendfach widerspiegelte. Selbst die nichtigste Bewegung des Königs war göttlich, sein Aufwachen wie sein Einschlafen. Die tägliche Prüfung des königlichen Nachtstuhls war am französischen Hofe eine hohe Ehre, die einem Herzog zukam. Ebenso wie es eine hohe Ehre war, den König bei der Verrichtung seiner Notdurft zu unterhalten.

> *Damit treiben Sie Ihre Liebenswürdigkeiten bis in die äußerste Nähe zur Schmeichelei.* (Molière)

Die grenzenlose Schmeichelei blieb nicht folgenlos. Zementiert in der Richtigkeit seines Tuns und tausendfach bestätigt durch sein Umfeld strapazierte Ludwig XIV. den Staatshaushalt gehörig. Dies entzweite ihn und Colbert. Und ganz langsam verloren die schönen Worte an Musikalität und glitten in ein Klagen über:

> *Was die Ausgaben betrifft, so flehe ich, obgleich mich dies*
> *nichts angeht, Eure Majestät an, mir zu erlauben, Ihr zu*
> *sagen, dass Ihr in Krieg und Frieden bei Ausgabebeschlüssen*
> *niemals den Zustand der Finanzen berücksichtigt habt.*
> (Colbert)

So neigte sich auch das Zeitalter der goldenen Worte seinem Ende zu. Während in der ersten Hälfte des 18. Jahrhunderts mit Strömungen wie der Empfindsamkeit eine zärtliche Sprache in Mode kam, wirkten sich die Forderungen der Aufklärung nach Gleichheit und die Umbrüche im Statusdenken, die Intoleranz vieler Bürger gegenüber dem Adel und seinem Lebensstil auch auf das Komplimentieren aus. Die Komplimente wurden immer rationaler, ja sachlicher. Aber sie wurden auch subtiler und vor allen Dingen kürzer.

Das Leitbild des aufstrebenden Wirtschaftsbürgers war durch Zeitökonomie geprägt. Ökonomie ersetzte die Galanterie. Und so wie das Kompliment nach der Französischen Revolution 1789 an Bedeutung verlor, so verkürzten sich im Laufe der Jahrhunderte Satzlänge und Worte der Schmeicheleien. Im gesamten Komplimentierwesen sind über die Jahre deutliche Textverkürzungen festzustellen, die schließlich im 20. und 21. Jahrhundert zum Textverzicht tendieren und teilweise abgelöst werden durch informationsdichte Gesten und reine Symbolisierungen. Man spricht vom Prozess der Verschlankung, wobei schlank sein ja nicht unbedingt auch immer schön sein bedeutet.

Am Beispiel der Tanzkomplimente zeigt sich besonders deutlich, wie sich eine gewisse Sprachlosigkeit entwickelt hat, weil eigentlich schon alles gesagt zu sein scheint. So umfasst in dem Komplimentierbüchlein von Kindermann aus dem Jahr 1662 das Tanzkompliment eines Herrn an eine Dame 15 Zeilen. Er bat sie mit folgender Äußerung um den Tanz:

> *Hoch Ehrbare und geehrte Jungfrau. Dieselbe wird mich der*
> *gefassten Kühnheit freundlichen entschuldiget halten, das ich*
> *sie, vor anderen ansehnlicheren Herren, und geschickteren*
> *Personen, nach vollbrachter Mahlzeit, und üblichern Gebrau-*

che, zu einem öffentlichen Tanz von Ihren angenehmen
Gesprächhaltungen begrüse und auffordere. Hierzu hat
mich sonderlich Ihre wohlbekannte Demuht und rühmliche
Bescheidenheit veranlasset, und gewis versichert, Sie werde
an meinen Verlangen, kein so grosses Misfallen tragen. Bitte
demnach, Sie wolle, meine Hand und Seite zu würdigen,
ihrem Diener, diesen Tanz nicht zu versagen, sondern durch
Verwilligung desselben, mir Anlas geben, meine hochgeehrte
Jungfer bey aller zufälliger Gelegenheit gebührlich aufzu-
warten.

Solch sprachlich barocke Komplimente hatten einen expressiven
Charakter, waren üppig, wie auch die gesamte Epoche, mit goldenen Fresken und kräftigen Farben, Blumen und reichen Stoffen,
hohen Frisuren und großen Gesten. 120 Jahre später hat sich das
Bild gewandelt. Jetzt wird Üppigkeit in den Komplimentierhand-
büchern als »zu lang« getadelt. Weitschweifige Ausführungen
würden eine geduldige, aufmerksame Zuhörerin erfordern – wo-
ran es offenbar mangelte. Schließlich solle man den anderen erfreuen und nicht »verdrießen«. Folgendes Tanzkompliment gilt
nun als angebracht:

Mademoiselle, Werden mich sehr verbinden, wann die
Ehre haben soll mit Ihnen eine Menuett zu tanzen.

Noch einmal rund 120 Jahre später rät die Etikette gar zur Sprachlosigkeit. Es genüge, sich lächelnd und freundlich vor die Dame
zu positionieren und vielleicht ein leises »Darf ich bitten« zu mur-
meln. »Verbindliches Lächeln allein genügt!«, raten Benimm-
bücher und leiten damit das moderne Zeitalter der sparsamen
Worte ein.

Die Postmoderne zeigt eine weitere Entwicklung, nämlich die
zur Eloquenzlosigkeit. Gegenwärtig tritt die Face-to-Face-Kom-
munikation mehr und mehr zugunsten einer globalen Internet-
kommunikation in den Hintergrund. Es hat sich eine neue, stark
visuelle Art des Komplimentierens etabliert, wie überhaupt die
Visualität Kennzeichen der Postmoderne ist. Gefühle werden

jetzt, anstatt in Worte oder Gesten in Zeichen, ja beinahe Zeichnungen gefasst. Diese *Emoticons* – ein Kunstwort aus den englischen Begriffen *emotion* (Gefühl) und *icon* (Symbol) – bestehen aus verschiedenen (Satz-)Zeichen und bilden kleine Symbole, zum Beispiel :-) für Lächeln, mit denen in E-Mails oder Chats Gefühlsregungen dargestellt werden. Sie sollen dort nonverbale Kommunikation ersetzen.

Kompliment-Emoticons

:-}	Du hast schöne Lippen
&:-)	Lockiges Haar
:-))	Über beide Ohren glücklich
:-*)	Erröten
0:-)	Engelchen, Heiligenschein
>:-)	Teufelchen
:-*	Verliebt küssen

Beispiele für Komplimente in ASCII-Art:

Du hast schöne (.)(.)	Du hast schöne Brüste
Du hast ein tolles (.Y.)	Du hast ein tolles Dekolleté
Du hast einen 1a (|)	Du hast einen 1a Hintern
(\‾,/)	Du bist wie ein Schmetterling so schön
_|_/	bzw.: Du bist mein Schmetterling
(_/_)	

Beispiele für japanische Kompliment-Emoticons:

Die japanischen Emoticons sind anders als die westlichen und stellen eine Art Bildbuchstaben dar (jap. emoji). Sie erweitern die Ausdruckspalette und bestehen sowohl aus ASCII-Zeichen als auch aus japanischen Schriftzeichen, vor allem Katakana. Moderne Handys haben schon Dutzende von Emoticons gespeichert und verwandeln jeweilige Schlüsselwörter (z. B. Entschuldigung) nach Eingabe in Emoticons um.

(*_*)   Ich schwärme mit funkelnden Augen von dir
(3>_<3)   Ich bin verliebt in dich
^_^   Ich mache wegen dir ein glückliches Gesicht

Die Emoticons, die nicht einheitlich sind und bis auf wenige immer wieder verändert oder neu gebildet werden, bis sie sich bei Nutzern eingebürgert haben, demonstrieren eigene Gefühle, thematisieren seltener die Gefühle des anderen. Wie sollte dies auch möglich sein, kennt man doch häufig seinen Chatpartner nicht als Person, sondern als Abstraktum. Er setzt sich zusammen aus teils wahren, teils erfundenen Puzzleteilen, die dieser von sich preisgibt.

Nicht selten sind Chat- und wirkliche Persönlichkeit verschiedene Individualitäten. Zwangsläufig findet hier eine Konzentration auf eigene Emotionen statt, weil man den anderen nicht zu Gesicht bekommt. Der Erfolg eines Kompliments ist nicht mehr abschätzbar, denn der Komplimentierer hat kaum Möglichkeiten, den selbstrelevanten Teil des anderen in Erfahrung zu bringen. Und dennoch gewinnt das Komplimentierwesen auch. Durch die Visualität der Zeichen entsteht eine Bildhaftigkeit, die keiner Worte mehr bedarf. Frech sind die Komplimente geworden und humorvoll, eben postmodern. Die ASCII-Art macht deutlich, dass Zeichensprache im Internet zur Kunst werden kann und die Komplimente wieder schöner werden, wenn auch auf eine neue Art und Weise.

KOMPLIMENTE AUS
ALLER WELT

Manche Hochkulturen wie die des Irans oder Japans kamen praktisch ohne Möbel aus. Die Menschen zogen es vor, auf dem Boden, auf Teppichen oder Reisstrohmatten zu leben. In einem traditionellen japanischen Haus scheint nichts so fehl am Platz wie ein Stuhl, und der Ausdruck, mit dem jemand eingeladen wird, sich darauf zu setzen, *Koshi wo kakete* (»Hängen Sie Ihre Hüften auf«), zeigt, wie unpassend diese Art zu sitzen den Japanern erscheint. Ebenso unpassend wirken auf Vertreter anderer Kulturen uns selbstverständliche Komplimentformen.

So sprach ich einmal einen freundlichen Inder an, den ich fast immer mit seiner gesamten Familie antraf. Ob beim Einkaufen im Supermarkt, beim Eisessen in der Eisdiele oder im Bus – Großeltern, Onkel und Tante sowie Ehefrau und sämtliche Kinder waren immer dabei. Irgendwann einmal wollte ich etwas Nettes sagen und meinte bewundernd: »Was für eine große Familie Sie haben!« Doch er antwortete: »Ja, aber das hat auch seine Vorteile.«

Das war ein interessantes Missverständnis, dachte er doch, in einem Land wie Deutschland, in dem der überwiegende Teil der Haushalte aus Singles besteht, wäre eine große Familie kein Wert. Mein Kompliment wurde also als Tadel genommen.

Zum Glück erkennt man schnell am Gesichtsausdruck und an der Reaktion, dass das Kompliment danebenging, und so habe ich dann auch wortreich erklärt, dass eine große Familie etwas ganz Wunderbares und Deutschland mit seinen geburtenschwachen Frauen ja eher zu bedauern sei.

Schöne Deutsche statt Dichter und Denker?

Überall auf der Welt finden sich in den sozialen Strukturen Dinge, Eigenschaften oder Vorgänge, die immer wieder Gegenstand von Komplimenten sind. Im deutschsprachigen Raum sind das Inhalte wie Kleidung und Besitztümer (Wohnung, Auto, Notebook), körperliche Fähigkeiten (sportlich, durchtrainiert, fit), körperliche Erfolge (Gewinner beim Marathon), das Essen, wenn man denn zu einem eingeladen war, und einem Fremdsprachler wird ein Kompliment über seine guten Deutschkenntnisse gemacht. Enttäuschend allerdings die Tatsache, dass in fast allen anderen europäischen Ländern häufig Komplimente für intellektuelle Kenntnisse oder Fähigkeiten verschenkt werden, nur nicht bei den Deutschsprachlern. Sie geben sich eher als Ästheten, die einen schönen Körper für lobenswerter halten als einen schönen Geist.

Über Männer, Fische und nackte Frauen

Nach Komplimenten sehnen sich Menschen aller Kulturen. *Fishing for compliments* werden die mehr oder weniger auffälligen Signale genannt, doch mal was Nettes zu sagen. Auch die Männer der Meriam, eines vor der Nordküste Australiens lebenden Inselvolks, streben nach Nettigkeiten, denn sie jagen Fische ganz unwirtschaftlich mit dem Speer. Natürlich könnten sie es effektiver mit dem Netz tun, machen es aber nicht. Warum? Weil es mehr Eindruck macht, wenn ein Mann mit einem aufgespießten Fisch auf dem Speer nach Hause kommt, für alle sichtbar, und deswegen, weil so die daheimgebliebenen Frauen nicht umhinkommen, den erfolgreichen Fischer zu loben. Sicher, die Frauen haben inzwischen längst den Vorrat an Muscheln für die nächsten Tage gesammelt, aber sie reagieren klug und loben den erfolgreichen Fischer. Immer wieder, jeden Tag, wenn er mit einem aufgespießten Fischchen ankommt.

Dabei ist das Fishing for compliments gar nicht so harmlos, wie es auf den ersten Blick erscheint. Es ähnelt vielmehr einer kolloquialen Nötigung. Darunter versteht man die Nötigung zu antworten. So wie die mächtige Kleopatra auf Antwort drängte, als sie Rabbi Meir fragte, wie sie wohl schöner aussehen würde: nackt oder in ihren prächtigen Kleidern. Rabbi Meir schwieg zunächst. Aber die eitle Königin drängte weiter: Wie sie denn wohl im Paradiese leben werde, nackt oder in ihren Kleidern, weil doch dort sicher nur das Schönere existieren könne. Was sollte er jetzt als Inhalt für ein Kompliment nehmen? Sie sei nackt schöner als in ihren Kleidern? Das wäre eine Anmaßung gewesen, denn selbstverständlich hat er sie noch niemals nackt gesehen. Dann also angezogen schöner? Was für eine Unverschämtheit, dass Kleider sie in ihrer Schönheit übertreffen sollten.

Rabbi Meir reagierte geschickt: Er ließ sich auf ihre Nötigung zu einem Kompliment, das in diesem Moment nur falsch sein konnte, nicht ein. Dafür nutzte er einen sprachlichen Trick: Er verwendete den Abwärtsvergleich mit einem neutralen Gegenstand in einem starken Kontrast und entpersonalisierte, indem er sie nicht als über Leben und Tod gebietende Herrscherin, sondern allgemein als Mensch ansprach. Er entgegnete:

> *Wenn ein Weizenkorn, das nackt begraben liegt, in viele Gewänder gehüllt hervorkommt, um wie viel mehr der Mensch, der in seinen Gewändern begraben wird.*

Damit hatte er geantwortet, ohne eine Antwort zu geben. Denn eines hatte Rabbi Meir frühzeitig erkannt: Ein Kompliment ist immer verbindlich.

Schweigen, Verschwiegenheit und Sprachlosigkeit

Im europäischen Kulturkreis ist im Allgemeinen ein *Low-Context-Kommunikationsstil* üblich. Wir unterhalten uns mit anderen direkt und personenorientiert. Wir sind gesprächig und stellen uns dann und wann auch gerne selber dar. Ganz anders der indirekte, statusorientierte *High-Context-Kommunikationsstil*, wie er in Ländern wie Japan, China und den hinduistischen und arabischen Kulturen eingesetzt wird. Deren Gesprächskultur ist durchzogen von Zurückhaltung und Schweigen. Sprachlosigkeit ist nicht unangenehm wie bei uns, wenn uns nichts mehr einfällt und wir angestrengt überlegen, was wir noch sagen könnten. In Japan schätzt man das gemeinsame Schweigen. Nicht über alles muss man reden, um es zu genießen. So kann eine japanische Frau überaus geschmeichelt reagieren, wenn ihr Mann nichts sagt, während er sie in einem neuen Kleid sieht. Mit dieser Sprachlosigkeit wären viele deutsche Frauen nicht zufrieden.

Anders dagegen, wenn das Schweigen selber verbalisiert wird:

Also weißt du, wenn ich dich so ansehe, also, mir fehlen die Worte, ich bin einfach sprachlos!

Das verstehen wir selbstverständlich als Kompliment. Es ist übrigens eine uralte Struktur, dieses »Mir fehlen die Worte«. Bei Abu Tamman, der von 800 bis etwa 845 lebte, kann man lesen:

Wenn ich dich anschaue, muss ich manchmal vor lauter Verblüffung schweigen, so schön bist du.

Und dann gibt es da noch die Verschwiegenheit, die auch ein Kompliment sein kann. Wie in dieser Begebenheit, die von Goethe (1749–1832) erzählt wird: Als dieser einmal abends mit dem Prinzenerzieher Soret durch den Park von Weimar schlenderte, sahen sie eine Dame des Hofes, die sich von einem Herrn küssen ließ, der durchaus nicht ihr Gatte war. »Haben Sie das gesehen?«, fragte Soret entrüstet. »Ich habe es wohl gesehen«, entgegnete Goethe, »aber ich glaube es nicht.«

Verschwiegenheit dieser Art heißt über Mängel und Fehltritte des anderen hinwegsehen. Ich thematisiere nicht, dass ein knallrotes Kleid viel zu eng ist oder ein Lachen viel zu laut. Ich sehe die positiven Dinge am anderen, ganz nach der modernen Kunst des *Framings*. Framing bedeutet im Journalismus, bestimmte Aspekte der Realität selektiv in den Mittelpunkt zu rücken. Mit diesem Vorgehen lenken wir die Aufmerksamkeit des anderen auf diese Realitätsausschnitte und ziehen ihn von anderen Aspekten weg. Wer dies bei einem Menschen häufiger tut, gibt ihm das Gefühl, ein wunderbarer Mensch und beinahe ohne Fehler zu sein.

»Ja« oder »Yes, thanks«?

Der europäische Kulturkreis zählt ebenso wie der nordamerikanische und der slawisch-orthodoxe zu den individualisierten Kulturkreisen. Diese zeichnen sich unter anderem durch direkte Ausdrucksweise aus, analytischen Diskussionsstil, große Machtdistanz, Ich-Bewusstsein, Maskulinität, starke Unsicherheitsvermeidung und langfristige Orientierung. Doch bereits innerhalb des europäischen Kulturkreises herrschen feine Unterschiede im Höflichkeits- und Komplimentierverhalten. Wer sich als Deutscher nicht bewusst macht, dass es in Großbritannien üblich ist, für jede Kleinigkeit *thanks, sorry, please* zu verwenden, wird von einem Briten als unhöflich beurteilt. Die deutsche Sprache dagegen akzeptiert durchaus ein einfaches Ja, im Gegensatz zum *yes, please* oder *no, thanks*.

Auch zwischen US-Amerikanern und Deutschen gibt es interkulturelle Unterschiede, die sich vor allem in der beruflichen Zusammenarbeit auswirken. So sagt man: »Deutsche loben, indem sie nicht kritisieren, und Amerikaner kritisieren, indem sie nicht loben.« Das kann zu Missverständnissen führen, wenn der amerikanische Chef alle Nase lang fragt, ob er helfen könne, und die Mitarbeiter viel lobt. Denkt er denn, sie könnten die Arbeit nicht allein? Für wie unfähig hält er sie eigentlich? Hören dagegen amerikanische Mitarbeiter von einem deutschen Chef nichts als Schweigen, dann nehmen sie an, sie seien ihm gleichgültig. Hier ist eine Erklärung der interkulturellen Unterschiede notwendig. Wenn einmal darüber gesprochen wurde, dass für Deutsche Schweigen wie ein Lob sein kann, heilt die Kränkung sofort.

Du bist schön wie ein Elefant

In Afrika gilt es als schmeichelhaft, mit einem Elefanten verglichen zu werden, und im Shop des Amsterdamer Museums für moderne Kunst ist ein besonderer Renner das T-Shirt mit dem arabischen Schriftzug für ein im Libanon gerne verwendetes Kompliment:

Du bist ein süßer Nachtisch auf zwei Beinen.

Neben den Regenburkas aus gelbem Wachstuch sind diese Shirts meist ausverkauft.

In Japan wird auf den ersten Blick ganz ähnlich wie in Europa komplimentiert. »Sie haben ein sehr nettes Zuhause!« gilt dort wie hier als freundliches Kompliment, ebenso wie schmeichelhafte Bemerkungen über die jüngsten Mitglieder der Familie: »Was für ein reizendes Kind!«

Aber auch hier gibt es feine Unterschiede. So werden verschiedene Formulierungen für Komplimente ausgewählt, abgestimmt auf die jeweilige Person, an die sie sich richten. Ein japanischer Student sagt etwa zu seinem gleichaltrigen Kommilitonen: »Deine Präsentation war gut!« Aber zum Dozenten: »Ihre Präsentation hat mir sehr geholfen.« An deutschen Universitäten dagegen rufen Studenten dem Dozenten zu, er sei super gewesen, oder recken den Daumen nach oben, ohne dass Rangunterschiede sprachlichen Ausdruck finden.

Nein, meine Tochter ist nicht hübsch!

Die häufigsten Worte, die in Japan für Komplimente verwendet werden, lauten: *kireida* (hübsch), *yokudekiru* (fähig), *kakkoii* (collq. smashing), *saikooda* (collq. superb). Typisch für japanische Komplimente ist die Zurückweisung eines Kompliments, zum Beispiel:

Ihre Tochter ist wirklich gut in der Schule. Verglichen mit ihr ist meine Tochter nicht so gut.

Oh nein. Ihre Tochter ist weit besser als meine Tochter.

Was für ein nettes Haus Sie haben! Verglichen mit Ihrem, ist unser Haus nur eine Hütte.

Nein. Ihr Haus ist viel prächtiger als unseres.

Diese Komplimente sind Teil der höflichen Kommunikation und deswegen formelhaft. Es wird erwartet, dass der andere mit Verneinung und Gegenkompliment reagiert.

Der strafbare Blick ins Dekolleté

Bei uns ist es durchaus üblich, sich nach dem Befinden der Ehefrau, zum Beispiel im Rahmen eines Geschäftsessens oder im Kollegenkreis, zu erkundigen oder die Nachbarin zu fragen, wie es denn der besseren Hälfte gehe. Keiner denkt sich dabei etwas und jeder freut sich über das Interesse des anderen. Es gibt ja nichts Schlimmeres als die Gleichgültigkeit anderer Menschen.

In arabischen Ländern allerdings würde man mit der Thematisierung der Ehefrau nicht als höflich gelten. In diesem Sprachraum gilt es geradezu als Beleidigung, sich nach der Frau eines anderen zu erkundigen. Wieso fragt er? Warum interessiert er sich für sie? Begehrt er sie gar? Wieso erwähnt er sie überhaupt?

Noch schlimmer, der Ehefrau in Anwesenheit des Mannes ein Kompliment über ihre schönen Hände zu machen oder darüber, wie gut sie doch gekocht habe. Das ist nicht zu empfehlen. Erst recht dann nicht, wenn der Ehemann nicht dabei ist. Was harmlos gemeint ist, kann in einem anderen Kulturraum schlimmstenfalls tödlich enden.

Mit diesen Konsequenzen muss im westlich geprägten Kulturraum nicht gerechnet werden. Aber auch hier gibt es wieder hauchfeine Unterschiede, die zwischen Amerikanern und Europäern zu Unsicherheiten führen können:

Eine Amerikanerin wird immer ein wenig misstrauisch reagieren, wenn ihr ein Mann ein Kompliment über ihr Äußeres macht. Was eine Französin oder eine Italienerin gewöhnt ist – und nahezu erwartet –, wird eine amerikanische Frau leicht als sexuelle Belästigung auffassen. Es genügen Blicke. Ein bewundernder Blick auf das Dekolleté oder den drallen Hintern einer Frau wird nicht immer als Kompliment gewertet. In Deutschland übrigens auch nicht.

Anders dagegen die Floskeln, die in den USA üblich sind. Dass das Essen ganz besonders gut geschmeckt habe, ist normal zu erwähnen. Deutsche mit ihrer eher trockenen und ehrlichen Art würden lieber schweigen, wenn es furchtbar war, oder lakonisch bemerken, es sei warm und reichlich gewesen.

Ähnliche Unterschiede gibt es in der Unterhaltung. In Deutschland schätzt man heftige Diskussionen und bewundert jemanden, der einen festen Standpunkt einnimmt und diesen auch verteidigt. Das sind Selbstdenker, kluge und reflektierte Menschen.

Aber eine Amerikanerin würde es gar nicht schätzen, wenn ihr ein Mann ins Wort fällt, zum Beispiel deswegen, weil sie einfach unrecht hat oder großen Käse daherplappert. Wo eine deutsche Frau gerne dazulernt, will eine Amerikanerin respektiert werden, oder besser, sie will, dass man so tut, als täte man es. Das gehört zum höflichen Verhalten eines amerikanischen Mannes.

Vergleichbares gibt es auch im deutschsprachigen Raum. So klein die Unterschiede zwischen Deutschen und Schweizern sein mögen, so gewichtig sind sie doch in puncto Höflichkeit. Auch Schweizer mögen es gar nicht, wenn man ihnen ins Wort fällt oder sie belehrt. Arrogant werden dann die Deutschen geschimpft, die Besserwisser. Auch hier ist es klug, sich zurückzuhalten. Was gut gemeint ist, wird leicht falsch verstanden.

Allerdings gibt es durchaus höfliches Benehmen, das man in Europa und in den USA gleichermaßen als Kompliment auffasst: Verhaltensweisen, die einer Frau signalisieren, dass ihre Weiblichkeit geachtet und bewundert wird. Dazu gehört es, ihr die Türe aufzuhalten, den Vortritt zu lassen und heruntergefallene Gegenstände wie selbstverständlich hochzureichen.

Darf man das Gehirn eines lebendigen Affen nicht essen?

Stellen Sie sich vor, Sie sind auf Geschäftsreise in einem asiatischen Land und es wurde angekündigt, man wolle heute Abend das Gehirn eines lebendigen Affen servieren. Nun ist der Geschäftspartner sehr wichtig, der Abschluss wäre ein großer Erfolg für Ihre Firma. Was also tun? Augen zu, Tierschutz und Mitleid für das kleine Wesen vergessen und hineingelöffelt in das offene Gehirn, das in der Mitte des Tisches kredenzt wird, während der kleine Kerl unter dem Tisch noch lebendig zappelt? Nicht unbedingt. Es ist in Asien durchaus erlaubt, als Gast zu sagen, dass Sie etwas nicht mögen. Nur sollten Sie es unbedingt vorher tun, dann dürfen Sie diesen Gang aussetzen. Wenn Sie sich allerdings nicht beizeiten nach der Speisenfolge erkundigt haben und nun davorsitzen, wird eine Kränkung des Kochs und des Gastgebers unausweichlich sein. Zwingend wird er annehmen, er habe einen Fehler gemacht und die Rücksichtnahme auf die kulinarischen Vorlieben des Gastes verletzt. Ein Gesichtsverlust beim Gastgeber ist die Folge. Sehr peinlich in Asien und ungeschickt, wenn Sie der Grund dafür sind. Da ist es dann weniger schlimm, wenn Sie quer über den Tisch greifen, um an den Reisschnaps zu gelangen. Obwohl Sie damit natürlich dem Gastgeber auch nicht eben schmeicheln, sondern demonstrieren, wie unaufmerksam er doch ist. Und denken Sie dran – das letzte Krümelchen auf dem Teller wegzuputzen, was jede bayrische Wirtin mit Genugtuung beobachten würde, ist das Gegenteil eines Kompliments. Wer beim letzten Gang, meist ein Reisgericht, nichts übrig lässt, der ist offenbar noch hungrig. Da hat der Gastgeber schon wieder nicht aufgepasst und zu wenig angeboten.

Handkuss oder Wangentätscheln

In Finnland soll es üblich sein, Komplimente über den Haarschnitt zu machen. In Frankreich werden gerne und häufig Komplimente über das Aussehen und die Attraktivität einer Frau gemacht, auch im Berufsalltag. Das empfiehlt sich aber nicht unbedingt in Deutschland. Wer würde Bundeskanzlerin Merkel schon ein Kompliment über ihre schönen Augen machen? Es geht hier nicht um die *Frau* Angela, sondern um die Bundeskanzlerin, also eine komplett andere Rolle, nämlich die einer Staatsfrau, die aus Gründen des politischen Kalküls entscheidet und die Geschicke ihres Landes lenkt. Ihre weibliche Attraktivität zu thematisieren wäre daher fehl am Platze, auch wenn sie diplomatisch lächelte, als Chirac sie bei einem offiziellen Anlass mit einem

Handkuss empfing. Ist hier Kalkül auf französischer Seite zu vermuten? Unhöflich und alles andere als ein staatsmännisches Kompliment war die Geste von George W. Bush während eines Besuchs bei der Kanzlerin in Mecklenburg: Er tätschelte ihr die Wange!

Über blaue Blumenvasen

Da ist es beinahe besser, wie ein chinesischer Mann Frauen gegenüber zu reagieren, nämlich so gut wie gar nicht, jedenfalls nicht charmant. Chinesische Männer sind äußerst sparsam mit Komplimenten über die Anmut oder Schönheit einer Frau. Umso erstaunter wird eine Chinesin sein, wenn Sie ihr gegenüber Bemerkungen über Aspekte ihrer Person machen, über die geschmackvolle Auswahl der Handtasche oder den qualitativ hochwertigen Mantel oder die feine Art, sich elegant übers Parkett zu bewegen. Beobachten Sie ihre Reaktion. Wahrscheinlich freut sie sich, selbst wenn es zunächst ungewohnt ist, so viel Nettes über sich zu hören.

Auch sonst ist Vorsicht geboten: Sind Sie zu Besuch und erwähnen, wie geschmackvoll die blaue Glasvase dort drüben doch ist, wird die Gastgeberin ohne zu zögern hingehen, sie einpacken und Ihnen überreichen. Das kann auch in arabischen Ländern oder sogar in Griechenland oder der Türkei passieren. Wenn Sie merken, dass ein Kompliment über einen Gegenstand diese Folgen nach sich zieht, sollten Sie ihn beim Abschied einfach liegen lassen und so tun, als hätten Sie ihn vergessen. Sonst wird nämlich gegebenenfalls von Ihnen erwartet, dass Sie etwas anderes im gleichen Wert zurückschenken!

Von der Herausforderung, einer Russin zu schmeicheln

Dass deutsche Frauen ein leichtes Opfer schöner Worte sind, ist vielleicht nicht allzu vielen bekannt. Sonst wäre die Kunst des Komplimens bereits früher wieder belebt worden. Immerhin glauben 80 Prozent aller Frauen Schmeicheleien. Sie blicken also anschließend oder spätestens vor dem Schlafengehen in den Spiegel und stellen fest, dass es stimmt, was der andere gesagt hat: Meine Haare sind wirklich besonders schön. Und meine Beine ziemlich schlank. Und meine Augen? Ein herrliches Dunkelgrün, davon bin nun überzeugt. Deutsche Frauen, so scheint es, betrachten sich selber nach einem Kompliment genau so, wie es ihnen vorgeschwärmt wurde.

Bei Russinnen soll es schwieriger sein. Sie glauben nicht alles, nur rund ein Drittel findet in sich selber bestätigt, was Nettes über sie behauptet wird. Dafür machen russische Männer mehr Äußerungen über die inneren Werte, die sich weniger leicht überprüfen lassen, schon gar nicht mit einem Blick in den Spiegel.

In der russischen Literatur übrigens finden sich, was sich im Alltag bestätigt, ebenfalls häufig Komplimente über die Charakterzüge einer Frau. Die schicksalsschwere russische Seele sieht eben (auch) hinter die schöne Schale.

Über den chinesischen Höflichkeitsmonat

Wenn man einen chinesischen Studenten lobt, dass er sehr gut Deutsch spricht, dann wird dieser fast immer mit einem *Nein* antworten, auch wenn er sich seines Könnens bewusst ist und sich über das Kompliment freut. Für Chinesen ist Bescheidenheit Teil der Höflichkeit, das Herausstellen der eigenen Person und eigener Leistung gilt als unhöflich. Das ist für Europäer manchmal schwer zu verstehen, vor allem weil ein Chinese sich nur selten entschuldigt, wenn er einem anderen auf den Fuß tritt oder ihn anstößt. Die sprichwörtliche Höflichkeit der Chinesen wird vielmehr in regelmäßig von der Partei initiierten Höflichkeitsmonaten eingeübt, wo dann immer wieder Plakate auf den Straßen zu sehen sind mit Aufschriften wie »Seid höflich zueinander!« oder »Sagt Bitte, Danke, Entschuldigung!«.

RAFFINESSEN FÜR FRAUEN, MÄNNER UND KINDER SOWIE FÜR KOMPLIMENTEHASSER

Frauen … wer hat sie erschaffen … diese herrlichen Wesen!
Gott muss ein verdammtes Genie sein. Ihre Haare … die
Haare sind das Wichtigste, weißt du? Hast du jemals deine
Nase in die Nähe von Locken getaucht? Das ist, als würdest
du ewig darin schlafen wollen. Oder ihre Lippen, ja.
Wenn du sie zum ersten Mal auf deinen fühlst, ist das so
wie der erste Schluck Wein nach einem langen Gang durch
die Wüste. (Der Duft der Frauen)

Zu den Erwartungsnormen der meisten Frauen gehört die Exo-
these von Gefühlen. Emotionen sollen verbalisiert werden, und
manche fordern es wie eine soziale Pflichtübung. Sollte ein Mann
dem nachgeben? Carl Hilty (1833–1909), Schweizer Nationalrat,
aber in Wirklichkeit Glücksforscher, hätte diese Frage mit Ja
beantwortet und argumentiert:

Der Umgang mit Frauen ist eine Sache, von der das
Lebensglück der jungen Männer ungemein abhängt
und bei welcher es außerordentlich auf gute Manieren
ankommt.

Wieso auch nicht? Frauen sollten von Männern Komplimente
zu hören bekommen. Das ist eine Forderung, ein Wunsch, eine
Sehnsucht, aber auch ein Rat: Denn Männer würden ohne ihre

Frauen schneller altern. Verheiratete Männer, so stellt auch der Augsburger Urologie-Professor Theodor Klotz fest, sterben im Durchschnitt immerhin zwei Jahre später als unverheiratete.[5] Ein Mann, der sich auf ein langes Leben freuen will, sollte seine Frau umschmeichelnd gut behandeln – aus Eigennutz. Wer sonst würde darauf achten, dass er sich gesund ernährt, seine Arzttermine wahrnimmt und sich wohlfühlt? Und sicherlich ist es angenehmer, mit einer glücklichen als mit einer unglücklichen Frau zusammen zu sein. Glück färbt ab. Nutznießer glücklicher Frauen sind glückliche Männer.

Abgesehen davon besitzt das Kompliment für Frauen einen anderen Stellenwert als für Männer. Es gehört für sie in eine eigene Kategorie von Lebensqualität. Das Verschweigen von Komplimenten bedeutet für eine Frau einen echten Mangel an Lebensqualität. Dies bestätigt eine Studie der Stony Brook University in New York. Sie ergab außerdem, dass Frauen starke emotionale Erfahrungen (also auch glückliche Momente) länger im Gedächtnis behalten als Männer.[6]

Führen die neuesten Ergebnisse der Forschung dazu, dass Männer erkennen, wie sehr sie es in der Hand haben, eine Frau glücklich oder weniger glücklich zu machen? Und können Männer allein durch Komplimente die Lebensqualität einer Frau erhöhen? Leider nicht ganz.

Denn Männer haben einen Nachteil: Sie sprechen im Durchschnitt ein Sechstel weniger als Frauen. Männer verwenden 25.000 Wörter pro Tag, Frauen 30.000 Wörter. Und Frauen erwarten viel. Sie schenken meist dem WIE mehr Beachtung als dem WAS. Selbst wenn Frauen sich bemühen, die Sprachmelodie zu ignorieren – sie können es nicht! Während Männer noch überlegen, hat eine Frau meist schon erkannt, dass beim Sprecher eine Unstimmigkeit zwischen dem Gefühl, das er in Worte zu fassen versucht, und der Sprachmelodie vorliegt.[7]

Doch all dies darf nicht dazu führen, dass ein Mann die Flügel hängen lässt. Denn das führt bei manchen Frauen zu einem eigenartigen Phänomen. Sie leiden so sehr unter dem Fehlen von Komplimenten, dass sie eine Art Enttäuschungsprophylaxe entwickeln: Sie lassen die Vorfreude auf Nettigkeiten gar nicht erst zu, damit sie hinterher nicht enttäuscht werden. Wer keinen Blumenstrauß erwartet, ist nicht enttäuscht, wenn er keinen bekommt. Andererseits wird man ihn auf diese Weise auch wirklich niemals bekommen. Wer seinen eigenen Wert nicht sichtbar für andere demonstriert, kann lange darauf warten, dass er einmal entdeckt wird.

Was wollen Frauen hören?

Von wegen innere Werte – 61 Prozent der Komplimente von Männern für Frauen beziehen sich auf die äußere Erscheinung. Manche davon gefallen, viele misslingen. Was ist der Grund für das Scheitern? Unwissen vielleicht. Dabei könnten wir uns auf eine Studie von Heinberg und Thompson[8] stützen. Sie stellten fest: Die Vorbilder von Frauen beziehungsweise das, womit sie verglichen werden wollen, variieren mit dem Lebensalter:

- 16- bis 19-Jährige: 10 Prozent möchten so aussehen wie weibliche Models, 5 Prozent wie bestimmte Schauspielerinnen, 3 Prozent wie Sportlerinnen und 3 Prozent wie Familienangehörige
- 20- bis 29-Jährige: 9 Prozent wie weibliche Models, 9 Prozent wie Schauspielerinnen, 2 Prozent wie Sportlerinnen und 2 Prozent wie Freundinnen
- 30- bis 39-Jährige: 13 Prozent wie Schauspielerinnen, 7 Prozent wie Sportlerinnen, 7 Prozent wie Familienmitglieder
- Über 40-Jährige: 17 Prozent wie Familienmitglieder

Für Komplimente bedeutet das: Über 40-jährige Frauen stellen die anspruchsvollste Zielgruppe dar. Vergleiche mit Heidi Klum ließen sie wahrscheinlich unberührt. Ein 16-jähriges Mädchen dagegen wäre glücklich, so etwas über sich zu hören. Aber eine erwachsene Frau ist unvergleichbar. Sie hat eine ausgereifte Persönlichkeit und eine Einzigartigkeit, der kein Vergleich standhalten kann. 83 Prozent der über 40-jährigen Frauen möchten wie niemand anderer sein. Sie sind ganz sie selbst.

Ein Mann, der keine Komplimente macht, ist wie eine
trockene Zigarre: Sie brennt zu schnell ab.

Doch sosehr ein Mann sich bemüht, es gibt keinen objektiven Maßstab für ein gutes oder ein schlechtes Frauenkompliment. Noch nicht einmal eine Frau selber entscheidet darüber immer gleich. Denn ob ihr der Mann gefällt, der ihr gerade die zauberhafteste Schmeichelei gesteht, liegt auch an so unbeeinflussbaren Vorgängen wie dem weiblichen Zyklus.[9] Schöne Worte machen ein unbekanntes männliches Gesicht zwar interessanter, aber nicht immer attraktiver.

Dennoch, jede Einzelne ist die Mühe wert. Denn Frauen, die lange ein Auge zudrücken, sagt Humphrey Bogart, täten es am Ende nur noch, um zu zielen. Vielleicht hat er recht. Mit enttäuschten Frauen ist nicht zu spaßen. Eine Frau scheint zu allem fähig, wenn sie von einem Mann nicht ausreichend respektiert wird.

Das bekam auch der Komponist Henry Purcell in einer Novembernacht im Jahr 1695 zu spüren, als er in sein Haus neben der Westminsterabtei wollte. Er pochte ans Tor, aber ihm wurde nicht geöffnet. Denn seine Frau hatte den Dienstboten verboten, das Tor nach Mitternacht zu öffnen, und um Mitternacht hätte Purcell zu Hause sein sollen. Eine unglaubliche Missachtung, eine Respektlosigkeit, später zu erscheinen, in den Augen seiner Gattin. Also blieb das Tor verschlossen und Purcell lief frierend die ganze Nacht vor seinem Haus auf und ab. Ein eisiger Wind fegte durch London und es goss in Strömen. Er holte sich eine schwere Erkältung, an deren Folgen er einige Tage später starb. Purcell wurde nur 36 Jahre alt.

Was Männern gefällt

Ich mach's dir billiger! – Das ist das Romantischste, was
mir je eine Frau gesagt hat. (Shanghai Knights)

Imaginative Tätigkeiten, wie die mentale Vorstellung über selbstbezogene positive Äußerungen, haben kongruente Stimmungseffekte zur Folge. Das ist auch bei Männern so. Manche meinen sogar, dass Männer durch ein Kompliment leichter zu entwaffnen seien als Frauen. Oscar Wilde ist ein Vertreter dieser Ansicht. Tatsächlich scheint es gravierende Unterschiede im Verständnis der Geschlechter zu geben. So schrieb ein Englischlehrer einmal folgenden Satz an die Tafel: »Woman without her man is nothing« und bat die Schüler, die Satzzeichen zu setzen.

Die Jungen schrieben: »Woman, without her man, is nothing.«

Die Mädchen schrieben: »Woman! Without her, man is nothing!«

Grundsätzlich unterscheiden wir zunächst die Komplimente *für* Männer von denen *unter* Männern. Ein Kompliment *unter* Männern ist zum Beispiel:

Du bist der Größte, würde ich nicht meinen Schwanz halten müssen, weil ich so dringend pissen muss, würd ich dir die Hände schütteln. (American Pie 2)

Ein Kompliment *für* Männer ist:

15 Prozent der Männer glauben, ihr Penis sei zu klein. Aber was sagt sie zu ihm? »Irgendetwas ist mit dem Lineal nicht in Ordnung!« (Harald Schmidt Show)

Dabei gebe es nichts Dümmeres als den Gesichtsausdruck eines Mannes, dem eine Frau gerade ein Kompliment macht, behauptet der Schauspieler Tim Allen. Und dieser Gesichtsausdruck könnte häufiger zu beobachten sein. Denn Frauen scheinen weniger Mühe zu haben, Komplimente zu verteilen. Bücher von Autorinnen weisen mehr Komplimente an die Leser auf als die ihrer männlichen Kollegen.[10] Auch drücken Frauen besser Freude aus als Männer, Männer dagegen besser Ärger, Verachtung und Ekel. Das gilt aber nur für die westlichen Kulturen. In Japan sind es die Frauen, die besser Ärger und Verachtung ausdrücken.

Wenn jemals eine Frau Mutter deiner Kinder sein wird, dann möchte ich es sein. (McLeods Töchter)

Im Frankreich des 18. Jahrhunderts war das Gegenstück des *homme galant*, des galanten Mannes, die *femme d'esprit* als geistvolle Frau. Tatsächlich ist es in den meisten Fällen besser, wenn eine Frau intelligente Sätze äußert statt für den Mann zu schmeichelhafte. Zumindest dann, wenn sie nicht missverstanden werden will. Männer schließen schneller auf sexuelles Interesse bei Frauen, als diese meinen. Freundliches weibliches Verhalten, das über einen Blick hinausgeht, wird als Anbiederung missinterpretiert. Männer schlussfolgern bei einem guten Gespräch rasch auf eine gute sexuelle Chemie.[11]

> *Gomez, du bist ein so kluger Mensch!*
> (Die Addams-Familie)

Der postmoderne Mann unter Erfolgsdruck

Eine Frau dreht sich nach einem Mann um, der den James-Dean-Appeal hat, also breite Schultern, schmale Hüften, knackigen Po in engen Jeans, markantes Kinn und volles, lässiges Haar.

Das setzt auch den postmodernen Mann unter Druck, der, geht es nach der Werbeindustrie, nach dem Motto leben soll: Wer von Venus geliebt werden will, muss mindestens so schön sein wie Adonis. Grundsätzlich ist es aber immer noch so, dass Frauen weniger Wert auf das Äußere eines Mannes legen, mit einer Ausnahme: Es stört fast jede Frau, wenn der Mann kleiner ist als sie selbst.

Einem Mann, der wie James Dean vor einem steht, ein Kompliment zu machen, ist einfach. Die Komplimentinhalte drängen sich ja förmlich auf. Aber wie schmeichelt frau all den anderen Männern?

Eine indirekte Art, genau das zu tun, ist, ihn anzulächeln. Denn wer als Mann von einer Frau angelächelt wird, besitzt in den Augen anderer Frauen eine höhere Attraktivität. Der Effekt, dass das Interesse eines Weibchens die Chancen des Männchens bei anderen Weibchen erhöht, wurde auch schon bei Zebrafinken beobachtet, bei Wachteln und einigen Fischarten.[12]

Eine direktere Art, ihm ein Kompliment zu machen, ist das Beschreiben eigener Empfindungen mit Referenz auf die eigene Weiblichkeit. Wer sich bei einem Mann ganz als Frau fühlt, bestätigt einen Mann in seiner Rolle als Mann. Die Sängerin Milva macht das sehr schön vor:

> *Du zeigst mir immer, dass es möglich ist, ganz Frau und trotzdem frei zu sein.* (»Zusammenleben«)

Sie wendet geschickt auch die *argumentativen Komplimente* an. Dazu zählen alle Aussagen, die Begründungen enthalten. »Ich liebe dich, weil ...« oder »Ich finde dich toll, weil ...« und ähnliche. Falls der Mann tatsächlich das vernunftbegabtere Wesen ist, sind Komplimente mit Begründungsstrukturen erfolgreich:

> *Ich mag dich, weil du klug und zärtlich bist.*
> (»Zusammenleben«)

Beim Komplimentieren für Männer ist vor allen Dingen zu beachten, dass sie sanfte und sensible Kreaturen sind, tief in ihrem Inneren. So wie der Maler Edgar Degas (1834–1917), den man fragte:

> *»Aber Herr Degas, warum heiraten Sie nicht selber?«*
> *»Ach, bei mir ist das etwas anderes; ich hätte zu große*
> *Angst, dass meine Frau vor meinen Bildern sagen würde:*
> *Sehr nett, was du da gemacht hast.«*

Wie bei Frauen, so sollten wir auch bei Männern auf den *selbstrelevanten* Teil ihres Tuns achten. Wenn ein Mann morgens über eine Stunde im Bad verbringt, darf man hinterher kein falsches Wort über seine gut sortierten oder gewollt gestruppten oder elastisch gegelten Haare verlieren. Aber man darf ihn anlächeln und bewundern, von unten einen Blick auf das Kunstwerk werfen. Es ist manchmal ganz einfach, ihn glücklich zu machen.

Der sicherste Weg ist und bleibt doch die immerwährende Bestätigung in seiner Männlichkeit. Seine weichen Hände zu loben und zu sagen, sie glichen denen eines Mädchens, wie dem

Pianisten Lang Lang geschehen, ist kein Kompliment. Raue, kräftige, zupackende Hände gehören zum Symbol des Männlichen.

Dass Männer ihre Männlichkeit auch selber feiern, dürfte nicht neu sein. Schon Goethe und Napoleon bestätigten sich darin. Als diese beiden einmal zusammentrafen, lobte Napoleon die *Leiden des jungen Werthers*, ein recht erfolgreicher Briefroman des Dichters. Und Goethe rief aus: »Vous êtes un homme!«, oder nach anderen Aufzeichnungen: »Voilà un homme!« In der Vergangenheit häufig als ein Ecco homo überbewertet, war die Bedeutung wohl: Sie sind ein wirklicher (also ein stattlicher, echter) Mann. Nur ein bedeutender Mann kann erkennen, was ein bedeutender Mann geschrieben hat. Männer bestätigen sich in ihrer Männlichkeit. Und Komplimente für Männer hören sich heute noch ganz ähnlich an wie zu Napoleons Zeiten:

You are a right man. (US-Kopfgeldjäger zu einem Kollegen)

Aber was, wenn es an einem Mann nichts Positives gibt? Ist das möglich? Für eine Frau, die das so sieht, gilt Folgendes: Man muss die Esel füttern, denn sie tragen auch die Lasten. Und weil Lügen ja »das eigentümliche Departement des weiblichen Geschlechts« zu sein scheint und sie »in dieser Kunst dem stirnlosesten Manne überlegen«[13] ist, dürfte das einer klugen Frau nicht schwerfallen. Für alle anderen, die das Gute im Mann deutlich erkennen, gelten die Grundmuster und die Eloquenzien sowie die Techniken des Glaubhaftmachens. Denn Männer sind auch nur Menschen.

Mit Stereotypen arbeiten

Die Stereotypen-Technik hat nichts Unreines an sich, sondern ist im Gegenteil eine wunderschöne Manipulation. Sie funktioniert ganz einfach: Wir sehen in einem Menschen immer nur das Gute. Denn »wer die Menschen so behandelt, wie sie sind, der macht sie damit schlechter. Wer aber die Menschen so behandelt, wie sie sein könnten, der macht sie besser.« So sagt es Goethe und er behält recht damit. Sehen wir uns die schöne und menschenfreundliche

Stereotypen-Technik an. Beginnen wir mit der Frage, was überhaupt ein Stereotyp ist. Das Wort setzt sich aus den griechischen Vokabeln *stereos* (starr, fest) und *typos* (Entwurf, Norm) zusammen. Ursprünglich bezeichnete es Ende des 18. Jahrhunderts einen Vorgang in der Drucktechnik. Und es passt sehr gut, um deutlich zu machen, dass wir einen Menschen häufig gar nicht als den sehen, der er ist. Sondern als Person einer bestimmten Gruppe, zu der wir bereits eine vorgefasste Meinung haben. Wir drücken diesem Menschen damit einen Stempel auf. Deswegen verstehen wir unter einem Stereotyp die Überzeugung über die Mitglieder einer sozialen Gruppe.

Das ist an sich noch nichts Schlechtes. Auf diese Weise kategorisieren wir die Menschen in unserer Umwelt. Das geschieht nach Merkmalen wie Geschlecht, Alter, Nationalität oder auch durch Kategorien wie hübsch, hässlich, sorgfältig, unordentlich, dick, schlank, jung, alt, klug, dumm und so weiter.

Bedeutsam für uns ist, dass bereits die reine Kategorisierung Auswirkungen darauf hat, wie wir etwas wahrnehmen und verarbeiten. Hat sich ein Stereotyp erst einmal gebildet, beeinflusst es die Prozesse der Interpretation und Beurteilung von Informationen. Inwieweit der Stereotypen-Mechanismus auf Komplimente und deren verhaltenslenkendes Potenzial zu übertragen ist, wurde bisher wissenschaftlich noch wenig untersucht. Aber es ist wahrscheinlich, dass wir mit Komplimenten Stereotype stärken. Das Kompliment »Du bist aber sportlich!« kann dazu beitragen, dass eine noch stärkere Identifikation mit der Gruppe der Sportlichen stattfindet. Ähnlich Komplimente über die schlanke Figur, die zur Folge haben, dass viele von uns in den nächsten Tagen verstärkt an Salatblättern knabbern und mit noch schlechterem Gewissen als sonst in die fettige Bratwurst beißen. »Du bist aber geschmackvoll!« wäre ebenfalls ein Stereotypen-Kompliment, das uns in die stereotype Gruppe der geschmackvollen Menschen drängt. Bei dieser Sorte von Komplimenten fühlen wir uns in der Folge irgendwie verpflichtet, uns ihnen entsprechend zu verhalten. Diese Verhaltenstendenz nennt man Konsistenz. Über sie sprechen wir später. Wenden wir uns zunächst den Kindern zu.

Komplimente für Kinder

Deutschlands Eltern sind verzweifelt. Immer mehr
Kinder verbringen immer mehr Zeit mit dem Computer.
Die meisten, um Mama und Papa zu erklären, wie er
funktioniert.

In Japan werden Kinder traditionell als göttliche Wesen gesehen, die keine bösen Handlungen begehen können. Man betrachtet sie dort als Teil der Mutter.

In anderen Kulturen, insbesondere im anglo-amerikanischen Bereich, behandelt man Kinder als eigenständige Wesen, deren Selbstständigkeit im weiteren Entwicklungsverlauf zu fördern ist. Dagegen bestand offenbar in der ehemaligen DDR die Vorstellung, Kinder müssten durch richtige Erziehung erst zu Mitgliedern der Gesellschaft »gemacht« werden.

So überwiegt in den westlichen Kulturen die verbale Interaktion mit den Kindern. Anders in Japan, wo die Mütter als Erziehungsmittel mehr als bei uns nonverbale Interaktionen einsetzen, und zwar vor allem Körperkontakte mit ihren Kindern, verbunden mit Zärtlichkeit. Wenn ein Kleinkind mit den Schuhen auf den Sitz eines öffentlichen Busses klettert, wird es von seiner Mutter liebevoll in den Arm genommen und hingesetzt, häufig ohne dass diese auch nur ein einziges Wort spricht.

Im europäischen Kulturkreis aber gilt das Postulat der Sprache, man redet mit seinem Kind. Es wird von klein auf als Kommunikationspartner gesehen. In diesem Sinne ist es ebenso wie ein Erwachsener empfänglich für Komplimente. Dass Eltern Kinder für bestimmte Aktivitäten loben, ist beinahe eine Natürlichkeit. Lobende Bestätigung heißt Orientierung, bedeutet für das Kind: Ich hab alles richtig gemacht.

Komplimente aber gehen darüber hinaus. Loben ist eine Erziehungsmethode, ein Kompliment etwas Nettes ohne jeden erzieherischen Auftrag. Sollte man meinen. Aber können wir als Eltern Komplimente machen, ohne damit etwas zu bezwecken? Das funktioniert nicht einmal bei Komplimenten für Erwachsene. Kein Kompliment ist zweckfrei. Immer wollen wir etwas damit erreichen – Freude verschenken, Selbstbewusstsein stärken oder uns selber in ein gutes Licht rücken. Bei den Kinderkomplimenten dominiert die Absicht, Kinder in ihrem Selbstwert zu stärken, damit sie selbstständige und gesunde Menschen werden.

Wie sieht ein gutes Kompliment für Kinder aus?
Es gibt viele Wege, die Eltern ganz von sich aus gehen. Tausend Varianten, die jede Mutter, jeder Vater alleine findet. Keiner kennt sein Kind besser als die Eltern. Deswegen hier nur ein paar Hinweise zum Formulieren von Komplimenten und zur Stereotypen-Technik als ganz besonderer Erziehungsmethode.

Die kindliche Perspektive

Einem Kind zu sagen, dass seine Leistung sehr gut war, ist eine Feststellung. Aber zum Beispiel als Lehrer laut zu den Kollegen zu sagen: »Na, der Junge hätte uns prüfen sollen, nicht wir ihn!«, wie es dem kleinen Josef Anton Bruckner (1824–1896) geschah, als er vor der kaiserlichen Prüfungskommission vorgespielt hatte, besitzt eine besondere Qualität. Für Kinder sind Erwachsene unerreichbar, und wenn sie etwas besser können als diese, ist das ein unglaubliches Lob.

Du kochst besser als ein Erwachsener!

Kindervorbilder

Kinder benötigen Orientierung, damit sie sich in der Vielfalt ihrer Möglichkeiten entscheiden können. Ein Kompliment für Kinder sollte sich deswegen an deren Vorbildern orientieren. Schwärmt ein Mädchen von der unglaublichen Ausstrahlung ihres Popidols, könnte man sagen: »Aber die hast du doch auch!«, oder: »Genauso bist du auch«, vielleicht kombiniert mit einer sozialen Verstärkung (17. Grundmuster): »Da kannst du jeden fragen!« Wählen Sie eigene Worte. Wichtig ist nur, dass Sie als Eltern deutlich machen, dass es für Sie keinerlei Unterschied gibt zwischen dem, was das Kind so bewundert, und dem, was es selber ist. Abstrahieren Sie dafür von den konkreten Eigenschaften. Es kann sein, dass Ihr Kind nicht so gut singen kann wie der Popstar, den es bewundert, aber es hat das gleiche Charisma, die gleiche Energie, die gleiche tänzerische Begabung, die gleiche Durchsetzungsfähigkeit und was Ihnen sonst an Gemeinsamkeiten einfällt.

Kleineren Kindern kann man in ähnlicher Weise indirekt ein Kompliment machen. Wir können sagen: »Du bist sehr höflich«, und damit ohne Umschweife ein direktes Kompliment verschenken. Wir können aber auch sagen: »Höflichkeit ist die Eigenschaft einer Prinzessin«, und öffnen sofort neue Verstehens-Ebenen. Das Mädchen kann diese kognitiv erfassen und erweitert ihr Denken und Verstehen. Der Satz stammt übrigens aus dem Märchen *Die Prinzessin auf der Erbse*.

Vertrauen als Kompliment

Es ist ein großes Kompliment für ein Kind, wenn die Eltern ihm vertrauen. Niemand kann besser auf Ihr Kind aufpassen als das Kind selber. Das ist der beruhigende Gedanke hinter Komplimenten, die Kinder in ihrem Selbstbild stärken. Kinder durch Komplimente in ihrer Selbstverantwortung zu stärken ist schön und gleichzeitig sinnvoll:

> Kind: *»Wer weckt mich denn morgens, wenn du weg bist?«*
> Mutter: *»Ich weiß, dass du das ganz alleine und selbstständig tun wirst!«*

Komplimente als Erziehungsmittel

In die Manipulation von Kindern geht es hinein, wenn wir das Kompliment als Erziehungsmaßnahme einsetzen. Hier spielen wir mit Indirektheiten, jedoch auf taktische Art und Weise. Sehen wir uns folgende Struktur an:

Alle klugen Kinder brauchen Schlaf. Du bist doch ein kluges
Kind? Also brauchst du Schlaf. Hab ich recht?

Dafür wird ein All-Satz an den Anfang gesetzt wie: »Alle Schauspielerinnen haben nebenher einen Job gehabt.« Das ist eine Behauptung, die für ein Kind überzeugend klingt. Bei Akzeptanz
der Behauptung kann man fortfahren: »Du bist doch Schauspielerin?« Darin steckt das Kompliment: Denn Schauspielerin zu sein,
ist für das Kind erstrebenswert. Dann die Schlussfolgerung: »Also
kannst du heute auch mal auf deinen kleinen Bruder aufpassen.«
     Diese Struktur bleibt immer gleich, der Inhalt kann wechseln:

Alle guten Menschen sind großzügig. Du bist ein guter
Mensch, das weiß ich. Deswegen gib deinem Bruder
etwas ab.

Die meisten Eltern werden aus ihrer Erfahrung bestätigen, dass
solche Manipulationen nicht immer erfolgreich sind, sondern oft
genug auf Widerstand stoßen. Das Kind ruft: »Nein, ich bin kein
guter Mensch!« Und gibt nichts ab. Hier ist ein wortreiches Aus-
malen gefragt, wieso man glaubt, dass er ein guter Mensch ist, und
welche Vorteile das hat. Wer dann allerdings ein Kompliment wie
das folgende verwendet, um zu erreichen, dass das Kind tut, was es
tun soll (zum Beispiel dem Bruder etwas abgeben), spielt mit den
Gefühlen des kleinen Menschen:

Ich würde dich um nichts in der Welt tauschen. Du bist das
liebste und beste Kind von allen.

Recht viele Eltern wenden solche Sprach- und Überzeugungs-
tricks an, aber es ist kein sauberer Weg des Umgangs miteinander.
Hier dienen Komplimente dazu, ein Ziel durchzusetzen. Kinder
werden nicht als gleichwertige Kommunikationspartner gesehen,
sondern sollen dazu gebracht werden, etwas Bestimmtes zu tun.
Häufig hört man auch von Eltern Bemerkungen wie diese:

Kluge Menschen haben keine Entscheidungsschwierigkeiten.

Was nichts anderes ist als ein verkürztes manipulatives Kinder-kompliment ohne den eigentlichen Komplimenteteil. Wir sehen dahinter folgende Struktur: »Alle klugen Menschen können sich entscheiden. Du bist doch ein kluger Mensch? Also kannst du dich auch entscheiden.«

Urteilen Sie selber, ob Komplimente dieser Art in die Familien-kommunikation gehören. In der Rhetorik zählen sie jedenfalls zur Kampfrhetorik.

Die Stereotypen-Technik

Und nun kommen wir wieder zur Stereotypen-Technik. Sie lässt sich sowohl bei Erwachsenen, besonders gut aber auch auf Kinder anwenden. Natürlich sollten wir hier noch vorsichtiger und ver-antwortungsvoller als bei Erwachsenen vorgehen. Denken Sie da-ran, dass sich unsere Kinder an den Inhalten der Stereotypen-Komplimente orientieren werden.

Wer als Kind häufig zu hören bekommt, dass er ein so »kluger Junge« sei, ein so »musisch begabtes Mädchen«, ein so »geschick-ter Handwerker«, ein so »hübsches Mädchen«, ein »lustiger klei-ner Kerl«, eine »Sportskanone« – der wird sein Verhalten mehr oder weniger nach diesem Stereotyp ausrichten. Denn Kinder wollen, dass Eltern auf sie stolz sind. Welche Formulierung wir dabei verwenden, spielt keine Rolle. Wichtig, um den Mechanis-mus zu nutzen, ist, nur das Beste in den Kindern zu sehen und sie immer und immer wieder darin zu bestärken.

Doch eine negative Folge der schönen Worte lässt sich nicht leugnen: Wir setzen Kinder damit unter Druck. Ich machte mei-ner kleinen Nichte, sie war ungefähr neun Jahre alt, einmal das Kompliment: »Du kannst so geheimnisvoll lächeln wie die Mona Lisa.« Sie kannte das Gemälde der Mona Lisa, das wir einmal im Louvre zusammen gesehen hatten. In der Folge lächelte sie häu-figer. Aber sie verkrampfte sich dabei, weil sie unbedingt weiter-hin so geheimnisvoll wirken wollte, und ihr Lächeln ähnelte im-mer mehr einem Grinsen. Keinesfalls wollte sie die Zähne zeigen, denn das wäre ja weniger interessant gewesen als das faszinierende

Lächeln der Mona Lisa, über dessen Grund man sich Jahrhunderte den Kopf zerbrochen hatte. Kurz darauf machte ich ihr ein Kompliment über ihre wunderschönen weißen Zähne, sodass sich der unerwünschte Effekt wieder legte. Diese kleine Begebenheit zeigt, welchen Einfluss wir auf Kinder durch Komplimente ausüben.

Tragischer ausgehen könnte es, wenn wir sie durch Stereotypen-Komplimente in ihrer schulischen Leistung fördern wollen. Häufige Hinweise darauf, wie stolz wir doch auf unseren Sohnemann sind, weil er ein so guter Schüler ist, schaffen Erfolgsdruck. Was, wenn er einmal eine Fünf in Mathe mit nach Hause bringt? Er wird die Eltern enttäuschen. Dieses Gefühl ist für jedes Kind schrecklich.

Wir müssen deswegen Stereotypen-Komplimente überlegt einsetzen. Moralische Werte als Inhalt können die Gefahr eindämmen: Offenheit, Ehrlichkeit, Fröhlichkeit, Vertrauenswürdigkeit, Durchsetzungsfähigkeit, Respekt zum Beispiel. Aber auch Eigenschaften wie Großzügigkeit, Geselligkeit, Humor, Musikalität, Sportlichkeit. Am besten aber sind subjektive Empfindungen. Denn egal ob vier oder vierzig Jahre alt, das schönste Gefühl auf der Welt ist es, wenn Eltern vehement und überzeugend behaupten, dass kein Kind jemals so wunderbar sein kann wie das eigene.

Kind: »Ich bin hässlich.«
Vater: »Wer redet dir so etwas ein? Du weißt doch, dass du hübsch bist!«
Kind: »Da ist einer, den ich mag. Aber er mag mich nicht …«
Vater: »Das glaube ich niemals. Du bist der beste, klügste Mensch und das schönste Mädchen, das ich kenne.«

Komplimente für Eltern

Selbstverständlich dürfen im Zusammenhang mit Kindern die Eltern nicht vergessen werden. Auch jenseits von Familienfesten wie Geburtstagen, silbernen Hochzeiten, Taufen oder Feiertagen sollten wir den Eltern eine Freude machen.

Wenn ein erwachsenes Kind seinen Eltern eröffnet: »Ihr seid die besten Eltern, die ich mir vorstellen kann«, gehört das zu den Dingen, die man im Leben gesagt haben muss. Ebenso wie »Ich liebe dich« oder »Das Leben ist schön«. Natürlich, diese Sätze muss man sich verdienen. Weniger gute Eltern werden ihn nie zu hören bekommen.

Eine weitere Seltenheit ist es, wenn Eltern ein öffentliches Kompliment erhalten. Nicht immer sehen die eigenen Kinder den Vater oder die Mutter so, wie sie es verdient hätten. Ein solches Ausnahmekompliment verschenkte einmal Dieter Bohlen an Fady Maalouf:

> *Also die Worte von deinem Vater in dem Eingangsfilm,*
> *die haben mich echt tief berührt. Wenn wir alles so Menschen*
> *hätten wie deinen Vater auf dieser Welt, glaub ich, dann*
> *würd's keine Kriege geben, wirklich, weil das fand ich*
> *so super, was dein Vater gesagt hat, das fand ich wirklich*
> *ganz toll.*

Komplimente für Komplimentehasser

> *Wenn mir jemand sagt, das hast du super gemacht,*
> *oder andere Komplimente macht, dann denke ich immer,*
> *der will mich verarschen …*

Wie nehmen wir einen Menschen wahr, der uns ein Kompliment macht?

Das kommt darauf an. Denn unsere Wahrnehmung ist ein aktiver, konstruktiver Prozess, in dessen Verlauf Wissen und frühere Erfahrungen eine große Rolle spielen. Diese sind sogar wichtiger als der wirkliche Grund, warum uns einer mit süßen Worten umgarnt. Denn ob wir das nun nett finden oder zutiefst ablehnen, hängt gar nicht so sehr mit dem anderen zusammen, sondern liegt in uns selber. Unser angesammeltes Wissen über Vorgänge wie Komplimente oder Charmeure definiert, wie wir über den Komplimentierer urteilen. Haben wir bisher gute Erfahrungen mit charmanten Menschen gesammelt und lieben deren Art, das Positive in den anderen zu entdecken und zu formulieren, dann reagieren wir aufgeschlossen. Sind wir aber auf diese Weise schon einmal oder gar häufiger belogen worden, gründet sich unser Verhalten auf diese negative Erfahrung und wir sind skeptisch. So skeptisch wie mein griesgrämiger Onkel, mit dem ich früher einmal aufs Land gefahren bin. Aus dem Auto heraus sahen wir eine Schafherde. Ich war noch klein und rief: »Guck mal, die Schafe sind frisch geschoren!«, und er antwortete: »Ja, auf der einen Seite wenigstens.«

Und dennoch, es gibt Möglichkeiten, selbst den größten Skeptiker mit einem Kompliment zu betören. Aber es ist schwierig, weil Komplimentehasser die kritischste Zielgruppe sind, die wir uns vornehmen können. Der beste Weg ist der über das gute Kompliment. Denn wenn Komplimentehasser eines hassen, dann sind es schlechte Komplimente. Ein gutes dagegen ist so gut, dass es gar nicht als solches erkannt wird. Und der beste Weg, ein gutes Kompliment zu machen, ist, das schlechte zu vermeiden.

Die sieben Grundsätze des schlechten Kompliments

Als die Tochter des amerikanischen Präsidenten Harry
S. Truman öffentlich für ihren Vater sang, erhielt sie stürmi-
schen Beifall. Trotzdem fragte sie nach der Veranstaltung
ihren Vater, ob ihre Stimme wirklich gut sei. Ihr Vater
antwortete: »*Mein liebes Kind, solange ich mein Amt*
bekleide, funktionieren deine Stimmbänder vorzüglich.«
»Und danach?« »Dann wirst du erfahren, wie die
Menschen funktionieren.«

Was ist eigentlich ein Schleimer? Der Ausdruck erinnert an die hebräischen Wörter *schalmon* für »Bestechungsgabe« und an *schelem*, »schmeicheln«. Ein Schleimer ist ein Schmeichler im negativsten Sinne, und schon Theophrast (um 370 bis 288 v. Chr.), Schüler und Freund des Aristoteles, hat in seiner Schrift *Charaktere* diesen unangenehmen Typ beschrieben:

Der Schmeichler ist einer, der jemanden begleitet und sagt:
»Merkst du, wie die Leute auf dich schauen? Das passiert
keinem in der Stadt außer dir. Man lobte dich gestern in der
Halle.« Mehr als dreißig Leute hätten nämlich dagesessen,
und es sei die Rede darauf gekommen, wer der Beste sei, und
auf »ihn« und seinen Namen seien von Anfang an alle verfal-
len. Bei diesen Worten entfernt er ein Fädchen vom Mantel,
und wenn durch den Wind ein Hälmchen ins Haar geriet,
putzt er es weg und sagt lachend: »Weil ich dich zwei Tage
nicht getroffen habe, hast du den Bart voll grauer Haare, und
doch hast du für dein Alter noch schwarzes Haar wie kaum
ein anderer.« Und wenn »er« etwas sagt, befiehlt er den ande-
ren zu schweigen, er lobt ihn, wenn »er« es hört, er bemerkt
»Richtig«, wenn »er« geendet hat, er lacht über einen frosti-
gen Scherz und presst den Mantel in den Mund, als könne er
sich vor Lachen nicht halten.

Aber Schmeichler zu sein ist keine wirkliche Charaktereigenschaft. Denn man kann dieses Verhalten jederzeit ablegen. Schleimen ist ein Versehen, das aus verschiedenen technischen Fehlern
beim Formulieren von Komplimenten entsteht. Jedes Kompliment kann ins unangenehme Schmeicheln abrutschen. Deswegen
sind Komplimente ja auch so gefährlich: Gelingen sie, nehmen wir
einen Menschen für uns ein. Misslingen sie, verlieren wir seine
Achtung. Hier sieben risikobelastete Situationen, das Misslingen
herbeizuführen:

1. Falscher Kontext
Ein Kompliment hat nur eine geringe Aussicht auf Erfolg, wenn
wir es im falschen Kontext äußern. Die Umweltfaktoren spielen
dabei eine große Rolle. Lärm zum Beispiel wirkt subtil, aber
immer beeinträchtigend. In einer interessanten Studie[14] wurde beobachtet, dass die meisten Passanten einer Person, der ein Stapel
Bücher auf den Boden gefallen war, nicht halfen, wenn ein lauter
Rasenmäher lief. Ohne Lärm aber hatten 80 Prozent der Passanten geholfen, mit Lärm nur noch um die 10 Prozent. Ebenso beeinflusst eine lärmende Umgebung die Aufnahmebereitschaft für

Komplimente. Wer also neben einem Presslufthammer inmitten der quietschenden blauen Straßenbahnen in der Zürcher City ein Kompliment formuliert, wird entweder überhört oder mit hoher Wahrscheinlichkeit missverstanden.

Wichtig ist auch die Hintergrundmusik. Ohne Musik und bei gern gehörter Musik finden wir Fremde viel sympathischer als bei atonalen Klängen, die wenig beliebt sind.[15] Wenn wir also in einem Lift endlich auf den einen Menschen treffen, den wir schon immer ansprechen wollten, und die unauffällige Aufzugmusik spielt und wenn wir dann nichts sagen, ist das auch ein Weg, am gelungenen Kompliment vorbeizuschlittern.

Und was ist mit schummrigen Orten? Sind die Chancen für das Gelingen eines Kompliments im finstren nächtlichen Park größer oder im sonnigen Strandbad? Tatsächlich im Dunkeln. Licht oder fehlendes Licht hat einen großen Einfluss auf unser Verhalten. In einem spannenden Versuch[16] wurden zwei Fremde in einen vollständig abgedunkelten Raum gebracht. Das erstaunliche Ergebnis: Im dunklen Raum stieg das Intimitätsniveau rasch an. Die Personen waren schnell bereit, mit ihren unsichtbaren Partnern über ernsthafte Themen zu sprechen, und bis zu 90 Prozent suchten Körperkontakt, der ausgesprochen sexueller Natur war. Wer nun also selbst im trüben Partykeller nicht wagt, mit einem netten Kompliment bei einem oder einer Fremden zu landen, dem ist in seiner Schüchternheit beinahe nicht mehr zu helfen.

Mit hoher Wahrscheinlichkeit schlecht wird ein Kompliment, wenn wir den Wunsch nach Ungestörtheit nicht respektieren. Wenn Frauen in einer Bibliothek zwei Stapel Bücher neben sich aufbauen, dann ist das ein deutliches Signal, nicht angesprochen werden zu wollen. Männer bauen diese Bücherbarrieren übrigens bevorzugt vor sich auf, nicht neben sich. Frauen setzen sich in einem Raum auch lieber neben einen Bekannten, Männer bevorzugt gegenüber. Deswegen ist es vielleicht ganz ungeschickt, sich neben eine fremde Frau zu setzen und ihr dann ein Kompliment zu machen. Wenn schon, dann besser gegenüber.

Auch unangenehme Wetterlagen, wenn es zu kalt oder zu heiß ist, bieten nicht den richtigen Kontext für ein aussichtsreiches

Kompliment. Hier genießt man einfach weniger Sympathien als unter Schönwetterbedingungen.[17]

Die Qualität des Raumes übt ebenfalls einen Einfluss auf gelingende Interaktion aus.[18] Selbst wenn wir uns nur für kurze Zeit in einem engen, kahlen und deprimierenden Raum mit flackernder Neonleuchte aufhalten, fühlen wir uns unwohl. Und ein gemütliches Café mit grünen Pflanzen und bequemen englischen Clubsesseln macht uns schon nach kurzer Zeit zufriedener mit unserem Leben. Wer sich der Herausforderung stellt, einem Komplimentehasser ein Kompliment zu machen, sollte sich für das Café entscheiden.

2. Zu viel und zu häufig

Ah – women want always more ... same thing about sex.

Wer jeden Tag Blumen geschenkt bekommt, vergisst ihren Duft. Wir können noch so sprachversiert sein und während des Sonnenaufgangs am Meer einer Frau schönste Wortranken ins Ohr hauchen – wenn es zum zehnten Mal an diesem Morgen geschieht, wird sie allenfalls die Mundwinkel nach unten verziehen. Schuld ist die natürliche Sättigung, die nicht einmal vor den schönsten Sprachkunstwerken haltmacht. Schlecht ist ein Kompliment nicht nur dann, wenn es inhaltlich fragwürdig ist, sondern auch, wenn wahrhaft Schönes zu häufig wiederholt wird.

3. Schlechte Übertreibung

Du Wonnenschau, Lustanblick, Augenweide!

Der junge Friedrich Schiller (1759–1805) ist ein Musterbeispiel für einen kitschigen Menschen. Seine Jugendlyrik ist eine Fundgrube glutroter Worte, die übertrieben sind, wie viel zu süße Marmelade. Von ihm stammen die zweifelhaften Komplimente:

Ich will mein Leben hinhauchen in ein leises, schmeichelndes Lüftchen, dein Gesicht abzukühlen ...

Stell dir einen Becher voller Freude vor. Daraus will ich für
dich jeden Tropfen sammeln und ihn dir in einer Schale der
Liebe bringen.

Ich hatte meinen Anspruch auf die Freuden der Welt schon
aufgegeben, da bist du mir begegnet ...

Aber die Qualität einer Übertreibung lässt sich nicht objektiv
beurteilen. Es gibt kein allgemeingültiges Kriterium für Kitsch
oder für Geschmack. Wenn wir abends unserem Geliebten beich-
ten, dass »in seiner Gegenwart Vernunft und Gefühl in einen
Traum von ihm zerschmelzen«, oder einer Frau, »dass das Licht
sie in rosenfarbene Schleier hüllt, in die wir uns werfen wollen und
sie umschlingen, uns damit bedecken und ihren Duft aufsaugen
wollen, bis die Ewigkeit uns wieder freigibt«, dann würden die
beiden auf jeden Fall überrascht sein. Vielleicht fragen sie uns, ob
wir Fieber haben. Vielleicht war es aber das Schönste, was sie
jemals über sich zu hören bekamen, vielleicht auch das Schlech-
teste. Wann eine Übertreibung wirklich schlecht ist, bestimmt sich
nach dem Geschmack, nicht dem Ihren, sondern dem ihren.

4. Perfektion

Das perfekte Kompliment ist unvergleichbar. Es kann Glücksge-
fühle auslösen, wie man es von Worten gar nicht erwarten würde.
Aber die Zwittergestalt des Kompliments zeigt sich jetzt deutlich:
Ein perfektes Kompliment kann auch genau das Gegenteil auslösen. Perfekte Auswahl der Worte, kluge Wortstellung und passende Rhythmisierung, richtiger Zeitpunkt und Kontext, selbst
den Geschmack richtig eingeschätzt und dennoch – keine positive
Reaktion. Wie zum Beispiel hier:

Mit dir verschwindet die Welt, verblasst das Gestern und hat
das Morgen keine Kontur.

Ein in sich vollkommener Satz, der sowohl die Welt als auch die
Vergangenheit und die Zukunft umfasst. Das alles wurde fokus-
siert auf die Adressatin und eingetaucht in einen rhythmischen

Satzduktus. Und die Reaktion: »Na, hast du das auswendig gelernt?«

Perfektion ist eben fragwürdig. Denn nichts im Leben ist eigentlich perfekt. Deswegen halten wir perfekte Komplimente leicht für unglaubwürdig. »Mit dir lerne, übe, genieße, verlerne und verliere ich mich« ist einfach eine zu perfekte Formulierung. So perfekt, dass sie lyrisch ist. Und lyrisch ist nur die Kunst, die weit, weit weg ist von der Realität des Alltags. Wer aber so weit weg ist von der Wirklichkeit – sieht der noch mich? Oder nur ein Idealbild von mir? Deswegen sollte, wer perfekt formulieren kann, manchmal besser unperfekt erscheinen.

5. Zweideutigkeit

Der Tod eines Kompliments ist die Zweideutigkeit. Zweideutige Äußerungen sind ein stilistischer Fehler. Jede Quelle möglicher Missverständnisse sollte ausgeschlossen werden. Manch einer ist aber beim Komplimentieren so aufgeregt, dass er nur Andeutungen macht, sogenannte Allusionen, aber insgesamt rätselhaft bleibt. Dies ist meist Ergebnis einer Versagensangst, wie wenn wir leise anstatt laut und deutlich sprechen. Raunen oder Nuscheln wirkt unangenehm und schafft keine Sympathie. Das tut also nur derjenige, der sein Kompliment scheitern lassen will. Alle anderen sollten rätselhafte Anspielungen sein lassen und offen und frei von der Leber weg schmeicheln, ohne Verstecken und ohne Scham.

6. Un- und Desinformiertheit

Nach dem Sieg über Frankreich lud der berühmte Chemiker Justus von Liebig einige Soldaten zum Mittagessen ein. Einer von ihnen schaute sich Liebigs große Büchersammlung an und sagte: »Sie müssen sicherlich ein Buchbinder sein, wenn Sie so viele Bücher besitzen!«

Um Peinlichkeiten dieser Art kommt man herum, wenn man sich vorher ein wenig informiert. Eigentlich haben wir hier ein verunglücktes Kompliment. Aber es demonstriert, wie wichtig es ist, zuerst zu überlegen, dann zu reden. Überhaupt und vor allem beim Kompliment.

7. Schlechter Vergleich

Letztens hörte ich folgendes Kompliment:

> *Ich hab den Frühling, den Sommer, den Herbst und den*
> *Winter gesehen. Aber keine der vier Naturkatastrophen hat*
> *mich so beeindruckt wie ein Lächeln von dir.*

Wie finden Sie es? Es gehört, so meine ich, zu den wirklich schlechten Komplimenten. Der Grund liegt in einem fehlerhaften Vergleich. Zum einen stellen die Jahreszeiten keine Naturkatastrophen dar. Zum anderen lässt sich die Angst während einer Naturkatastrophe nicht mit dem hübschen Lächeln einer Frau vergleichen. Es ist also von vorn bis hinten schief. Ebenso dieses:

> *Die Sonne scheint wie dein Gesicht.*

Jemand kann ein sonniges Gemüt haben oder eine strahlende Erscheinung sein, aber ein Gesicht strahlt weder wie die Sonne noch wie Uran, außer wir bewegen uns auf dem Gebiet der lyrischen Komplimente und dort in der speziellen Ausprägung der Rap-Komplimente, die wir noch besprechen werden.

WAS KOMPLIMENTE
ÜBER EINEN
SELBER VERRATEN

Ein Buch voll japanischer Zartheit und einem fast englischen Humor, leise, geschmackvoll und von einer hohen, gepflegten Sprachkunst.

So der Schriftsteller Kurt Tucholsky (1890–1935) über das Werk eines Kollegen. Doch diese schönen Worte sind nicht deswegen überliefert, weil das Buch des Kollegen tatsächlich so gut gewesen wäre, sondern weil dieses ausgezeichnete Kompliment vieles über Kurt Tucholsky preisgibt. Es spiegelt seine Wertvorstellungen, seine hohe Eloquenz und Belesenheit wider. Jedes Kompliment ist auch eine Form der Selbstpräsentation und wir verraten dabei mehr über uns, als uns vielleicht lieb ist.

Nehmen wir als Beispiele einige der zahlreichen Komplimente, die Oliver Kahn während und am Ende seiner Karriere als Fußballer bekam:

Mir ist seine Art total sympathisch: Das sind immer richtig fette Worte, die er in und nach manchen Spielen so ablässt. Kahn ist wirklich ein echt cooler Torwart. (Fabian Hambüchen, Turn-Welt- und -Europameister)

Oliver Kahn ist ein herausragender Sportler und außergewöhnlicher Mensch. Die WM 2002, bei der er als bester Akteur des Turniers ausgezeichnet wurde, ist untrennbar mit seinen einzigartigen Leistungen verbunden. Bei der WM 2006 in Deutschland hat er sich als großartiger Sports-

mann präsentiert, der in einer für ihn schwierigen Situation mit fairem und überzeugendem Verhalten letztlich wichtige Impulse für das Team gegeben hat. (Theo Zwanziger, DFB-Präsident)

Wir verdanken Oliver Kahn viel, sehr viel! Mit seinen außerordentlichen Top-Leistungen über eine so lange Zeit hinweg ist er in die Fußballgeschichte als ein besonderer Torhüter eingegangen. (Wolfgang Schäuble, Innenminister)

Ich bin schon seit vielen Jahren ein großer Fan von Oliver. Er ist in meinen Augen der größte Torhüter aller Zeiten. Ich werde niemals vergessen, wie er mich speziell bei der Fußball-Weltmeisterschaft 2002 in Asien durch seine coole Art so unglaublich inspiriert hat. Ich habe seitdem so viele Dinge von ihm gelernt, was seine Leistung angeht, seine Motivation, seine ganze Performance. Es gibt so vieles an ihm, das ich als Inspiration für mich rausziehen und von seinem Sport in die Musik übertragen kann. (Lang Lang, Pianist)

Ohne dass es diese vier gewollt hätten, erfahren wir über die Art und Weise, wie sie Oliver Kahn ein Kompliment machen, recht viel über das, was ihnen selber wichtig ist.

Für Fabian Hambüchen scheint es von Bedeutung zu sein, cool zu wirken, vielleicht der Antrieb für seine Turnerkarriere. Dass der DFB-Präsident vor allem den Nutzen des Teams vor Augen hat sowie einen hohen Leistungsanspruch an andere stellt, überrascht nicht. Es scheint außerdem eine Triebfeder seiner Aktivitäten zu sein, unter anderen herauszuragen und der Beste zu sein, was er mit seiner Position auch erreicht hat. Der Politiker Schäuble strebt nach Dankbarkeit und seine Motivation scheint sich daraus zu nähren, dass er eines Tages einen Platz in der Geschichte einnimmt. Der Pianist Lang Lang erfährt sich selber dadurch, dass er in der Lage ist, Anhänger zu haben sowie der Beste aller Zeiten zu sein, was von einem noch höheren Streben zeugt als bei Schäuble, der immerhin nur in der Vergangenheit einen bedeutsamen Platz einnehmen möchte. Lang Lang erkennt offenbar vorwiegend Menschen in seiner Umgebung an, die für ihn von Nutzen sind, und das sind in seinem Fall Personen, die ihn inspirieren.

Es ist wichtig, sich dessen bewusst zu sein, dass wir nicht nur durch Komplimente, sondern in unserer alltäglichen Kommunikation indirekt sehr viel über uns verraten. Unser Glück, dass die anderen häufig so schlecht hinhören. Und umso besser, wenn wir in Zukunft die Worte besser auswählen, genau wie die Inhalte, die wir zum Thema erheben.

Angesichts der Normalenvielfalt der Raumkurven sind deine die natürlichsten! (Kompliment eines Physikers)

DER MISSBRAUCH
DES SCHÖNEN:
BÖSE KOMPLIMENTE

Menschen sind wie Messer. Entweder sie arbeiten für uns oder sie schneiden uns, je nachdem ob wir sie am Griff oder an der Schneide anfassen. (James Russell Lowell)

Komplimente als Strategie einzusetzen, um von dem anderen einen Vorteil zu erlangen, ist ganz natürlich. Selbst winzige Spinnen wie die Listspinnen (Pisaura mirabilis) bringen dem Weibchen ein Geschenk mit, zum Beispiel ein eingewebtes Insekt, um als Gegendienst Sex zu bekommen. Während der Kopulation nascht dann das Weibchen am Mitbringsel. Nach dem Sex entreißt das Männchen schon mal das Geschenk und bringt es neu verpackt einem anderen Weibchen mit. Aber dass Männer ein und dasselbe verschiedenen Frauen schenken oder ein und dasselbe schon hundert anderen Frauen gesagt haben, ist auch bei Menschenmännchen keine Seltenheit.

Selbstverständlich gebrauchen auch wir Komplimente als Zielverfolgungstaktik. Die einen mehr, die anderen weniger. Die süßen Worte über die schönen Augen sind nicht immer ehrlich gemeint. Sie gehören zu einem der vielen möglichen Komplimentinhalte, etwa um eine Frau zu einem One-Night-Stand zu bewegen. Selbstverständlich ist die Enttäuschung hinterher groß: »Wie konnte er nur so lügen, er sagte doch, ich sei etwas ganz Besonderes mit meinen wunderschönen braunen Kulleraugen.« Sicher war sie das – für den Moment. Seit jeher fallen Frauen auf Komplimente herein, leidet das Gefühl unter dem strategischen Verstand des anderen.

Gute Liebhaber verlassen ihre Frauen nicht auf diese Weise, sondern wenden ein gekonntes Trennungskompliment an, um das hängende Köpfchen aufzurichten und ihren Selbstwert wieder zurechtzurücken.

Dennoch und gerade deshalb ist das Kompliment wie geschaffen, um uns unseren Zielen näherzubringen. Denn das Hervorrufen von guter Stimmung bei einem Menschen öffnet die Tore, noch viel, viel mehr von ihm zu bekommen. Doch auch das will gelernt sein. Schließlich haben wir alle Antennen entwickelt, die uns vor falschen Worten warnen. Diese heißt es geschickt zu umgehen.

Nicht gelungen ist das einem Journalisten, der auf einer Pressekonferenz einmal Josef Hickersberger mit einem Kompliment eine Information zu entlocken versuchte. Er wählte folgende Formulierung:

Wir kennen dich als ehrlichen Menschen. Deswegen hoffe ich auf eine ehrliche Antwort. Wer wird nicht bei der EM mit dabei sein?

Der Versuch scheiterte, und zwar dermaßen, dass der Journalist Gelächter erntete. Wieso?

Weil die Absicht hinter dem Kompliment für jedermann erkennbar war. Wer mit einem Kompliment auf ein konsistentes Verhalten hofft, muss überlegter und hinterhältiger agieren.

Was heißt aber »konsistentes« Verhalten?

Konsistenz ist eine Verhaltenstendenz. Viele Menschen wollen glaubwürdig erscheinen. Und so erscheint nicht, wer heute hü und morgen hott sagt, sondern wer eine feste Position einnimmt und für seine Überzeugungen eintritt. Inkonsistentes Verhalten führt häufig zum Gesichtsverlust bis hin zur Unglaubwürdigkeit. Konrad Adenauers »Was interessiert mich mein Geschwätz von gestern« erweckt deswegen unsere Aufmerksamkeit. Erwarten wir nicht gerade von einem Politiker, dass er seine Grundsätze in der Politik einhält? Haben wir ihn nicht deswegen gewählt? Freilich, die Realität stimmt mit dem Wunsch nicht immer überein. Inkonsistentes Verhalten ist ebenso normal wie konsistentes. Und doch legen viele Wert auf Konsistenz und lassen sich eben dadurch leichter beeinflussen. Diese gute Ausgangsposition nahm einmal ein amerikanischer Rechtsanwalt zum Anlass für ein recht geschickt gewähltes Kompliment an den Richter:

Sie haben den legendären Ruf, unvoreingenommen und ausgesprochen fair zu sein, Euer Ehren. Bitte beflecken sie ihn nicht!

Der »legendäre Ruf« verweist indirekt auf den Schaden, den ein nichtkonsistentes Verhalten nach sich ziehen kann. Der Charakter einer versteckten Drohung schimmert durch.

Der Journalist ist nicht so weit gegangen. Er versuchte an das Wir zu appellieren, indem er sagte, dass »wir alle« (also alle anwesenden Journalisten im Raum) ihn als ehrlichen Menschen kennen würden. Aber was schadet es Hickelsberger, wenn Journalisten von seiner Diskretion enttäuscht sind? Nichts, denn es ist sein Job, Informationen zurückzuhalten und zu gegebener Zeit bekannt zu geben.

Doch beide Versuche sind noch nicht perfekt. Nähern wir uns den Komplimenten als Instrument der Zielverfolgung auf ebenso nüchterne Weise. Machen wir uns Gedanken über den Mechanismus hinter den schönen Worten: Wie wirken Komplimente?

Dazu ein kurzer Rückgriff auf die Emotionsforschung: Wir unterscheiden die *Emotionen*, die sich auf ein bestimmtes Objekt oder eine bestimmte Person beziehen, von den eher diffusen *Stimmungen*. Empfinde ich Wut, kann ich genau die Person benennen, auf die ich wütend bin. Fragt mich aber jemand, warum ich heute guter Stimmung bin, und das schon seit dem frühen Morgen, kann ich häufig gar keinen Grund dafür angeben. Ist es der Sonnenschein? Oder das Plätschern der Regentropfen? Meist lautet die Antwort: »Keine Ahnung! Ich fühl mich einfach nur gut.«

Diese gute Laune hält häufig gar nicht so kurz an, anders als etwa das Empfinden eines Glücksmoments, und dauert nicht selten mehrere Stunden; wer Glück hat, kann sogar tagelang gut gelaunt sein. Dieser *affektive Zustand der Stimmung*[19] wird aber nicht so intensiv wie eine Emotion erlebt, nicht wie Verliebtsein oder Begierde. Dennoch ist das Potenzial von Stimmungen nicht zu unterschätzen. Sie bilden die stille Grundlage für unsere Betrachtung der Welt. Wer sich in einer ängstlichen Stimmung befindet, empfindet fast alles als unüberwindbares Hindernis. Wer verärgert ist, sieht plötzlich ringsum Frustration und Beleidigungen. Wer depressiv verstimmt ist, für den ist die Welt öde und bedeutungslos. Wer jedoch in guter Stimmung ist, der sieht um viele Nuancen heller, sieht das Glitzern der Sonnenstrahlen durch die Wolken und grüßt diejenigen freundlich, die ein Griesgram unausstehlich findet.

Stimmungen sind also Beurteilungsarten, verschiedene Perspektiven auf die Welt. Und an dieser Stelle erkennen wir die Relevanz des Komplimentierens: Das Kompliment ist Instrument zur Stimmungsaufhellung. Was aber nutzt uns die gute Laune eines anderen? Noch nichts, wir müssen diese auch ausnutzen. Wie können wir mit den Gefühlen anderer Menschen spielen? Hier fünf Missbrauchsmöglichkeiten:

1. Sweet Mobbing

Komplimente eignen sich, eine Person auszuschließen und sie zum Gegenstand von Neid und Eifersucht zu machen.

Wenn wir innerhalb einer bestehenden Gruppe eine bestimmte Person häufig gut darstellen und ihr öffentlich Komplimente machen, so sachlich sie inhaltlich auch sein mögen, dann entsteht ein Gefälle zu all den anderen, die von uns keine Komplimente bekommen. Der Rest der Gruppenmitglieder wird in der Folge zusammenrücken. Sie stärken sich jetzt gegenseitig. Unser »Liebling« wird zum Außenseiter und schlimmstenfalls zum Mobbingopfer.

Diese Technik der Ausgrenzung durch Schmeicheln und Loben war bereits in der römischen Antike bekannt. In den Briefen Plinius' des Jüngeren heißt es: »Die schlimmste Art von Feinden sind die Lobredner.«

2. Einlullen und in falscher Sicherheit wiegen

Was geschieht eigentlich, wenn wir eine Person mit süßen Schmeicheleien so einflauschen, dass sie sich wie in einer hellblauen Wattekugel zurücklehnt? Sie glaubt, die Welt sei in Ordnung. Keinerlei Handlungsbedarf, kein Bedürfnis, irgendetwas zu verändern. Dieser Status quo kann für uns vorteilhaft sein. Nämlich dann, wenn wir genau das wollen: verhindern, dass der andere irgendwelche Maßnahmen ergreift, die zu unserem Nachteil sein könnten.

Der Grund für die Wirksamkeit der Komplimenttechnik kann im Zusammenhang allgemeiner Überlegungen zur Handlungssteuerung gesehen werden. Jeglicher Handlungsfluss bedarf eines Unterbrechungssystems.[20] Wem es gut geht, will normalerweise nichts an diesem Zustand ändern. Er unterbricht nicht, womit er sich wohlfühlt. Wem durch Schmeichelei zu verstehen gegeben wird, dass er alles wunderbar macht, der wird nichts ändern. Komplimente als Mittel, den Status quo beizubehalten, sind keine Ausnahme. Freunde machen Komplimente, damit ja alles so bleibt, wie es ist. Kollegen ebenfalls, damit wir weiterhin für sie einschätzbar bleiben. Darin kann die Hinterlist stecken. Denn sie bieten sich dann an, wenn wir aus egoistischen Gründen auch genau das erreichen wollen: eine Person in falscher Sicherheit wiegen.

3. Freiwillige Einsatzbereitschaft ausnutzen

Können Komplimente das richtige Mittel sein, um noch den letzten Tropfen Arbeitsleistung aus den Mitarbeitern herauszuquetschen? Allerdings. Sie stellen eine der wenigen wirksamen Methoden dar, um als Arbeitgeber in das freiwillige Arbeitsengagement hineinzugreifen. Komplimente wirken dort, wo nicht mehr verordnet oder durch Anreize und Belohnungen motiviert werden kann. Wer gute Laune hat, ist eben häufiger zu freiwilligen Zusatzleistungen bereit. Selbstbestimmte Eigenmotivation nennt man das Ziel der Schmeichelei. Das berühmte Beispiel, in dem der

Offizier fragt, welcher der Kadetten sich freiwillig meldet, um das Deck zu schrubben, macht deutlich, dass Freiwilligkeit nicht befohlen werden kann.

In der Arbeitswissenschaft kennt man das Phänomen des freiwilligen Arbeitsengagements, welches nicht von oben verordnet oder durch Anreize und Belohnungen gefördert werden kann. Wer etwas freiwillig tut, tut es eben nicht, weil er es muss. Man nennt diese Ursache *selbstbestimmte Eigenmotivation*. Wer gute Laune hat, ist einfach häufiger zu freiwilligen Zusatzleistungen bereit.

4. Dominanz

Komplimente sind durchaus Dominanzmittel, wie wir bereits gesehen haben. Wir können mit ihnen aber auch noch aggressiver umgehen.

Wenn ein Mann im Aufzug unseren netten Hintern lobt oder die Brüste, wenn er anerkennend die Beine würdigt oder unseren sexy Gang – dann wird deutlich, dass hier Komplimente dominanzorientiert eingesetzt werden. Meist wenden Männer diese Technik bei Frauen an, seltener umgekehrt. Denn dann ist sie nicht so wirkungsvoll. Von einer schönen Frau als Objekt der Begierde betrachtet zu werden ist schmeichelhaft. Aber von der Kollegin mit lüsternen Augen angeschaut zu werden nicht. Und nun haben die weniger attraktiven Frauen einmal einen Vorteil: Sie können Komplimente zur Darstellung von Machtdistanzen nutzen. Je unattraktiver wir für andere sind, desto unangenehmer ein Kompliment von uns. Wer es dennoch schweigend und lächelnd erträgt, akzeptiert einen Rangunterschied, unterwirft sich wie ein Hündchen.

Wie sollte aber eine gut aussehende Frau auf dominanzorientierte Komplimente reagieren? Zum Beispiel wenn der Kollege im voll besetzten Aufzug eine »anerkennende« Bemerkung über den Minirock macht und die Augen der anderen an ihr hinabgleiten, sodass sie sich wünschte, doch heute Morgen das graue Mäuschenkostüm ausgewählt zu haben. Gerade jetzt, wo die Präsentation der Teamergebnisse ansteht, das weiß der Kollege, und wie er das weiß. Also wie reagieren?

Grundsätzlich gehört das Selbstlob zu den am wenigsten anerkannten Komplimentannahmestrategien. Sprachwissenschaftlich spricht man vom »double bind of having to agree with the complimenter and to avoid self-praise«. Doch wir sollten es als mögliche Erwiderung im Hinterkopf behalten. Sie kann als Annahmestrategie genau dann Selbstverteidigung sein, wenn wir durch schöne Worte angegriffen werden. So wie im Beispiel des aggressiven Kollegen, der listig versucht, über Verunsicherung die Konkurrenz auszuschalten. Aber er wird keinen Erfolg damit haben, wenn wir mit Selbstlob kontern: »Danke, das finde ich auch«, oder gegebenenfalls mit einem Gegenkompliment: »Danke, Sie haben aber auch nette Schuhe an.«

Böse Komplimente dieser Art sind kleine Giftpfeile, die man einander zuschießt und die bunte Federchen an ihren Widerhaken haben. Nicht die feine englische Art, aber eine Form der Rhetorik. Gleich ob Sie kontern oder nicht, das Wichtigste ist, diese als Vorstufe zur Kampfrhetorik zu erkennen. Wer Rhetorik erkennt, bezieht sie nicht mehr auf sich selbst. Rhetorik äußert keine Wahrheiten, sondern stellt strategische Behauptungen auf, die wie Tatsachen klingen.

5. Komplimente als Technik der Diffamierung

Wann noch können wir jemandem böse sein, der etwas Nettes über uns sagt? In allen Kampf- oder Konkurrenzsituationen. Dann sind Komplimente besonders unfaire Instrumente. Das kann im täglichen Konkurrenzkampf mit den Kollegen sein, aber auch während des Ringens um Standpunkte. Dann können Komplimente in Form der rhetorischen *Pronominatio* eine reine Durchsetzungstechnik sein. Das Wort setzt sich zusammen aus lateinisch *pro* (für, anstatt) und *nomen* (Namen). Wir sagen also statt »Frau Müller« zum Beispiel »schöne Frau« und verwenden damit anstelle des Namens eine Umschreibung. Klingt gut – aber macht das einen Unterschied? Und ob.

So rief ein Politiker einmal während einer Diskussionsrunde, als gerade heftig argumentiert wurde, einem männlichen Diskutanten zu:

Halt, ich glaube, die schöne Frau in unserer Runde scheint anderer Ansicht zu sein!

Dabei wurde die einzige Frau in der Politikerrunde auf ihr schönes Äußeres reduziert. Beinahe geriet dieses Kompliment zu einem Angriff auf die Person (argumentum ad personam). In einer sachlichen Auseinandersetzung spielt nämlich die Schönheit der Diskutanten keine Rolle, sondern es zählen lediglich Inhalte und Argumente. Das Kompliment »schöne Frau« zeigte aber Wirkung: Die Politikerin war tatsächlich für einen Augenblick zerstreut und fand nicht mehr zur richtigen Argumentation zurück.

Ganz ähnlich der Charme von Oskar Lafontaine in einer Diskussion bei Sabine Christiansen. Auf den ersten Blick klingt folgende Äußerung wie eine augenzwinkernde Schmeichelei, ein scheinbares Unterwerfen unter holde Weiblichkeit. In Wirklichkeit jedoch ist es ein böses Kompliment, das die Aufmerksamkeit der Zuhörer auf sachfremde Aspekte lenkt:

Sabine Christansen: »Jetzt lassen Sie doch Herrn Gysi auch mal ausreden!«
Lafontaine: »Na, wenn das eine Frau sagt, dann (gehorche ich selbstverständlich).«

Bösartige Dornen: Zynische und aggressive Komplimente

Böse Komplimente sind nicht immer Ergebnis einer bestimmten Taktik. Manchmal will man auch einfach nur so sein, wie man ist: schlecht gelaunt oder schlichtweg bösartig. So ist das eben. Und ein Kompliment kann wirklich außerordentlich fies sein. Deswegen, für die Teufel in uns, ein paar Anregungen für kleine und größere Gemeinheiten.

Das Kompliment als stiller Vorwurf
(Mühlpfort-Komplimente)

Manche Menschen pflegen eine subtile Art der Kommunikation. Sie sprechen Dinge nicht direkt an, weil sie der Auseinandersetzung schon ausweichen, bevor sie sich ankündigt. Dennoch können sie sich manchmal nicht beherrschen. Diese Unbeherrschtheit wird dann in ein Kompliment verpackt. Der darin steckende Vorwurf ist für den anderen manchmal gar nicht erkennbar. Ob dieser Kommunikationsstil nachahmenswert ist? Wer weiß. Aber wer es tut, legt sich damit auch ein Pokerface zu. Keiner weiß so recht, was nun wirklich gemeint ist und ob es wahr ist, was er sagt, oder vielleicht nur voller Ironie.

So zum Beispiel, wenn eine Frau verunsichert ist, ob die Beziehung hält, und er darauf antwortet:

Na hör mal, du hast mir meine Freiheit genommen und jetzt bin ich mit dir für immer verbunden!

Sicher, es ist liegt ein Kompliment nach dem 10. Grundmuster (Selbsterhöhung) vor. Schließlich wäre nicht jede Frau in der Lage gewesen, ihn gleich zur Ehe zu überreden. Die Antwort lautet denn auch: »Ich werde immer mit dir zusammenbleiben« (müssen). Und genau hier liegt der Vorwurf begraben, im *Müssen*.

Ganz zufrieden kann eine Frau mit Komplimenten dieser Art also nicht sein. Das war Frau Mühlpfort auch nicht. Ihr Ehemann, der Dichter Heinrich Mühlpfort, der im 17. Jahrhundert lebte, hatte nämlich dieses Kompliment formuliert auf ihre Frage: »Meinst du, wir bleiben immer zusammen?« Und wurde damit zum Begründer dieser zynischen Komplimentstruktur.

Das Kompliment als offener Angriff
(Beethoven-Kompliment)

Nach der subtilen Form des bösen Komplimentes schauen wir uns nun eine offenere Form an. Hier wird nichts verschleiert, sondern die Abneigung deutlich zum Ausdruck gebracht. Und dennoch liegt gleichzeitig ein Kompliment vor. Wie geht das? Ist es möglich, im selben Moment zu schmeicheln und zu beleidigen? Ja.

Wie, das macht ausgerechnet Ludwig van Beethoven vor. Man erzählt, er habe eines Abends die Uraufführung einer Oper des heute vergessenen, aber seinerzeit sehr geschätzten Ferdinand Peer besucht.

> *Nachdem der Vorhang unter großem Beifall gefallen war,*
> *ging Beethoven zu Peer, drückte ihm die Hand und meinte:*
> *»Ihre Oper gefällt mir – ich werde sie daher in Musik setzen!«*

Solche Beethoven-Komplimente kann man auch selber in giftiger Gemeinheit anwenden. Manche Frauen sind darin ganz gut, wie folgendes Beispiel zeigt:

> *Schönes Kleid – das hab ich auch im Schrank hängen.*

Oder in der Wissenschaft:

> *Sehr interessante These, die Sie in der* Zeitschrift für
> Kunstwissenschaft *erläutern. Ich hab sie schon vor zehn*
> *Jahren widerlegt.*

Komplimente dieser Art dienen als Verpackung, um den nachfolgenden Angriff durch den Kontrast noch hinterlistiger zu gestalten. Zuerst freue ich mich über das Kompliment über »meine haselnussbraunen Augen« und bin anschließend umso enttäuschter, wenn darauf folgt, dass ja die meisten Menschen braune Augen hätten. Wer also erfolgreicher gemein sein will, erreicht es mit solchen Komplimenten nach dem Vorbild Beethovens. Übrigens wurde die Oper, von der die Rede war, unter dem Namen *Fidelio* berühmt.

Das stachlig-gemeine Kompliment (Molière-Kompliment)

Eine besondere Sorte kränkender Komplimente zeigt uns Molière. Es wäre schön, könnte man diese zu den verunglückten oder ganz und gar missratenen Komplimenten zählen. Aber das ist in der Mehrheit nicht der Fall. Sie werden aus Überheblichkeit geäußert, aus tiefster Missachtung einer Person gegenüber:

*Ich jedenfalls bin immer wieder erstaunt darüber, dass Sie
eine so geistreiche Tochter haben zustande bringen können.*
(Molière)

Wie soll die Mutter auf dieses Kompliment reagieren? Molière sagt
ihr damit, für wie dumm er sie doch hält. Hier dient das Kompliment über den Verstand der Tochter nur dazu, die Mutter zu beleidigen. Diese Art Komplimente ist gängig, damals wie heute.
Wenn auch die meisten verborgener formulieren, wie:

Eine wunderbare Figur hat Ihre Tochter. (Wenn die Mutter
eine auffällig unförmige Figur hat.)

Der Schlag mit dem nassen Fisch ins Gesicht
Richtig und unverhohlen gemein kann es sein, recht zu bekommen. Vor allen Dingen dann, wenn jemand nach Selbstbestätigung
ruft und mit Fishing for compliments überdeutlich macht, dass
er so furchtbar gerne etwas Nettes hören möchte. Der Grad der
Fiesheit ergibt sich hier aus der Kluft zwischen Wunsch und Antwort. So wie es einem Schauspieler erging, der zu einem Kollegen
sagte: »Ach, vielleicht bin ich immer schon ein schlechter Schauspieler gewesen.« Und zur Antwort bekam:

Immerhin hat es lange gedauert, bis es jemand gemerkt hat.

Das Besondere dieser Antwort liegt darin, dass man eigentlich
nicht weiß, ist sie eine Gemeinheit oder ein Kompliment? Dahinter steckt ein beinah philosophisches Gedankenspiel: Ist ein
schlechter Schauspieler nicht ein guter Schauspieler, wenn keiner
merkt, dass er schlecht ist? Und wenn nur er selber weiß, dass er
schlecht ist, und alle anderen ihn für gut halten, ändert das etwas an
seiner Qualität als Schauspieler?
    Wer mit Nein antwortet, stuft die Antwort als gutes Kom-
pliment ein. Wer aber der Ansicht ist, hinter der Antwort stehe die
Aussage: »Gut, dass du gemerkt hast, dass du ein schlechter Schauspieler bist« – der ordnet die Antwort den bösen Komplimenten
zu. Nein, nicht den schlechten. Denn schlecht ist dieses Kompliment keineswegs, sondern raffiniert und hinterlistig.

Es ist nicht immer offensichtlich, wenn nach Bestätigung Suchende Fishing for compliments betreiben. Häufig erscheinen ihre Versuche im Kleide bunter Selbstdarstellung. Und dennoch regiert auch hier oft nur der verzweifelte Wunsch nach einem Kompliment. Im Zweifelsfall gibt man dem Betreffenden einfach nur recht. Wer nicht bejaht, hat schon beleidigt. »Hab ich das nicht toll gemacht?«, werden wir dann gefragt, und wer nicht antwortet: »Ja, hast du«, sagt implizit: »Nein, hast du nicht.« Und doch, manchmal gelingt einem auch eine gute Gemeinheit, indem man recht gibt. Wie in folgendem Fall:

> *Ein italienischer Abgeordneter zu einem Freund: »Schon*
> *als Kind war ich entschlossen, Abgeordneter zu werden*
> *oder gar nichts.« Dieser gab ihm recht, indem er antwortete:*
> *»Und beides hast du erreicht.«*

Die Grenze zwischen bösem und gar keinem Kompliment mehr ist leicht überschritten. Der Freund des Abgeordneten formuliert gerade noch so eben positiv, weil er Verdienste lobt. Das Zweifelhafte dieses Lobs erkennen wir nur aus dem Kontext. Kein Kompliment mehr ist die Antwort eines Schauspielers, der folgendem Fishing-for-compliment-Versuch ausgesetzt war: »Ach, ich reiche diesem scheiß Bruce Willis doch nicht bis zu den Knöcheln!«, und darauf erwiderte: »Doch, das tust du!«

Bissig und unverschämt dagegen eine Antwort des griechischen Tragödiendichters Euripides, dem einmal ein junger Dichter aus seinen Gedichten und Schauspielen vorgelesen hatte:

> *Er sagte auch, dass es sich nur um kümmerliche Kostproben*
> *handele, und fragte, welche Verse die besten gewesen seien.*
> *Euripides antwortete: »Wahrscheinlich die, welche du heute*
> *fortgelassen hast.«*

Manchmal beginnt eine Äußerung auch als freundliches Kompliment und kippt dann im nächsten Satz in ein gemeines. Nur wenige Worte machen den Unterschied aus. So wie bei diesem Spruch von Nicolas Cage:

*Wissen Sie, das ist wirklich eine schöne Sammlung. Muss
viel Zeit gekostet haben, so viel Geschichte hinterherzujagen.*
(Das Vermächtnis der Tempelritter)

Hätte das Drehbuch ihn sagen lassen:

*Wissen Sie, das ist wirklich eine schöne Sammlung. Es muss
viel Zeit gekostet haben, so viel Geschichte in einer Sammlung zu vereinen.*

läge eine freundliche Höflichkeit vor. Das hat er aber nicht gesagt,
sondern »hinterherjagen« verwendet, was abwertend ist und einen
Angriff darstellt.

Ungleich brutaler verwendete der römische Kaiser Caligula
das Kompliment. Caligula (geb. 13 n. Chr.), Sohn des Germanicus
und der Agrippa, der stolz bis zum Wahnsinn war, sich mit den
Göttern maß und sein Lieblingspferd mit vergoldeter Gerste an
der Tafel fütterte, bewunderte die Schönheit seiner Frauen häufig
mit dem Kompliment:

*Wenn ich will, kann ich diesen schönen Kopf abschlagen
lassen.*

Wenn bös klingende Komplimente gar nicht böse sind

Beinahe harmlos im Vergleich zu Caligulas Komplimenten können
Aussagen sein, die sich für jedermann wie eine Gemeinheit anhören. In Wirklichkeit sind sie aber eine Schmeichelei. Wenn ein
Ehemann meckert, seine Frau stopfe ihn wie eine Weihnachtsgans
und er habe deswegen fünf Kilo zugenommen, dann ist es zwar
unfein, über seine Frau in der Öffentlichkeit herzuziehen. Aber er
macht ihr eigentlich damit ein Kompliment. Bei älteren Ehepaaren
beobachtet man manchmal, wie einer über den anderen schimpft.
Das klingt häufig ehrlich verärgert und tut beinahe weh, wenn einer den anderen als blöde Kuh oder alte Schabracke bezeichnet.
Aber was man sagt und was man meint, ist nicht immer dasselbe.

In einer Szene aus der US-Soap *Eine schrecklich nette Familie*
lästert Al Bundy über seine Frau:

Damals, in Vancouver, starrte ich in die Fratze der Hölle
und ich sagte: »Pegg, kannst du nicht mal schlafen?«

Hier wird das Element der Gemeinheiten, die in Wirklichkeit Komplimente sind, auf die Spitze getrieben. Wer überproportional häufig, übertrieben und öffentlich über seine Frau schimpft, erhebt sie auf diese Weise immer wieder zum Thema, stellt sie in den Mittelpunkt seines Denkens. Das sind Elemente des Kompliments. Wer das tut, hasst nicht, sondern liebt vielleicht wirklich.

Wie Übertreibungen fies werden

Ganz anders und weitaus bösartiger dagegen, wer eine Übertreibung so übertreibt, dass der andere gerade noch meinen könnte, sie sei vielleicht ernst gemeint. Molière gibt in seiner Komödie *Die lächerlichen Preziösen* aus dem Jahr 1658 ein Beispiel dafür:

Sie riechen furchtbar gut. Nie atmete ich einen besser abge-
stimmten Duft ein. Er ist von ganz außerordentlicher Güte.
Das Erhabene wird geradezu köstlich von ihm berührt.

Werden diese Worte geglaubt? Wann hören Sie auf, eine Übertreibung zu glauben? Meist erst sehr spät. Der Abwägungsvorgang klickert in unseren Gehirnwindungen, während wir uns länger, als es gut ist, fragen: Meint der andere es auch wirklich so? Ja, vielleicht meint er es so – oder? Dass deswegen sachlich und nüchtern klingende Komplimente lieber geglaubt werden, weil wir deren Richtigkeit leichter bewerten können, wurde schon erwähnt.

Der umgekehrte Schock-Effekt beim bösen Kompliment (Fontane-Kompliment)

Der Dichter Theodor Fontane wurde einmal von einem Maler gebeten, sich dessen Bilder in einer Galerie anzusehen. Als Fontane die Ausstellung verließ, wartete der junge Künstler bereits und fragte, wie sie ihm gefallen hätten. »Ihre Bilder waren die einzigen, die man sich ansehen konnte«, sagte Fontane. Der Maler fühlte sich geschmeichelt und Fontane setzte hinzu:

Sie irren, mein Lieber, Ihre Bilder waren die einzigen, die man sich ansehen konnte, weil vor den anderen immer zu viele Menschen standen.

Es ist aber auch möglich, auf eloquentere Weise gemein zu sein. Zunächst tun wir wieder wie Fontane so, als würden wir etwas Nettes sagen, um anschließend diese Erwartung zu enttäuschen:

Ihr Vortrag war wie ein Feuerwerk (Sprechpause) – *bombastisch, aber wenig erhellend.*

Die richtige Antwort auf gemeine Komplimente

Wie wehrt man sich am besten, wenn man mit einem bösen Kompliment beschenkt wird? Das kommt darauf an. Meint der andere es tatsächlich als Gemeinheit? Macht er sich über uns lustig? Oder möchte er humorvoll sein und gerät dabei auf eine schiefe Ebene? Am besten ist, hinter das Kompliment zu sehen. Die Absicht zu erraten. Rhetoriker sehen niemals das Offensichtliche, sondern stets die dahinterliegende Taktik. Diese kann aufrichtige Bosheit sein. Umso besser, es zu wissen. Dann kontern Sie mit denselben Waffen. Es handelt sich aber vielleicht auch nur um freundschaftliches Geplänkel. Dann könnte man zum Beispiel mit feiner Selbstironie reagieren. So wie es einer der besten Maler Roms tat. Er hieß Lucius Mallius und hatte einmal Servilius Geminus zu Gast. Als dieser die ziemlich hässlichen Kinder des Malers sah, sagte er:

»Mallius, du malst wirklich besser, als du bildhauerst.«
Mallius erwiderte: »Letzteres tue ich eben im Dunkeln.«

Gebrauchsanleitung
für Komplimente

GEBRAUCHSANLEITUNG FÜR KOMPLIMENTE

Wenn etwas wert ist, getan zu werden,
dann ist es auch wert, richtig getan zu werden!
(Englische Königinmutter Mary)

Ist das gute Kompliment erlernbar?

Es ist als formales Konstrukt zunächst erklärbar. Und was erklärbar ist, ist lehrbar: der Satzrhythmus besteht aus der Anordnung der Worte, die Schönheit ergibt sich aus Wortkombinationen und der Klang, der ein Kompliment rosarot färbt, hängt mit der Anordnung der Wortsilben zusammen. Leidenschaft entsteht durch eine Klimax, Romantik durch die Bildersprache und Spannung wird durch einen ordentlich angelegten Spannungsbogen erzeugt.

Doch eines zu Beginn:

Einfach ist es nicht. Eher eine *anspruchsvolle Rhetorik*. Stilistisch und nach wirkungsästhetischen Gesichtspunkten konstruierte Komplimente erfordern eine hohe sprachliche Kompetenz und einen breiten Wortschatz, die Fähigkeit, syntaktisch komplizierte Satzstrukturen zu erfinden und mit geistreichen Sentenzen zu erstaunen.

Diese Forderung steht ganz im Gegensatz zur alltäglichen Praxis. Die meisten Interaktionsrituale stellen für uns halb mechanisch ausgeführte Routinehandlungen dar. Sprache wird wie ein Instrument der Verständigung behandelt. Wichtig sei, dass der andere versteht, was ich sage. Es gehe, so wird behauptet, um die Vermittlung von Informationen. Das ist gut und schön. Aber es geht auch – und manchmal sogar noch viel mehr – darum, *wie* man etwas sagt. Und es geht darum, welche Worte man auswählt, solche, die zum Ausdruck bringen, was man meint, und die berücksichtigen, wie sich der andere dabei wohl fühlen wird.

Die gängige Alltagskommunikation vollzieht sich auf der Basis weniger syntaktischer Muster und einer schmalen Auswahl an Worten. Einige Sprachwissenschaftler beklagen, dies sei ein Phänomen der Moderne, und sprechen von Verschleißerscheinungen der Kontraktion und Bedeutungserosionen. Sich aber mit schönen Worten zu äußern, ist, wie mit einem glänzenden Jaguar vorzufahren statt mit einem klapprigen Fahrrad, es ist, als ob man statt eines Grashälmchens eine samtige Rose verschenkt. Dass Anspruchsvolles zu erlernen ein wenig Muße braucht, ist richtig.

Der Charme sprachlicher Virtuosität

Der Umgang mit Sprache ist etwas Wunderbares. Noch heute, obwohl wir sie so stiefmütterlich behandeln. Im 18. Jahrhundert war der Unterricht in Rhetorik ein Schulfach. Welche Worte wähle ich, wie formuliere ich elegant, wie zaubere ich Wohlklang in meine Sätze – all das wurde gelehrt. Heute bewundern wir charmante Menschen zwar, stehen aber vor einem Rätsel. Wie machen die das nur? Schließlich kommen wir zu dem Ergebnis, dass Charme eine Persönlichkeitseigenschaft sein muss, die man nicht erlernen kann. Sie ist angeboren, so wie Charisma, das auch nicht wirklich zu erklären sei. Aber das stimmt nicht: Das Je-ne-sais-quoi lässt sich sowohl erklären als auch erlernen.

Deswegen lüften wir jetzt ein paar der Geheimnisse. Dabei geht es geht erstens um das Beherrschen von »Grundmustern«. Das ist die Basis für ein gutes Kompliment. Zweitens um das Kennen und Erlernen von »Eloquenzien«. So nenne ich diese unauffälligen sprachlichen Raffinessen mit der großen Wirkung. Um das Kompliment glaubhaft werden zu lassen, stelle ich drittens »Techniken der Glaubhaftmachung« vor. Zum Schluss lernen wir »Besondere Komplimenteformen« kennen, die jeweils eine Methode darstellen, um bestimmte Ziele mit den süßen Worten zu erreichen. Das alles zusammen und in beliebiger Kombination schafft Komplimentkompetenz. Diese umfasst weit mehr, als jederzeit die richtige Schmeichelei anbringen zu können. Sie ist Teil einer Eloquenz, einer neuen Beredsamkeit, einer heute ganz ungewöhnlichen Fähigkeit, mit Sprache zu spielen und ihre Macht voll auszuschöpfen.

Die vergessene Kunst des Akkommodierens

Ein Kompliment gehört niemals uns, sondern immer nur den anderen. Jeder, der sich gerne selber beim Komplimentemachen zuhört, ist aus dem Spiel raus. Wir verschenken ja auch keine Blumen und sehen uns dabei im Spiegel zu. Im Fokus unserer ganzen Aufmerksamkeit steht die Person des anderen: seine Abneigungen, seine Stärken, seine Schwächen, seine Werte und sein Bildungshorizont. Der Komponist Anton Bruckner (1884–1896) hatte diesen Grundsatz nicht verinnerlicht. Von ihm erzählt man sich, dass er, wann immer er eine Frau traf und wenn er Eindruck bei ihr machen wollte, einladend seine Schnupftabdose öffnete und erstaunt war, wenn diese das gut gemeinte Angebot zurückwies. Er blieb sein Leben lang unverheiratet.

Einer Frau Schnupftabak anzubieten, würde den meisten Männern heute nicht mehr einfallen, wenn sie eine Frau beeindrucken wollen. Aber diese in eine unaufgeräumte Wohnung einzuladen und ein Bier aus einem ungewaschenen Humpen anzubieten schon. Das ist so, als wolle man ihr sagen, dass sie in ihrer ganzen Art männlich sei. Es wird der Grundsatz des Perspektivwechsels außer Acht gelassen. Denn jedes Kompliment nimmt seinen Ausgang bei dem oder der anderen und niemals bei einem selber. Was mir selber gefällt oder was ich selber gerne hören würde, spielt keine Rolle. Was dem anderen gefällt und was dieser gerne hören möchte, ist das Entscheidende.

Accomodieren nannte man im 18. Jahrhundert das Bestreben, sich mit seinen Äußerungen sorgsam anzupassen, die sprachliche Formulierung an die zu äußernden Gedanken, an den Zweck und an den Adressaten anzulehnen. Manche Menschen sind mit sachlichen Äußerungen zu berühren. Ein Kompliment sollte dann zu dieser nüchternen Persönlichkeit passen. Eine sachlich beiläufige

Bemerkung über *die Farbe des Jackets, die gut zum Teint sowie zum Grau der Haare passt und eine leichte Distanz zu den Dingen zum Ausdruck bringt*, wäre eine *accomodierte Bemerkung* und ein tadelloses Kompliment. Übertreibung ist bei rationalen, vernunftbezogenen und ökonomisch agierenden Personen unpassend.

Andere Menschentypen benötigen dagegen Superlative und außergewöhnliche Adjektive wie die Pflanzen das Sonnenlicht. Ihr Gesicht ist nicht nur *hübsch*, sondern muss *spektakulär* sein, die Figur nicht nur *schlank*, sondern *geradezu umwerfend*, der Gang nicht nur *elegant*, sondern *unglaublich elegant mit grandioser Präsenz*, die Hände nicht nur *schön*, sondern *die schönsten, die man sich bei einer Frau überhaupt nur vorstellen kann*, die Kleidung nicht nur *modisch*, sondern *Zeichen ihres selten guten Geschmacks* wie überhaupt *ihre ganze Person von einzigartiger Ausstrahlung ist, die jeden sofort gefangen nimmt*. Liebhaber solch üppiger Wort- und Satzkaskaden können niemals genug davon bekommen. Sie wissen, dass nur ein Bruchteil davon wahr sein kann, sonst wären sie gottgleich, aber sie schweben dennoch gerne in dem Glauben, dass sie es zumindest, wenn sie es schon nicht sind, sein könnten.

20 GRUNDMUSTER FÜR GUTE KOMPLIMENTE

Zu seinem 85. Geburtstag erhielt der italienische Dirigent Arturo Toscanini Glückwünsche aus aller Welt. Er ließ daraufhin 1000 Antwortkarten drucken, auf denen stand:

Von allen Glückwünschen, die ich zu meinem Geburtstag erhielt, hat mich der Ihre am meisten gefreut. Toscanini.

Er machte sich bei seinem Vorgehen zunutze, dass eine Struktur stets etwas Übertragbares ist. Obwohl ein Kompliment einzigartig sein und wirken soll, kann es doch einzigartig für viele Menschen sein. So weist zum Beispiel ein Roman oder ein Drama stets eine bestimmte Struktur auf, nach der alle Romane oder Dramen mehr oder weniger verfasst sind. Auch eine Musikrichtung kann eine bestimmte Struktur haben, die es erlaubt, verschiedene Musikstücke unter einem Genrebegriff zusammenzufassen. Die Struktur eines Kompliments zu kennen, bedeutet also, ein übertragbares Muster zu besitzen, mit dem sich ein und derselbe Inhalt verschieden formulieren lässt. Der Satz »*Du bist schön*« stellt ein gutes Kompliment dar. Darüber hinaus lässt sich dieser Inhalt »*Du bist schön*« aber auf mindestens 20 andere Arten sagen. Ich stelle im Folgenden 20 verschiedene Strukturen, eben 20 Grundmuster, vor, mit denen sich ein Gedanke auf unterschiedliche Weise ausdrücken lässt. Erst wer weiß, welche Ausdrucksmöglichkeiten zur Verfügung stehen, kann im entscheidenden Moment auch die richtige auswählen. Alles andere hieße, das Gelingen des Kompliments dem Zufall zu überlassen.

Übersicht

1. Grundmuster: Die Kausalstruktur

»Seit ich dich kenne, weiß ich, wie eine wirklich schöne Frau aussieht.«

2. Grundmuster: Aufgreifen und Wiederholen

»Ein schöner Tag.« »Schön wie du.«

3. Grundmuster: Die 3-Satz-Synthese

»Ich kenne hübsche Frauen. Auch ein paar sehr hübsche. Aber im Moment sitze ich einer schönen Frau gegenüber.«

4. Grundmuster: Einzigartigkeit

»Was bei allen anderen hässlich wäre, ist bei dir schön.«

5. Grundmuster: Das Komplimentmuster des Abu Nuwas

»Mir ist ganz unverständlich, wie du eine andere Frau um irgendetwas beneiden kannst. Alle Frauen sollten so sein wie du, nicht umgekehrt.«

6. Grundmuster: Das Sprachlos-Muster

»Lass mich schweigen und eine schöne Frau ansehen.«

7. Grundmuster: Ein-Wort-Muster

»Schön, die schönste Frau unter all den schönen Frauen, die ich kenne.«

8. Grundmuster: Die Selbsterniedrigung

»Ich weiß nicht, wie ich eine so schöne Frau wie dich verdient habe.«

9. Grundmuster: Die Überhöhung des anderen

»Das Schönste, was mir im Leben passiert ist, bist du.«

10. Grundmuster: Die Selbsterhöhung

»Ich habe schon so viele schöne Frauen gehabt, aber du – so etwas wie dich findet ein Mann nur einmal im Leben.«

11. Grundmuster: Der treffende Vergleich

»Ich finde dich schön wie die aufgehende Sonne.«

12. Grundmuster: Kürze

»Schön.«

13. Grundmuster: Die Du-bist-Struktur

»Du bist wunderschön.«

14. Grundmuster: Alles-an-dir-Struktur

»Alles an dir ist schön.«

15. Grundmuster: Die Wenn-dann-Struktur

»Wenn ich dich nicht getroffen hätte, wüsste ich heute noch nicht, wie eine echte Schönheit aussieht.«

16. Grundmuster: Die Emotionswörter

»Ich fühle mich so fantastisch, wie ein Mann sich nur an der Seite einer schönen Frau fühlt.«

17. Grundmuster: Die soziale Verstärkung

»Kein Mann kann dir widerstehen.«

18. Grundmuster: Die rhetorische Frage

»Ist dir denn nicht klar, dass du eine schöne Frau bist?«

19. Grundmuster: Fünf Sinne

»Du hast tiefblaue Augen, eine wahnsinnige Stimme, eine samtweiche Haut, duftest nach Kirschen und schmeckst wie eine knusprige Frühlingsrolle.«

20. Grundmuster: Subjektivität

»Ich finde dich schön.«

1. Die Kausalstruktur

Der Pianist Justus Frantz schenkte dem Geiger Yehudi Menuhin einmal eines jener ganz großen Komplimente, indem er sagte,

> dass jeder, der einmal mit ihm zu tun hatte, ein bisschen verwandelt aus dieser Begegnung hervorgegangen ist.

Yehudi Menuhin hat sich dafür nicht bedankt, denn Justus Frantz sagte es zu dessen Begräbnis.

Die besondere Wirkung dieses Kompliments ergibt sich aus den Umständen – aber auch aus etwas rein Formalem, nämlich dem, was ich Kausalstruktur nenne: Ein anderer wird als Ursache (lat. *causa*) für eine positive Folge angegeben. Nach diesem Muster lassen sich Kausalitätskomplimente bilden:

> Seit ich dich kenne, erscheint mir alles viel interessanter

wäre ein Beispiel oder auch:

> Don't you know, you drive me crazy![21]

Die Kausalstruktur eignet sich auch für *antwortende Komplimente* (Replikkompliment):

> »Jetzt geht es dir aber schon besser als eben.« »Klar, wer würde sich nicht besser fühlen bei dir!«

> »Das haben Sie sehr gut gemacht.« »Das verdanke ich nur Ihnen.«

Eines der schönsten Komplimente überhaupt, das von Jack Nicholson ausgesprochen wurde, ist ebenfalls nach dem Grundmuster der Kausalstruktur konstruiert. Nicholson sagte es zu seiner Filmpartnerin Helen Hunt in *Besser geht's nicht*. Ohne dass Jamie (Helen Hunt) es beabsichtigt hätte, hatte sie doch einen

alten Griesgram allein durch ihr Dasein verändert. Diesen Komplimentinhalt packt Nicholson in folgende unvergleichliche Formulierung nach dem 1. Grundmuster:

Wegen Ihnen möchte ich ein besserer Mensch werden.

> **Übung** Formulieren Sie Kausalkomplimente. Lehnen Sie sich an
> Jack Nicholson an. Was hat eine bestimmte Person in
> Ihnen bewirkt? Welche (positiven) Veränderungen haben
> sich eingestellt, weil und seit sie ihn oder sie kennen?

2. Aufgreifen und Wiederholen

Die einfache Wiederholung, die *Repetitio*, vom Lateinischen *repe-
tere*, wiederholen, eignet sich vorwiegend für leichte Komplimente, Höflichkeitskomplimente und sonstige Freundlichkeiten.
Der Struktur nach handelt es sich um ein Replikkompliment, das
heißt, Ihr Kompliment reagiert auf eine Bemerkung des anderen.
Wir greifen bei diesem Grundmuster ein positiv besetztes Wort
auf und geben es zurück:

> *»Der Rosenkohl ist wundervoll!«*
> *»Für eine wundervolle Lady!«*

Dabei wird ein positives Wort, hier *wundervoll*, in ein Kompliment gebogen. Wir können aber auch nur den Gedanken aufgreifen und ihn mit anderen Worten in ein Kompliment verpacken,
etwa so:

> *Während einer Lesung, sie: »Was für ein beeindruckender
> Autor.« Und er: »Ja, aber Sie sind es auch, finde ich.«*

Oder:

> *»Ein spannender Film.« – »Und eine aufregende Begegnung,
> mit dir, heute Abend.«*

Oder intimer:

> *»Ein leckeres Essen ...« – »Und ein appetitliches Weib neben mir!«*

Besonders nachdrücklich wirkt eine Schmeichelei, wenn wir nicht nur den Gedanken oder das Wort aufgreifen, sondern dieses innerhalb unseres Satzes wiederholen:

> *»Wunderbar, was du da gekocht hast.« – »Ich hab es ja auch für eine wunderbare, wunderbare Frau gekocht.«*

Dieses 2. Grundmuster kann leider auch zu banalen Komplimenten führen. Wenn wir auf »Schönes Wetter heute!« antworten: »Schönes Wetter für eine schöne Frau«, dann ist das kein gelungenes Kompliment mehr. Es wirkt kitschig, beinahe schleimig. Warum? Der Grund liegt darin: Schönes Wetter kann nicht für jemanden gemacht werden, das liegt nicht in unserer Hand. Anders beim Rosenkohl. Hier könnten wir uns durchaus darum bemühen, ihn wundervoll wachsen zu lassen, weil wir vorhaben, ihn nur an wundervolle Frauen zu verkaufen. Auch wenn das in Wirklichkeit nicht geschehen wird, so macht doch der Funke des Es-könnte-doch-so-sein den Unterschied zwischen Kompliment und Kitsch aus.

Übung	Welche der folgenden Komplimente sind gut, welche eher schlecht? Begründen Sie bitte und formulieren Sie eigene bessere.

1) »Wow, was für ein Auto!« – »Ich möchte damit ja auch mit einer Wow-Frau nach Hause fahren.«
2) »Ein süßer Hund!« – »Er wird ja auch gerade von einer süßen Frau gestreichelt.«
3) »Ein tolles Spiel heute ...« – »Nein, eine tolle Frau neben mir!«
4) »Wahnsinn, diese Hose!« – »Na, wer mit einer wahnsinnig toll aussehenden Frau ausgeht, der muss schon auf so was achten ...«

3. Die Drei-Satz-Synthese

*Es gibt sehr viele erfolgreiche Unternehmen. Es gibt
auch viele kompetente Führungskräfte. Es kommt
darauf an, beide miteinander in Verbindung zu bringen.
Und das hat die Firma Selective-all-Futures geschafft.
Dazu gratuliere ich.*

Dieses Kompliment hörte ich letztens auf einem Wirtschaftstreffen. Es ist geradezu ein Musterbeispiel, um die *Drei-Satz-Synthese* des Kompliments zu demonstrieren. Ihr Skelett sieht folgendermaßen aus:

Es gibt tolle A. Es gibt tolle B. Und du bist AB.

Diese Struktur ist so simpel, dass wir sie gleich heute Abend an einem beliebigen Familienmitglied ausprobieren können. Oder an einer Freundin oder einer Bekannten. Sie sitzt Ihnen gegenüber, und nach einer Weile bemerken Sie:

*Es gibt viele hübsche Frauen. Es gibt auch viele intelligente.
Aber die Kombination (wie bei dir) ist selten.*

Ein unverfängliches Kompliment mit einer herrlich einfachen Struktur. Es gehört zu meinen Lieblingsmustern, weil so flexibel und in unterschiedlichen Kontexten einsetzbar.

 **Übung** Formulieren Sie ein Kompliment an Ihren Mitarbeiter nach dem Muster der Drei-Satz-Synthese.

4. Einzigartigkeit

*Du besitzt Vorzüge, die du mit anderen gemeinsam hast.
Ich aber kann immer nur die betonen, in denen du
einzig bist!*

Woraus besteht die Einzigartigkeit eines Menschen? Aus seinen Unterschieden. Alle Frauen küssen, aber sie küsst wie keine. Alle Männer sind stark, aber keiner schafft wie er, sie über die Schwelle zu heben. Wer verliebt ist, sieht in diesem Zustand die feinsten Differenzierungen, die Splitter jeder Einzigartigkeit.

Wenn das Verliebtsein zu Liebe wird, beginnt man zu vergleichen. Wir rücken ab von den Unterschieden und betrachten die Gemeinsamkeiten. Und wenn eines Tages keine Gemeinsamkeiten mehr vorliegen, hat man schon lange den Blick für die Einzigartigkeiten des anderen verloren. Er hat sich gewandelt in jemanden, der gar nichts Besonderes mehr zu sein scheint.

Für das Komplimentieren heißt es, den begehrenden Blick auf die Einzigartigkeiten am anderen einzunehmen. So zu denken wie ein Verliebter. Was, wenn ich in meine Kollegen verliebt wäre? Was würde mir auffallen? Welche liebenswerten Eigenheiten?

Ich erinnere mich, dass mir einmal ein Mann gestand, ihm sei aufgefallen, wie elegant ich die Bücher zurück ins Regal stellen würde. Er hatte mich beim Arbeiten in der Bibliothek beobachtet. Wer wäre schon auf so einen Gedanken gekommen? Ein Verliebter oder – ein guter Rhetoriker.

Übung	Bitte wiederholen Sie noch einmal die Grundaussage vom Muster der Einzigartigkeit.

5. Das Komplimentmuster des Abu Nuwas

Abu Nuwas (757–815), ein arabischer Dichter (nach ihm soll übrigens im Jahr 1976 ein Krater auf dem Merkur benannt worden sein), schrieb einmal:

> *Du hast Anmut, Schönheit, Werte und ein so gutes Wesen, warum willst du so sein wie andere, wo andere doch so sein sollten wie du …?*

und demonstriert damit die Struktur eines eindrucksvollen Komplimentmusters. Es beginnt mit einer Aufzählung positiver

Eigenschaften, stellt dann den Wunsch, wie jemand anderer sein zu wollen, als absurd dar und endet mit dem Wunsch: Alle Menschen sollten so sein wie du! Dieses Muster eignet sich hervorragend zur Anwendung bei schüchternen Menschen. Es kann nur in der Form eines Replikkompliments eingesetzt werden. Voraussetzung für die Anwendung dieses 5. Grundmusters ist, dass jemand eine beneidende oder bewundernde Äußerung über einen anderen macht. Genau dann ist der richtige Moment, um mit dem Komplimentmuster des Abu Nuwas zu kontern. Häufig sind unsichere Pflänzchen überrascht, so etwas Nettes über sich zu hören, und sie werden Ihre Worte wahrscheinlich sogar abwiegeln. Davon darf man sich aber nicht abschrecken lassen. Denn sie freuen sich doch.

| Übung | Eine gute Freundin fühlt sich minderwertig und Sie wollen Sie mit einem Kompliment aufmuntern. Versuchen Sie, das Abu-Nuwas-Muster anzuwenden. |

6. Das Sprachlosmuster

Boah Alte, nee, du bis sooo hamma, ich find da voll keine Worte für.

»Mein Gott!«, heißt es bei Molière, »wie schnell wäre doch ein Roman beendet, wäre alle Welt so wie Sie!« Dasselbe kann für das Kompliment gelten. Wie schnell wäre es damit vorbei, würden alle das Sprachlosmuster verwenden.

Das ist so toll, das kann man nicht beschreiben!

Du bist so schön, mir fehlen die Worte.

Dich kann man nicht beschreiben, dich muss man erleben!

Solche Komplimente bedeuten den Tod der schönen Worte. Wer Worte nur verwendet, um auszudrücken, dass er keine Worte hat, der verspricht uns den Zugang zu einem blühenden Garten und schlägt dann das Eingangstor zu. Sicherlich fehlen häufig die Worte, wir üben uns ja auch nicht in Eloquenz. Aber wir sollten es tun, dem anderen zuliebe.

Andererseits ist das Mir-fehlen-die-Worte auch eine ganz typische Struktur für Komplimente. Uns können in voller Absicht die Worte fehlen. Damit bringen wir zum Ausdruck, dass tatsächlich, selbst wenn wir über alle Worte der Welt verfügen würden, sie doch nicht ausreichten, um die Faszination auch nur annähernd zu beschreiben. Dafür ist unsere Bewunderung einfach zu groß, größer als der größte vorhandene Wortschatz.

Der arabische Dichter Abu Tamman aus dem 9. Jahrhundert wendet in seiner Liebeslyrik eine ganz ähnliche Figur an, indem er sagt:

Jede nur denkbare Schönheit hast du bei Weitem übertroffen, und alle Beschreibungskunst übersteigst du.

Und dennoch – das Anrüchige des Faulen, des sich Zurückziehens auf eine simple Ausrede bleibt, wenn wir nur sagen: »Dich kann man nicht beschreiben.« Was soll das auch für ein Kompliment sein, das keine Worte verwenden will? Ein Kompliment sollte viele, viele Worte und viele Beschreibungen enthalten, die zwar niemals an die wirkliche Herrlichkeit einer Person heranreichen, aber unbedingt gehört werden wollen. Hier zählt einzig der Versuch, und dieser darf nicht unterlassen werden.

Dass das Muster der Sprachlosigkeit aber durchaus auch eloquent umgesetzt werden kann, zeigt ein Mann, der vor tausend Jahren seiner Geliebten gestand:

Es haben mich die Leute schon gefragt, dass ich dich einmal beschreiben soll. Aber ich sagte ihnen beim Versuch, dich zu beschreiben, dass es sicher sei, dass, wer dich einmal gesehen, ein Wunder mit eigenen Augen sehen kann.[22]

Und hiermit versuchte sich vor Kurzem ein Mann mit größter Kunstfertigkeit aus der Forderung nach einem Kompliment herauszuwinden:

> *Wenn sich mir ein erhabener Anblick darbietet, ist Schweigen der angemessenste Ausdruck meiner Ergriffenheit. Schweigend bekenne ich, dass mir die Worte fehlen, um meine Empfindungen in diesem Augenblick auszudrücken.*

Er überholte damit das Muster der Sprachlosigkeit und brachte ganz unabsichtlich ein beeindruckend gut ausformuliertes Kompliment zuwege. Es geht also doch.

Übung	Setzen Sie das Sprachlosmuster einmal als Ausrede ein (weil Ihnen nichts Besseres einfällt) und einmal als wahre Sprachlosigkeit.

7. Das Ein-Wort-Muster

Vielleicht sind wir nicht jeden Tag gleich einfallsreich. Aber das ist nicht weiter schlimm. Wir können bereits mit einem einzigen Wort ein interessantes Kompliment machen. Nehmen wir »schön« und wiederholen dieses Wort oder den Wortstamm in Abwandlung der Flexionsform:

> *Du bist schön, nein mehr, eine wirkliche Schönheit, die schönste Frau, mit der ich je zusammen war.*

Polyptoton heißt diese rhetorische Figur, von den griechischen Worten *poli*, viel, und *ptoton*, gebeugt, dekliniert:

> *Du bist viel netter als nur nett!*

Dabei ist das Ein-Wort-Muster in der Geschichte schon früh zu finden. Vor allem im Herrscherkult und im sakralen Umfeld taucht dieses Schmeichelmuster durch die Jahrhunderte hinweg immer wieder auf. So heißt es in einer alten orientalischen Titulatur:

Herrscher der Herrscher, herrschend über Herrscher!

Aber auch die Bibel kennt alle Arten von Wortstammwiederholungen: Von Ewigkeit zu Ewigkeit, von Geschlecht zu Geschlecht …

Manche mögen das *polyptotische Kompliment* oder das Ein-Wort-Muster für ein kahles Wortspiel halten ohne inneren Wert. Oft wird es jedoch als angenehme Schmeichelei empfunden.

> **Übung** Bilden Sie aus dem Begriff »klug« Komplimente nach dem Ein-Wort-Muster.

8. Die Selbsterniedrigung

Der römische Kaiser Diokletian (ca. 236–313) führte ein strenges Hofzeremoniell ein: Die Untertanen mussten sich bei der Begrüßung des Kaisers zu Boden werfen.

Noch an den europäischen Höfen des 17. und 18. Jahrhunderts demonstrierte das barocke Komplimentierwesen die bedingungslose Unterordnung unter die gesellschaftlich Höherstehenden. Auch beim modernen Kompliment gehört die *Selbsterniedrigung* zu den Grundelementen. Vor allem bei den Mann-Frau-Komplimenten wirft er sich ihr zu Füßen – sollte er jedenfalls. Ein Zeitgenosse der Herzogin Amalia (1739–1807) hätte bei dieser Gelegenheit noch ihren Rocksaum geküsst. Heute geben wir uns mit der Symbolik und ein paar netten Worten zufrieden.

Wie funktioniert die symbolische Selbsterniedrigung? Das Schema ist denkbar einfach, es lautet: »Ich bin schlecht und du bist grandios.«

Der andere ist wie eine wilde Symphonie und wir können nur dazu krächzen. Alles an uns ist minderwertig: Fünf Kilo Übergewicht, eine krumme Nase und keine Ahnung, wie wir an eine

Frau wie *sie* kommen, so heißt es in einem Song von der Gruppe PUR. Und der Komponist und Dirigent Leonard Bernstein (1918–1990) offenbarte einmal den Wienern Philharmonikern, er könne keinen Mozart spielen.

Freilich, es handelt sich immer nur um das *Spiel* mit der Selbsterniedrigung. Und spielen kann nur, wer flunkert. Die Wahrheit hat hier nichts zu suchen. Denn es mindert den Wert eines Kompliments, wenn mir jemand, der unter Minderwertigkeitskomplexen leidet, bewundert gesteht, dass er mich für ein Genie hält. So etwas will ich nur von einer noch viel genialeren Person als ich hören. Wenn jemand, der mir in allem weit überlegen ist, sich neben mir wie ein Stümper fühlt – was für ein traumhaftes Kompliment!

Übung	Konstruieren Sie Komplimente nach dem Muster der Selbsterniedrigung. Erproben Sie diese gelegentlich bei Ihrer Frau, Ihrem Mann.

9. Die Überhöhung des anderen

> *Du bist der einzige Mensch, von dem ich nicht verkannt sein will.*

Das Element der Überhöhung des anderen finden wir sehr häufig in Komplimenten:

> *Du weißt, dass du übertrieben hamma bist!*

heißt es in einem Song[23] und so lautet auch das Motto dieser Struktur: Der andere ist einfach nur ein Superlativ.

Normalerweise ist das Mittel der Überhöhung die Steigerung. Eine Person ist »schön, schöner als alle anderen« oder »der schönste Mensch, den Sie kennen«. Er kann auch »der schönste auf der ganzen Welt« sein. Wir alle kennen solche Formulierungen.

Dabei ist das Muster der Überhöhung sehr alltagstauglich. Es fällt aber nicht immer sofort ins Auge. Oder würden Sie in einer der beiden folgenden Äußerungen ein Kompliment vermuten?

a) »Klar kannst du vorbeikommen.«
b) »Das wäre toll, wenn du vorbeikommen könntest.«

Analysieren wir: Version a macht deutlich, dass Sie die angesprochene Person kommen lassen, wie ein Vorgesetzter, der für jemand anderen Zeit erübrigt. Version b zeigt, dass es für Sie eine Freude ist, wenn der andere Sie besuchen möchte. Das ist ein Kompliment. Denn wir freuen uns ja nicht über jeden, der an unsre Haustüre klopft, sondern nur über besondere Menschen. Häufig reflektieren wir über solche Kleinigkeiten nicht mehr, sollten es aber tun, weil die Formulierung unterschiedliches Verhalten beim Gegenüber auslöst: Ich gehe doch lieber bei jemandem vorbei, der es toll findet, wenn ich ihn besuche. Und weniger gern zu dem, der nur sagt, dass ich vorbeikommen »kann«. Dann denke ich: Klar, kann ich. Ich kann's aber auch lassen.

Doch neben diesen delikaten Alltagswendungen erscheint dieses Muster auch in offensichtlicher Form. Wer sagt:

Außer dir gibt es keinerlei Vollendung auf der Erde

übertreibt und hebt den anderen auf eine Ebene, die ihn weit über dem Erdboden baumeln lässt. Natürlich hängt das Gelingen des Kompliments auch vom Maß der Überhöhung ab. Einer Ihnen unbekannten Frau zu sagen, sie hätte die *wunderbarsten grünen Augen*, wird von den meisten Frauen als Kompliment registriert. Diese Überhöhung ihrer grünlichen Augenfarbe ist angemessen. Aber wenn wir sie beim ersten Rendezvous als *das schönste Wesen dieses Universums* preisen, dann haben wir sie zu hoch katapultiert.

| Übung | Eignet sich das Grundmuster der Überhöhung auch für Komplimente im beruflichen Umfeld? |

10. Die Selbsterhöhung

Tatsächlich erreichen wir eine Überhöhung des anderen nicht nur dadurch, dass wir *ihn* überhöhen:

> *Eine Göttin verblasst neben dir!* (Aus: Der Guru, USA 1998)

sondern auch dadurch, dass wir uns selber überhöhen. Wir erreichen dies durch Selbstaufwertung, indem wir uns durch positive Bezeichnungen und Begriffe darstellen. Und indem wir uns selber als Besonders setzen, färbt der Glanz auch auf andere ab. Ein Beispiel nach dem Muster der Selbsterhöhung:

> *Jerry, Sie wissen, ich empfinde eine beinahe maßlose Liebe für meine eigene Intelligenz, und selbst ich denke, Sie haben mehr drauf als ich.*[24]

Wir erschaffen uns dabei selber. Ebenso wie der Begriff der *Autorität*, die wir durch Anwendung dieses Musters der Selbsterhöhung erlangen. So wie das Wort *Autorität* von dem Terminus *auctor* abstammt, etymologisch verwandt mit dem lateinischen Verb *augeo*, was nichts anderes heißt als: Ich lasse entstehen.

> **Übung**   Formulieren Sie ein, zwei Komplimente nach dem Grundmuster der Selbsterhöhung!

11. Der treffende Vergleich

> *Sie leuchten wie der Mond!*[25]

Der Vergleich zählt zu den häufigsten Komplimentformen. Wir unterscheiden den *literarischen* von dem *sozialen* oder *psychologischen Vergleich*.

a) Der psychologische Vergleich

Ziel des psychologischen Vergleichs ist es, die Unsicherheiten einer Person wegzukomplimentieren. Dazu stellen wir sie einem anderen Menschen gegenüber und lassen sie besser abschneiden (Abwärtsvergleich):

> *Du bist auf jeden Fall viel besser als der Müller.*

Wer möchte, darf ein wenig mehr Worte verlieren:

> *You do look a bit like Katie Holmes. But while Holmes is beautiful in a more conventional way, you are luminous with a delicate grace.*[26]

Für ein Kompliment in Form des psychologischen Vergleichs ist es nicht notwendig, eine bestimmte Person als Vergleichsbasis heranzuziehen. Es genügt ein allgemeines »die anderen«:

> *Ich find's hamma, dass du nicht so viel Scheiße laberst wie die Andern'n.* (Song von Culcha Candela, Hamma)

b) Der literarische Vergleich

Der Kameruner Wissenschaftler Bernard Mulo Farenkia bescheinigt den Deutschen in Bezug aufs alltägliche Komplimentieren eine Metapher-Abstinenz. Im Vergleich zu den variantenreichen afrikanischen Komplimenten fiele deutsche Einfallslosigkeit auf. Das stimmt so nicht ganz. Auch im Deutschen gibt es metaphernreiche Komplimente. So wurde der Komponist Franz Liszt (1811– 1886) einmal von einem Bewunderer mit einem »virtuosen Hexenmeister« verglichen und als »ein meisterhafter Dämon am Klavier« bezeichnet. Und einen Musikkritiker hörte ich einmal zu einem Pianisten sagen:

> *Ihre Pizzicati im Piano zeichnen eine pointilistische Landschaft!*

Praktikabel für den Alltag sind aber die weniger blumigen Vergleiche. Wie gelingt ein guter Vergleich beziehungsweise ein gutes vergleichendes Kompliment? In drei Schritten:

1. Vergleichspartikel

Wir benötigen einen Vergleichspartikel. Bei »Du bist schön wie eine Blume« lautet der Vergleichspartikel »wie«. Bei »Du bist schöner als alle anderen Frauen, die ich kenne« entspricht ihm das Wort »als«.

2. Relata

Das sind die Dinge, die wir miteinander vergleichen. Eine Frau mit einer Rose oder einen Mann mit einem Fels in der Brandung.

3. Tertium Comparationis

Nicht alle Relata passen gleich zusammen. Eine Frau mit einem Stück Holzkohle zu vergleichen geht ebenso wenig wie den Chef mit einer gelben Nelke. Einen wirklich guten Vergleich bekommen wir dann, wenn das Tertium Comparationis stimmt, also die Ähnlichkeit zwischen den Relata. Sie vergleichen Ihre Frau vielleicht nur deswegen mit einer Blume, weil Sie diese ebenso schön finden, und Ihren Chef mit Arnold Schwarzenegger, weil er ebenso erfolgreich ist. Das Tertium Comparationis wäre also einmal die Schönheit und einmal der Erfolg.

Ein gutes Beispiel für ein gelungenes Kompliment in Form dieses literarischen Vergleichs ist folgendes englische:

> *You're very complex yet very simple at the same time.*
> *Just like a lovely melody of a love song.*

Hier ist alles vorhanden: Vergleichspartikel (just like), Relata (Liebeslied/Frau), Tertium Comparationis (complex and simple at the same time).

Weniger gut dagegen ist dieses:

*In dein Gesicht voller Sommersprossen zu schauen ist wie
ein funkelnder Sternenhimmel.*

Hier passen weder die Relata (Sommersprossen – Sternenhimmel)
noch das Tertium Comparationis (funkeln) zusammen.

Wer möchte, kann den Vergleichspartikel weglassen und damit
ein Metaphernkompliment schaffen. So wie dieses, das mit dem
13. Grundmuster kombiniert wurde:

Du bist eine Strophe aus dem Blau des Himmels.

> **Übung**
>
> 1) Formulieren Sie Komplimente in Form eines litera-
> rischen Vergleichs. Dabei dürfen Sie auch humorvoll
> werden oder ernsthaft bleiben.
>
> 2) Nehmen Sie den Komplimentinhalt *Leistung/Wissen*
> und formulieren Sie ein Kompliment in Form eines
> sozialen oder psychologischen Vergleichs. Versuchen
> Sie auch Komplimente mit anderen Inhalten. Wie kann
> dieses Komplimentmuster misslingen?

12. Kürze

*You know the old classics like »you look nice«?
They still work!* (Courteney Cox)

Brevitas auf Lateinisch oder *brevity* im Englischen ist die Bezeichnung für dieses 12. Grundmuster: *Kürze.* Wir können auch
von der *lakonischen Kürze* sprechen. Dieses Muster reicht weit
in die Vergangenheit. Wir finden es bereits in der griechischen Antike bei dem Philosophen Platon (428–348 v. Chr.). In einem seiner Dialoge spricht er von *brachulogia tis lakonike.* Dabei verweist
er auf die Lakedaimonier (lakonische) beziehungsweise die Spar-

taner (spartanische Redeweise), die für die extreme Kürze ihrer Aussagen bekannt waren. Sie übten sich in diesem prägnanten Stil, der *Brachylogie* (griech. brachys = kurz) genannt wird, weil sie sich dem versierten Redefluss der Athener unterlegen fühlten. »Breviter et dilucude« lautete ihr Motto: »Kurz und klar!«

Im Zeitalter der Komplimente (17. und 18. Jahrhundert) kam die lakonische Kürze zu überraschenden Ehren. Mit der Entwicklung moderner Regierungen löste sie die bisherige Weitschweifigkeit in der Sprache des Hofes ab. Es entstand eine »höfische Kürze« in der Kommunikation des Herrschers zu seinen Untertanen und fürstlichen Beamten. Freilich, weitschweifige lange Sätze sowie die gesamte Überfülle der Prunkrhetorik wurden vom bittenden Untertan weiterhin erwartet. Kürze avancierte nur zu einem Kennzeichen der Herrschersprache.

Auch heute wirken kurze Sätze eher dominant. Das Kompliment aber nähert sich einem Menschen von der anderen Richtung, von der schmeichelnden Seite. Wir stilisieren das Herrscher-Untertanen-Verhältnis, indem wir wortreich sind. Allerdings ist nicht jeder Liebhaber girlandenartiger Sätze, und wer andere mit Rosenblättern überhäuft, übersieht womöglich, dass diese darin ertrinken. Kurze Sätze können dagegen wie ein Pfeil Amors direkt ins Herz des Adressaten treffen.

You rock![27]

| Übung | Welche Kurz-Komplimente fallen Ihnen ein? |

13. Die Du-bist-Struktur

Du bist schön, du bist klug, du bist toll.

Das klingt einfach und praktikabel. Die Herausforderung besteht in der Ergänzung. »Du bist –« ... ja was? Je origineller das folgende Wort, desto origineller das Kompliment:

Du bist hübsch in Pink.

Oder:

Du bist unnachahmlich.

Oder:

Du bist wie eine emphatische Unaussprechlichkeit!

Oder mit ein paar mehr Worten und gesiezt:

Sie sind eine mirakulöse Schönheit mit tausend Geheimnissen in jeder einzelnen Ihrer braunen Locken, und hinter jedem Wort, das Sie zu mir sagen, und in jedem Blick, den Sie mir zuwerfen, um mich vollkommen verwirrt zurückzulassen ...

Eher literarisch ernsthaft präsentiert sich das 13. Grundmuster in Kombination mit der 15. Eloquenz (das Vereinen von Gegensätzen), zu der wir später kommen:

Du bist grausam schön, lasziv und quälend, voller Lebensfreude und tiefem Ernst.

Übung

1) Ergänzen Sie »Du bist ...« mit Alternativen zu »schön« in ähnlicher Bedeutung.

2) Formulieren Sie Komplimente im 13. Grundmuster.

14. Die Alles-an-dir-Struktur

Dieses Grundmuster ist ebenfalls ganz simpel:

Alles an dir ist schön, faszinierend, blendend, umwerfend, charmant, begehrenswert ...

Hier könnten wir uns ausnahmsweise ein paar Standardfolgeworte überlegen und bei verschiedenen Menschen »recyceln«. Ökonomisches Agieren ist bei dieser Struktur erlaubt.

Übung Finden Sie Ergänzungen für »Alles an dir ist ...«.
Gibt es Unterschiede, je nachdem ob sich das Kompliment an eine Frau oder an einen Mann richtet?

15. Die Wenn-dann-Struktur

Wenn ich nicht schon verheiratet wäre, wärst du mein Traummann.

So eine Struktur lässt sich gut merken. Deswegen eignet sich dieses Wenn-dann-Grundmuster auch bestens, um mal ein lustiges Kompliment zu versuchen:

Wenn alle, die nichts von dir halten, hier wären, wärst du ganz schön einsam.

Übung Überlegen Sie sich Komplimente in der *Wenn-dann-Struktur*. Wie wäre es mit einem Kompliment für einen Ausländer? Oder einem humorvollen Kompliment?

16. Emotionswörter

Die Berufsgruppe der Sozialpädagogen zeigt oft ein ganz bestimmtes Verhalten: Sie schildern, auch ganz ungefragt, wie sie den anderen *erleben*. Sie erleben dich und sich selber, sie erleben eine bestimmte Zeit, erleben Tiere und erleben das Leben überhaupt. Man erkennt Menschen aus dem sozialen Bereich häufig an diesem Kommunikationsmuster.

Nichtsdestotrotz haben wir hier ein brauchbares Grundmuster für unsere Zwecke. Viele reagieren nämlich geschmeichelt, wenn sie ein Sozialpädagogen-Kompliment hören. Solche Komplimente beginnen mit »Ich erlebe dich« oder »Ich empfinde dich als« oder »Ich spüre, dass«:

Ich erlebe dich als einen fröhlichen und aufgeschlossenen Menschen.

Ich empfinde dich als ehrlich und offen.

Ich spüre, dass du viel Energie in dir hast.

Durch das Verwenden dieser Emotionswörter, wobei das gängigste lautet: ich »fühle«, findet im anderen eine Art Ressourcenaktivierung statt, das heißt: Vorhandene Gefühle, bisher in uns als emotionale Ressource schlummernd, werden wachgerufen. So schafft die sprachliche Verwendung von Emotionsworten von einem Moment auf den anderen eine intimere Atmosphäre. Über seine Gefühle zu sprechen gilt als private Angelegenheit. Doch obwohl wir zum Beispiel sagen: »Ich fühle mich bei dir so wohl«, sprechen wir in Wirklichkeit nicht über unsere Gefühle, sondern verwenden lediglich das Signalwort »fühlen«. Wer tatsächlich über seine Gefühle spricht, der verbalisiert das nicht durch die Verwendung von Emotionsworten. Er sagt: »Ich bin traurig«, oder: »Ich bin froh, dass du da bist.« Das Einsetzen bestimmter Worte zur Beschreibung seines emotionalen Zustandes bedeutet bereits eine Reflexion darüber. So wie man in einer Psychotherapie darüber sprechen würde. Doch all das bemerkt ein beschmeichelter Mensch nicht, wenn wir ihm das Kompliment schenken:

Ich habe das Gefühl, dass du ein wunderbarer Mensch bist.

Übung Welche Ergänzungen fallen Ihnen für Sätze ein, die beginnen mit »Ich erlebe dich …«, »Ich empfinde dich«, »Ich spüre, dass …«?

17. Soziale Verstärkung

Du hast einen tollen Charakter, das findet jeder hier.

Das Grundmuster der sozialen Verstärkung potenziert eine Schmeichelei: Nicht nur ich finde dich außergewöhnlich talentiert, sondern alle anderen auch. Wir behaupten es. Wissen können wir es nicht, denn wir kennen ja nicht jeden.

Dennoch beziehen wir uns auf alle anderen Menschen und verwenden sie als verstärkendes Element für unsere schöne Aussage. Unsichere Komplimentempfänger könnten allerdings nachfragen: »Wirklich? Wer denn alles?« Selbstbewusste aber drücken schweigend Zustimmung aus.

Übung Versuchen Sie ein paar Komplimente nach dem Grundmuster der sozialen Verstärkung.

18. Die rhetorische Frage

Questio lautet der lateinische und rhetorische Begriff für die Frage. Bekannt ist die *rhetorische Frage* aus anderen Zusammenhängen.

Fragen wir zum Beispiel: »Wie kommt es nur, dass das Leben so schön ist?« Dann erwarten wir keine Antwort, denn im Grunde heißt es: »Ich finde das Leben schön.« Der Inhalt wurde nur in die Form der Frage gekleidet. Ein Kompliment mit dem Muster der rhetorischen Frage wäre:

Sag mal, kann es sein, dass ich der schönsten Frau auf der Welt gegenüberstehe?

Und auch hierauf erwarten wir keine Antwort, denn sie ist Schmeichelei.

Formulieren Sie folgende Komplimentinhalte im Grundmuster der rhetorischen Frage. Sie dürfen, wenn Sie
möchten, lyrisch werden. Denken Sie dabei an einen
Menschen, den Sie besonders schätzen:

1) Er/Sie bedeutet Ihnen alles
2) Er/Sie bringt Sie zum Träumen
3) Sein/Ihr Blick lässt Sie alles vergessen
4) Er/Sie ist schön

19. Fünf Sinne

Das Grundmuster beruht auf einem scheinbar simplen Prinzip.
Es lautet: Achte darauf, was du beim anderen siehst, hörst,
schmeckst, riechst, fühlst. Ergebnis sind Formulierungen wie die
folgenden:

Du riechst nach Milch und Honig.

Ich fühle mich bei dir so glücklich wie sonst bei keinem.

*Du schmeckst nach Karamellpudding mit kandierten
Kirschen.*

Dieses Prinzip ist so einfach wie bedeutsam – das Werkzeug von
Dichtern. Rainer Maria Rilke verwendet dafür das Bild von der
»mit fünf Hebeln gleichzeitig angegriffenen Welt«.[28] Denn es geht
auch um eine Zusammenarbeit der fünf Sinne. Wer einen Menschen mit allen fünf Sinnen erfasst, der hat ihn mit seinem gesamten Wahrnehmungsspektrum erkannt.

Bilden Sie Komplimente nach dem Grundmuster der
fünf Sinne.

20. Subjektivität

Ich finde Sie wunderschön!

Wer das Grundmuster der Subjektivität verwendet, sagt immer die Wahrheit. Niemand kann uns nachweisen, dass unser Empfinden falsch ist. Gefühle sind eben subjektiv. Ebenso wie der Geschmack. Oder auch eine Meinung. Wir finden gerade diesen hässlichen Menschen schön und diese Dellen in den Oberschenkeln jener Frau sind für uns wie die milchig-verträumte Oberfläche des Mondes. Jeder ist eben anders.

Dieses Muster wirkt natürlich, weil es gut in die Alltagssprache passt. Die subjektive Perspektive hat eine hohe Glaubwürdigkeit und sie lässt sich wunderbar mit dem 16. Grundmuster der Emotionswörter kombinieren:

Ich fühle mich einfach wohl in deiner Nähe.

»Ich meine«, »Ich denke«, »Ich glaube« und andere Einstellungswörter sind tadellose Varianten zu »Ich finde«. Auch für Vermutungen ist Platz:

Ich vermute, so wie Sie sich hier präsentieren, dass Sie eine außerordentlich kompetente Person sind.

Und für Sehnsüchte:

Ich will Sie unbedingt näher kennenlernen, Sie haben mich vollkommen verwirrt. Wann darf ich Sie anrufen?

> **Übung**   Versuchen Sie ein paar Komplimente nach dem Muster der Subjektivität zu formulieren. Nehmen Sie folgende Komplimentinhalte: 1) Augen 2) Nähe 3) Hände.

15 ELOQUENZIEN
FÜR SPRACHLIEBHABER

Du bist schön wie ein festlicher Tag.

Genügt das Wissen über die Grundmuster, um ein gutes Kompliment zustande zu bringen? Ja. Aber es ist wie mit einer Portion Pommes und einem trüffelgarnierten Gratin. Das eine schmeckt und das andere kann ein unvergleichlicher Genuss sein. Dass ein Gourmetkoch bei den Frauen beliebter ist als ein Mann, der nur eine Friteuse in der Küche hat, ist klar. Dass aber Eloquenz und raffiniert formulierte Komplimente nicht nur einem Mann, sondern auch einer Frau gut stehen, muss nicht erwähnt werden. Wenn sich der Verstand entsprechend auszudrücken versteht, dann kommen Sätze nicht im Schlabbergewand daher, sondern in Brokat.

Freilich, die Wortspiele, Rhythmusüberlegungen zur Satzstruktur, die kleinen sprachlichen Raffinessen – ich nenne sie die **Eloquenzien**, weil sie zu einem versierteren Umgang mit Sprache führen – sind ein Mehr, das Arbeit erforderlich macht und Übung. Auf der anderen Seite kann nicht jeder wohlüberlegt nach Wirkungsgesichtspunkten ein Kompliment mit der Stilfigur Wunsch konstruieren oder bewusst Harmonie in seine Sätze bringen oder die schönen Gedanken in Form einer effektvollen rhetorischen Frage äußern. Worte gezielt zur Evokation von Gefühlen einsetzen zu können, ist eben eine *anspruchsvolle Rhetorik*.

An die Arbeit!
Machen wir uns zunächst bewusst, was für eine wunderbare Sprache das Deutsche ist. Und was für eine Bandbreite an Ausdrucksmöglichkeiten zur Verfügung steht! Theoretisch. Denn im Alltag

verwenden wir leider nur eine geringe Menge aus der Vielzahl möglicher Varianten, besitzen nur einen restringierten Sprachcode, sagen »okay« für alles und jedes, obwohl um so viel differenzierter formuliert werden könnte. Wie zum Beispiel ist der heutige Morgen? Okay? Ja natürlich, aber darüber hinaus ist er *sonnig, hell, herausfordernd* oder *melancholisch* oder *regenverhangen* oder *sprühend* oder der schönste meines Lebens, weil ich heute endlich mal so früh aufgestanden bin, dass ich den roten Sonnenaufgang über den Dächern Berns gesehen habe. Es gibt über jeden Morgen mehr zu sagen als nur »okay«.

Die Wortschatzarbeit

Der Begriff *deutsch* stammt von dem althochdeutschen Wort *diutisc* ab mit der Bedeutung *volksmäßig* zu *diot*, der Bezeichnung für *Volk*. Das Deutsche gehört dem westgermanischen Sprachzweig des Indoeuropäischen an. Es wird in verschiedenen Dialektvarianten von etwa 100 Millionen Menschen in Deutschland, Österreich, der Schweiz, Liechtenstein, Elsass, Südtirol und Luxemburg als Muttersprache gesprochen. Als eine der großen Sprachen dieser Welt findet sie sich auf Platz 10 der Sprachen als Muttersprache und auf Platz 12 der Sprachen als Amtssprachen. Umso schlimmer, wenn manche Muttersprachler nur etwa 400 bis 800 Worte verwenden, obwohl der Wortschatz der deutschen Standardsprache auf etwa 75.000 Wörter geschätzt wird! Und die Gesamtgröße des Deutschen liegt sogar zwischen 300.000 bis 500.000 Wörtern.[29] Bereits ein zweijähriges Kind versteht auf dem Niveau einer Sprachkompetenz von 500 Wörtern. Einige von uns könnten also auf dem Sprachniveau eines Kleinkindes geblieben sein.

Wer dagegen literarische Texte lesen und verstehen will, benötigt einen größeren Wortschatz. Wir müssen uns nicht sofort an die großen Klassiker heranwagen, denn zum Beispiel Goethe verfügte über einen Wortschatz von etwa 80.000 Wörtern, um seine Gedanken auszudrücken. Wir können aber zur Wortschatzerweiterung ohne große Anstrengung regelmäßig anspruchsvolle Zeitungen und Zeitschriften lesen, die den Wortschatz auf 4000 bis 5000 Wörter erweitern. Vorausgesetzt, wir schlagen nicht verstan-

dene Begriffe nach. Darüber hinwegzulesen fördert keine Sprachkompetenz.

Wer gerne chattet oder simst, kann dieser Anstrengung entgehen. Hier ist es ganz einfach, sich sogar unter dem Niveau eines
Zweijährigen zu unterhalten. Chatten lässt sich bereits mit einem
kümmerlichen Gesamtwortschatz von 100 bis 200 Wörtern.

Was aber bringt uns ein erweiterter Wortschatz?

Eloquenz. Verbalisieren können, was sich sonst nur unbe-
stimmt umschreiben ließe, sich dem anderen verständlich machen,
wo sonst Unverständnis herrschte. Einer Frau sagen zu können,
warum sie schön ist und was an ihr das Einzigartige ist. Eloquenz
ist die verlorene Eigenschaft moderner Menschen, Merkmal differenziert und detailreich denkender Menschen, Quelle von Esprit.

Vom Nutzen der aufgeschnappten Wortschönheiten

Der Wortschatz ist wie ein lebendiger Organismus. Manches al-
tert und ist heute nicht mehr recht zu gebrauchen. Neues kommt
hinzu, Erfahrungen, Wissen, neue Techniken, die Altes vergessen
lassen. Wir leben im Heute und in dieser Minute, Sekunde für Sekunde mitsamt ihrer Begrifflichkeiten, die neu geboren werden.
Und so gibt es viele vergessene Worte, wunderbare Begriffe aus
dem 17. oder 18. Jahrhundert, die an Aktualität verloren haben
und für heutige Ohren ganz unverständlich sind. So ist zum Beispiel das Wort *merkwürdig* gar nicht mehr im Sinne von *des Mer-
kens würdig* im Sprachgebrauch. Und das schöne Wort *reizend*
wird nur noch von älteren Menschen verwendet. Dabei steckt im
reizend der *Reiz* und die *Verlockung*, was durch den heutigen
Gebrauch von dem eher üblichen reizenden Kind ganz und gar
ausgeklammert wird. Eine *reizende* Frau ist aber nicht zu vergleichen mit der Harmlosigkeit eines reizenden Kindes. Eine Frau
ist *verführerisch, spielerisch, prächtig, weich, aktiv lockend*, und so
ist das *reizende Kind*, das Goethe gerne verwendet hatte, eine ver-
harmlosende Umschreibung für den lockenden Reiz eines jungen
Mädchens in den Augen eines älteren Mannes.

Sicher ist es illusorisch, die Möglichkeiten des Wortschatzes
jeden Tag ausschöpfen zu wollen. Wir sind nun mal keine Berufs-
literaten. Aber in besonderen Momenten, und dazu gehört der

Moment des Komplimentierens, ist es schön, wenn die passenden Worte verfügbar sind. Es ist nicht notwendig, dass wir alle Worte täglich verwenden oder lesen, nein, sie gehören in den *passiven Wortschatz*. Dort schlummern Begriffe, die wir irgendwann einmal gehört haben, im Deutschunterricht gelesen oder in einer stillen Stunde erschmökert haben, seltener im Fernsehen oder Kino gehört haben, aber dann und wann vielleicht schon.

Diese Begriffe oder Konglomerate von Worten haben uns gefallen, und wer meint, sie seien nicht mehr da, irrt sich. Sie sind da. Sie verbergen sich nur in kleinen neuronalen Netzwerken, als wunderbar rotes Muster gespeichert, und in der richtigen Situation leuchten sie wieder auf. Beim Kerzenschein kommen dann Sätze von großer Schönheit zum Vorschein, wie zum Beispiel:

Du und deine langbeinige Seele ...

Ein merk-würdiger Mann, dem solche Sätze einfallen. Der sie direkt aus meinen Augen gelesen hat. Und der verschweigt, dass er sich diese Wendung aus der US-Soap *Dr. House* gemerkt hatte. Reden ist Silber, Schweigen Gold in solchen Momenten.

Wie eine gute Figur Gefühle weckt

Dialectica docet, Rhetorica movet.[30]

Seit der Antike, ja sogar seit Menschen überhaupt über Sprache nachdenken, weiß man, dass es besondere Formen des Ausdrucks gibt, die vom Gewohnten abweichen und deren Untersuchung in rhetorischen Lehrschriften enthalten ist. Man bezeichnet diese ungewöhnlichen Raffinessen als *figures de rhétorique* oder *rhetorische Figuren*. Audomarus Talaeus vermutet im Jahr 1577, dass die Bezeichnung *Figur* von der Maske der Schauspieler im antiken Griechenland stamme. In der Tat werden die rhetorischen Figuren verwendet, um sich wie ein Schauspieler zu verwandeln, um *Euphonie*, also Wohlklang, zu erzeugen, statt in Kakophonie (dem unangenehmen, unästhetischen Klang) zu enden. Um auch ein

Kompliment harmonisch klingen zu lassen, ist ein gewisses Stilbewusstsein erforderlich, das durch das Wissen um den Einsatz von Stilfiguren erreicht wird. Diese dienen dem Ornament, sind Sprachschmuck und veredeln schlichte Sätze zu kleinen Sprachkunstwerken.

Doch mit Wohlklang und guten Inhalten alleine ist es nicht getan. Jedes Kompliment erhebt Anspruch darauf, geglaubt zu werden. Damit hat es eine persuasive (überredende/überzeugende) und eine argumentative Absicht. Der schöne Klang, die sorgfältig ausgesuchten Worte und die überlegte Anordnung und Reihenfolge ihrer Auflistung ist nicht nur der Schönheit willen, sondern erfolgt in der Absicht, die Gefühle des anderen zu berühren. Wenn unsere Worte niemanden berühren, wozu dann ein Kompliment? Es verlöre seine Existenzberechtigung, würde zur zwar schönen, aber leeren Schale. Wer rhetorische Figuren einsetzt, hat immer das Ziel, im anderen eine bestimmte Emotion hervorzukitzeln.

Seit Jahrhunderten beschäftigt sich die Rhetorik mit der Frage, wie es zu erreichen ist, dass ein definiertes Gefühl durch Verwendung bestimmter Stilmittel in anderen hervorgerufen wird. Ein allgemeingültiges Regelwerk konnte bis heute nicht aufgestellt werden. Aber es entstand die *Affektenlehre*, die Lehre von der Beschaffenheit, der Wirkungsweise und dem funktionalen Einsatz von Worten und Sätzen. Sprache soll bewegen, soll Emotionen hervorrufen, soll den anderen komplett aus dem Häuschen bringen – wenn wir das wollen. Sie kann aber auch anders verwendet werden, kann beruhigen, einschläfern und einlullen. Doch erst müssen wir unsere Sprache wirklich beherrschen, bevor wir sie als Instrument einsetzen, um auf der Klaviatur der Gefühle spielen zu können.

1. Wortwahl & Kombination

Mit der Auswahl der Worte beginnt die Kunst des Kompliments. Beim 13. Grundmuster (Du-bist-Struktur) klang die Bedeutung der richtig gewählten Worte schon an. Was aber ist ein »richtiges«

Wort? Richtig ist ein Wort, das passend ist. Es ist passend zu unserem Gegenüber, passend als Ausdruck unserer Empfindung und passend zum Kontext. Es genügt ein einzelnes Wort, um tausend Empfindungen auszudrücken.

Beginnen wir mit den Adjektiven. Der Begriff *Adjektiv* stammt vom lateinischen *ad* mit der Bedeutung *zu, hin* und *iacere, werfen*, ab. Wir »werfen« also ein Wort zu einem anderen hin, um es zu konkretisieren. Bei dem Satz »Du hast einen schönen Mund« haben wir »schön« zu dem Hauptwort »Mund« geworfen, um es näher zu beschreiben. Wir können alle möglichen Wörter hinwerfen, auch zu Verben: »Du hast einen tollen Gang« – hier haben wir den Gang mit »toll« beschrieben.

Nun sind die Worte »schön« und »toll« nicht außergewöhnlich. Es sind gängige Adjektive. Sie zeugen noch nicht von besonderer Eloquenz, weil sie so oft verwendet werden. Anders ist es, wenn wir ihren Gang als »geschmeidig« bezeichnen oder »zart« oder »moosgrün« oder »samtweich«.

Achten wir aber nicht nur auf die Adjektive, sondern auch auf die Hauptworte. Sie bestimmen ja den Inhalt des Kompliments. Nehmen wir das gewöhnliche Augenkompliment (»Du hast schöne Augen«). Ihre Augen sollen also Inhalt sein. Aber warum so sachlich? Die Augen sind mehr als ein Organ. Was tun die Augen? Sie blicken uns an. Es sind also gar nicht die Augen eines Menschen, die uns faszinieren, sondern es ist ihr Blick. Wählen wir das Wort »Blick«, dann umfasst dieser Begriff so viel mehr als nur das »Auge«. Und ebenso ist das Vorgehen: stets das Wort wählen, das mehr Bildhaftigkeit hat und welches weniger häufig in der Alltagssprache vorkommt. Statt der Beine den Gang, statt des Munds die Lippen, statt der Hände die Finger, statt des Hinterns die Hüften, statt der Füße die entzückenden Zehen.

Und nun beginnen wir darüber hinaus zu kombinieren: das seltener thematisierte Hauptwort mit ebenso seltenen Adjektiven. Dann wird sie nicht nur »hübsche Augen« haben, sondern einen »seidigen Blick« oder einen »grasgrünen Blick« oder einen »kastanienbraunen«. Und wenn das zu mutig sein sollte, dann sollte sie statt der »blauen« Augen zumindest »kobaltblaue« haben oder wenigstens »enzianblaue«.

Aber diese 1. Eloquenz geht über die Kombination nur zweier Worte hinaus. Wir wollen ja nicht immer nur im 12. Grundmuster bleiben und kurze Komplimente verlieren. Im Gegenteil, dem Fantasieren honigsüßer Worte dürfen wir uns hingeben bis zur Grenze der Glaubwürdigkeit.

Sehen wir folgendes Kompliment an:

> *Du bist wie ein Lächeln, das noch nicht gelacht hat, und wie ein Kuss, der mich noch nicht geküsst hat.*

Der Gedanke dafür stammt von dem Dichter Christian Morgenstern (1871–1914) und ist nicht schlecht. Das Besondere daran ist, dass wir die Wortstellung ändern können und es immer noch ein interessantes Kompliment bleibt:

> *Du bist wie ein Lächeln, das noch nicht geküsst hat, und wie ein Kuss, der noch nicht gelächelt hat.*

Der Grund liegt allein in den zueinander passenden Worten: Lächeln und Kuss beziehungsweise lächeln und küssen. Ebenso können wir andere schöne Worte kombinieren, selbst und gerade dann, wenn deren Kombination aus dem Rahmen fällt, wie zum Beispiel die Worte *Blüten, Bäume, schneien.*

> *Du bist eine Blüte im Schnee.* (13. Grundmuster, Du-bist-Struktur)

> *Für mich bist du wie ein blühender Baum im Schnee, genauso ungewöhnlich und schön.* (11. Grundmuster, Treffender Vergleich)

> *Sie sind mir aufgefallen, unter all den anderen hier sind Sie wie ein Blüte im Schnee.* (Compliment Opener)

Äußerst wirkungsvoll ist die Verknüpfung von Wörtern aus unterschiedlichen Wahrnehmungsbereichen. Einen Duft riecht man und Geschmack schmeckt man normalerweise. Aber durch Ver-

tauschung und Kombination entsteht etwas in Verbindung mit
dem 20. Grundmuster, Subjektivität:

Dein Duft zergeht mir auf der Zunge.

Du schmeckst nach honigfarbenen Pfirsichblüten.

*Deine Augen lassen mich empfinden, was ich bisher noch nie
für eine Frau empfunden habe.*

*Es gibt keine Gegend in meinem Herzen, in der du noch
nicht gelegen bist.*

Oder im 13. Grundmuster, Du-bist-Struktur:

Du bist meine blonde Blume.

Oder wie aus einem Song von Herbert Grönemeyer:

Mit dir seh ich Perspektiven in Gold. (11. Grundmuster,
Treffender Vergleich)

Wie lyrisch wir werden dürfen, hängt davon ab, ob wir uns so
äußern wollen. Aber auch von der Einschätzung, ob es dem Gegenüber wohl gefallen würde, wenn wir blütenzarte Worte hauchen. Gerade der Kontrast zwischen der Statur des Sprechers und
der Feinheit gewobener Sätze kann charmant sein. Und vielleicht
kommt es dem einen oder anderen triefend wie ein überreifer Pfir-
sich vor und niemals würde er so etwas zu jemandem sagen. Aber
manchmal ändert man seine Meinung, wenn das passende Gefühl
die Unterlage für das Kompliment bildet.

Übung	Überlegen Sie Komplimente mithilfe von Kombinationen folgender Worte: *Schönheit, Garten, Schatten, Träume, küssen, Körper, Gedanken, anschauen, Wünsche.* Verwenden Sie als Basis ausgewählte Grundmuster.

2. Die Stellung der Worte im Satz

Du? Du bedeutest mir alles.

Ein einfacher, in sich logischer Satz, der allen Regeln der Grammatik folgt, lässt sich durch einen kleinen Eingriff so nuancieren, dass die Ästhetik der Worte um ein Vielfaches gesteigert wird: Durch Vertauschen der gewöhnlichen Wortstellung im Satz wandelt er sich auf geheimnisvolle Art. Sagt man

Du bist schön

ist dieser Satz ein nettes Kompliment. Verändern wir aber die Wortstellung und machen daraus ein

Schön bist du

dann ziehen wir auf diese Weise den letzten Rest Nüchternheit aus der Aussage und bewegen uns in die selbstlose Bewunderung des anderen hinein, der sogenannten Admiratio. Das Kompliment wirkt intensiver, weil »schön« am Satzanfang allein durch seinen Wortklang der Aussage Volumen gibt. Denn es ist ja gerade die Schönheit, die betont werden soll, denn diese haftet einer Frau an. Das »Du« ist selbstverständlich.

> **Übung**
>
> Nach vielen Jahren treffen Sie eine gute Freundin wieder, die sich darüber beklagt, älter geworden zu sein. Formulieren Sie ein Kompliment über ihre »schönen Augen, denen die Jahre nichts anhaben konnten«. Variieren Sie es so, dass das Kompliment zunächst distanziert ausfällt und dann immer intensiver wird.

3. Das Erzeugen spannender Komplimente

Bei Drehbüchern und Romanen ist ein *Spannungsbogen* der Garant für den Erfolg. Langweilige Bücher liest keiner, langweilige Filme will keiner sehen. Wie erzeugt man aber spannende Komplimente? Durch eine indirekte Einleitung. Sie holen dafür ordentlich aus und leiten das spätere Kompliment wortreich ein. Der Fernsehkoch Johann Lafer macht eines vor:

> *Ich komm ja aus der Pfalz, dort isst man gut, isst man deftig, aber nicht so gut, wie der Kolli heut gekocht hat!*[31]

Johann Wolfgang von Goethe übrigens verwendete indirekte Einleitungen als Element zur Spannungserzeugung auch gerne. Bei ihm klingt es so:

> *Letztens fragte mich jemand, ob du mir gefällst. Gefällst! Was für ein blödes Wort. Denn was muss das für ein Mensch sein, dem du nicht gefällst!*[32]

Hinter den Worten steckt das 17. Grundmuster: Soziale Verstärkung. Es lautet: Du gefällst jedem Menschen. Das ist nett. Aber die Wirkung lässt sich verzehnfachen, wenn wir das, was wir als Komplimentinhalt haben, einleiten. Es ist wie ein Geschenk, das nur deswegen in buntes Geschenkpapier mit roten Schleifen eingewickelt ist, damit die Neugierde erhöht und die Freude später umso größer ist.

Übung

Formulieren Sie ein spannungsreiches Kompliment für eine Frau mit dem Inhalt, dass sie hübsch in ihrem Kleid aussieht.

4. Die treffende Beschreibung von Eigenheiten

Aber Sie sind schön Carol, Ihr Rücken, Ihr langer Hals, Ihre Rundungen! Sie hätten schon die Höhlenmenschen inspiriert!
(Besser geht's nicht)

Eine positive Beschreibung des anderen stellt immer auch ein gelungenes Kompliment dar. Die Grundlage des Erfolges für beschreibende Komplimente ist das Versteckte, das nicht unmittelbar Sichtbare. So sagte Marie Curie (1867–1934) über ihren Mann, dass sie an ihm ihr Leben lang seine kontemplative Seite geliebt habe und seinen ernsten, gedankenverlorenen Gesichtsausdruck, der sie sofort angezogen hätte. Solche Worte sind Maßstab für gutes Beschreiben.

Beschreiben heißt, einen Menschen durch (wieder-)erkennbare Züge zu porträtieren, durch das Aufzählen von Details oder pointiertes Fokussieren auf wesentliche Merkmale und Charaktereigenschaften. Wenn die Beschreibung einer Person einem Fremden sofort einen bildlichen Eindruck vermittelt, dann ist sie gelungen, auch als Kompliment.

Auf welchem Weg gelangen wir zu einer treffenden Beschreibung?

Durch das zergliedernde Verfahren. In den Mittelpunkt werden kleinste Eigenarten gerückt, die zum Übersehen wie geschaffen sind. Die Eleganz, mit der eine Frau eine Teetasse abstellt, oder der Schwung, mit dem sich ein Mann auf sein Rad wirft, die Kopfbewegung, wenn er sich nach uns umblickt, oder das Zwinkern, bevor er losfährt. Der ältere Geschäftsmann, der eine junge Studentin überzeugte, die Nacht mit ihm zu verbringen, hatte mit folgenden Worten Erfolg:

Du, mit deinem wunderbar charakteristisch gerollten R, das in voller Überzeugung sagen wird: No, je ne regrette rien!

Die Schönheiten eines Menschen ließen sich bis ins Unendliche aufsplittern. Wer sich vor Augen führt, dass der medizinische

Wortschatz allein 10.000 Termini für die Bezeichnung von Organen und Organteilen bereithält – das ist die Zahl, die angeführt wird, wenn man nach der durchschnittlichen Wortzahl eines akademisch Gebildeten fragt –, dem wird deutlich, dass eine Person unendlich nuancenreich und bis in die kleinsten Facetten ihres Aussehens und Charakters anatomisiert werden kann. Damit einher geht die ungefähre Vorstellung, wie viele Komplimente Sie ein und derselben Person machen können und wie lange dies dauert, ohne dass Sie sich auch nur ein einziges Mal wiederholen werden.

Übung	Finden Sie beschreibende Komplimente für einen Menschen, den Sie lieben. Welche besonderen, für andere unsichtbaren Kleinigkeiten fallen Ihnen zu seiner Person oder seinem Aussehen ein?

5. Die Steigerung des Schönen

Gute Figur!

Mit diesem Kompliment halten wir uns im Erdgeschoss möglicher Steigerungen auf. Jeweils eine Etage höher klettern wir mit:

Tolle Figur!

Wahnsinnig, deine Figur!

Wahnsinnig, deine Figur, ist bin sprachlos!

Wahnsinnig, deine Figur, die haut mich um, das Perfekteste, was ich je an einer Frau gesehen habe!

– und noch höher, indem wir mehr und länger darüber reden. *Klimax* ist die rhetorische Bezeichnung für Steigerungen dieser Art. Der Begriff stammt aus dem Lateinischen und bedeutet *Leiter*. Wir klettern also sprachlich die Leiter hinauf, wenn wir Sätze steigern. Dabei können Sätze in zarten Schattierungen das Ergebnis einer solchen Klimax sein oder welche in grellen Farben. Das kommt ganz auf die Situation an, auf die Stimmung, in der wir und in der unser Gegenüber sich befindet.

Wir können auf ganz unterschiedliche Weisen ein Kompliment steigern. Die erste Form der Steigerung hat folgenden gedanklichen Hintergrund: Eine Aussage kann wahr sein, weil ich sie ausspreche. Sie ist aber noch viel wahrer, wenn ihr alle im Raum zustimmen. Sie muss aber dann auch am wahrsten sein, wenn alle auf der ganzen Welt derselben Ansicht sind:

1. Stufe:

Wenn ich dich ansehe, dann bin ich glücklich.

2. Stufe:

Jeder hier ist glücklich, wenn er dich nur ansieht.

3. Stufe:

Jeder, der dich ansieht, ist in diesem Moment glücklich.

Nun können wir zusätzlich noch einzelne Verben steigern – glücklich, glücklicher, am glücklichsten – und auf diese Weise immer intensiver werden:

4. Stufe:

Wer dich nur ansehen darf, ist der glücklichste Mensch auf der Welt.

Ob wir dabei korrekte grammatikalische Steigerungsformen verwenden, ist nebensächlich. Es zählt nur der schöne Inhalt. Wir dürfen auf tausenderlei Arten variieren. Anstatt zart, zarter, am zartesten können wir semantisch steigern: zart, weich, vollkommen oder zart, watteweich, wunderschön oder mit einer Alliteration veredeln[33]: zart – zärtlich – zauberhaft.

Alles an dir ist zart, weich, einfach vollkommen. (Kombiniert mit dem 14. Grundmuster)

Der geschickte Einsatz der 15. Technik der Glaubhaftmachung (siehe S. 190) kann das Kompliment charmanter und glaubwürdiger erscheinen lassen:

Du bist wunderschön, ach was, du bist wirklich die schönste Frau, der ich jemals begegnet bin!

> **Übung**   Kann es eine Steigerung von »Du bist die schönste Frau« geben?

6. Die wirkungsvolle Übertreibung

Bei dir wird jedes Kompliment zur Wahrheit!

Die Übertreibung ist so sehr mit dem Wesen des Kompliments verwoben, dass sie als dessen besonderes Merkmal gelten darf. Es gibt die unterschiedlichsten Varianten, gekonnt zu übertreiben und dabei immer unterhalb der Oberfläche des Zuviel zu bleiben. So können wir etwa durch einen Überraschungseffekt (siehe 14. Eloquenz) einleiten und damit die anschließende Übertreibung bunter aussehen lassen. Auf die Frage: »Hat dir das Essen geschmeckt?«, lautet dann das Kompliment:

Nein – es war ein kulinarisches Erlebnis!

Kombiniert mit der 2. Eloquenz (Wortstellung), steigert es die Wirkung noch ein Stückchen:

Nein, ein kulinarisches Erlebnis war es!

Noch intensiver und duftender wird unsere Schmeichelei, wenn die Verneinung ausgekostet wird, zum Beispiel so:

*Nein, geschmeckt, geschmeckt hat es mir nicht – schmecken
tut ein Rindsbraten. Dein Rinderfilet in Weißwein aber, ein
Genuss! Das Beste, was ich je gegessen habe.*

Und apropos Rindsbraten, der Diplomat Charles-Maurice de
Talleyrand-Périgord (1754–1838) verstand es in brillanter Weise,
seine höflichen Äußerungen durch übertreibende Variationen
der Wortfülle dem jeweiligen Gegenüber anzupassen. Wenn er
empfing, stufte er seine Höflichkeit je nach Rang und der Bedeutung seiner Gäste ab. Während er den Braten tranchierte,
fragte er:

> *»Herr Herzog, werden Eure Gnaden mir die Ehre erwei-
> sen, ein Stück von diesem Rindsbraten anzunehmen?
> Herr Marschall, darf ich die Ehre haben, Ihnen ein Stück
> Rindsbraten anzubieten? Graf, habe ich das Vergnügen,
> Ihnen ein Stück Rindsbraten zu reichen? Mein lieber
> Baron, wollen Sie ein Stück Rindsbraten? Mein Freund,
> nehmen Sie doch ein Stück Rindsbraten!« Und dem Gast
> am hinteren Ende des Tisches warf er nur ein Wort hin:
> »Rindsbraten?«*

Es gibt fünf raffinierte Formen der Übertreibung: Übertreiben
durch Wortvielfalt, Superlative, durch Absolutsetzen der In-
tention des anderen, Verdoppeln und durch fantasievolle Unmöglichkeiten. Kennen sollte man sie alle. Denn dann können
wir mit ihnen spielen und sie je nach Reaktion des anderen
dosieren.

Übertreiben durch Wortvielfalt

Eine Aussage ohne Erkenntnisgewinn nennt man abundant. Von
dieser wird in der Regel abgeraten. Nur bei Komplimenten nicht.
Sie dürfen aus funkions-, inhalts- und wesensgleichen Wörtern
zusammengesetzt sein, die keinen eigentlichen Mehrwert an Information bieten.

Gesteht mir jemand, dass er mich für einen klugen, raffinierten und hellen Kopf hält, dann war die Ausdrucksweise abundant, ja sogar redundant: *klug, raffiniert, heller Kopf* – diese Worte haben eine so ähnliche Bedeutung, dass die Aneinanderreihung keine neuen Aspekte aufwirft. *Akkumulation* nenne ich diese Methode, eine Person mit thematisch zusammengehörigen Worten zu überhäufen. Das ist eine Bonbonbombe an Schmeichelei. Aber eine glaubhafte. Denn nicht immer fallen uns gleich die richtigen Begriffe für die Unvergleichlichkeit eines Menschen ein. Wir probieren Sie noch während des Sprechens aus und wiederholen uns, was sich nicht verhindern lässt. Auf diese Weise lassen wir unser Gegenüber an der Suche nach dem passenden Wort teilhaben. Zumindest scheint es so, weswegen es auch gerne geglaubt wird.

Übertreiben durch Superlative

Wer mit Superlativen jongliert, hat damit nur dann Erfolg, wenn er glaubwürdig bleibt:

> *Du bist für mich die einzige Freude im Leben.*

Das ist zu offensichtlich unwahr. Selbstverständlich gibt es neben einer Frau für einen Mann auch noch andere Freuden: ein Steak, ein guter Wagen, ein Bier vor dem Fernseher, die heimliche Geliebte. Und einer Frau fallen auch noch eine Menge anderer Dinge ein, die mit einem Mann konkurrieren können.

> *Du bist für mich die größte Freude im Leben*

– klingt realistischer. Es gibt vieles, was wir mögen, aber das, was wir am meisten mögen, ist dieser ganz besondere Mensch an unserer Seite, wer immer es in diesem Augenblick auch sein mag. Verwenden wir also besser den Superlativ (die schönste, beste, klügste usw.) als die Alleinstellung (einzige, alleinige und so weiter). Aber es gibt auch Ausnahmen. So wird das Männerkompliment:

> *Du bist der Beste, den ich je im Bett hatte*

häufig ganz unkritisch aufgenommen und gerne geglaubt. Hier wäre eine Relativierung wie zum Beispiel:

> *Du bist der Beste, den ich in letzter Zeit hatte*

ganz schädlich.

Übertreiben durch Absolutsetzen der Intention des Fragenden

Häufig können wir erahnen, was der andere hören will. Meist wird er eine jener vollkommenen Antworten hören wollen, die nur selten gesagt werden. Fragt eine Frau: »Wie findest du meine Augen?«, will sie nicht hören: »Hübsch«, sondern vielleicht folgende Übertreibung:

> *Wie Saphire, die von tausendundeinem Märchen erzählen.*

Und jemand, der uns um einen Gefallen bittet, wünscht sich insgeheim dieses Kompliment als Antwort:

> *Ich schlage dir keine Bitte aus, wenn sie nicht mehr ist als mein Leben.*

Wir greifen also beim Formulieren nach der Absicht des Fragenden, bauschen sie auf und setzen sie in ein Kompliment. Das wirkt nett und beschämt um Komplimente heischende Menschen. Aber es ist ein freundlicher Konter und eine feine Art, Bewunderung zu zeigen.

Übertreiben durch Verdoppeln

Mit einer Dopplung der Worte lässt sich viel erreichen. Sie unterstreicht die Natürlichkeit und Selbstverständlichkeit des Kompliments. Beginnen wir mit einer einfachen Verdopplung:

Sie sind gut, wirklich gut.

Oder am Satzanfang:

Du? Du bist der Cleverste von uns allen.

Wir können auch wiederholen und dabei grammatikalisch variieren:

Sie? Ihnen kann doch keiner was vormachen.

Je häufiger wir ein und dasselbe Wort in einem Kompliment verwenden, desto »niedlicher« kann es wirken:

Ich mag dein Haar sehr gern. Ich mag aber auch deine Art gern. Und deine Ausstrahlung hab ich auch gern. Eigentlich hab ich alles an dir gern.

Diese Wiederholungen verleihen dem schmeichelnden Inhalt Nachdruck. Das ist schön, und niedliche Komplimente sind etwas Feines für niedliche Kontexte und neckische Momente.

Raffinierter werden wir, wenn wir mit der Technik der fingierten Selbstkorrektur (siehe S. 190) und der Stilfigur der Klimax (siehe 5. Eloquenz) spielen:

Du bist hübsch. Hübsch? Nein, das mein ich gar nicht. Schön bist du.

Oder nur mit einer Klimax arbeiten:

Du bist toll. Toll und genial.

Oder nur mit der fingierten Selbstkorrektur:

Bezaubernd bist du, nein, nicht das richtige Wort.
Oder doch, es gibt kein passenderes: Du bist einfach nur
bezaubernd.

Noch versierter der Umgang mit den sprachlichen Elementen, wenn wir bewusst semantisch verdoppeln, also ein anderes Wort wählen, das aber gleiche oder ähnliche Bedeutung hat. Eigenartigerweise findet sich gerade in der Bibel ein beispielhaftes Kompliment mit semantischer Verdopplung. Es steht im Hohen Lied Salomons und lautet:

Alles an dir ist schön, du hast keinen Makel.

Wollen wir stilistisch noch anspruchsvoller formulieren, dann bietet sich die wunderbare Figur des Chiasmus an. Der Begriff stammt von dem altgriechischen Wort *chiasmos* ab, mit der Bedeutung: überkreuzen. *Chi* ist auch der griechische Buchstabe X, der ebenfalls überkreuzt aussieht. Der Chiasmus ist also eine X-Figur. Die Wörter zweier Sätze überkreuzen sich, indem sie Anfangs- und Endposition jeweils vertauschen. Ein Kompliment mit X-Figur wäre:

Schön bist du, mein Engel, du bist schön.

Ihren Charme entfaltet die X-Figur, wie auch alle anderen Eloquenzien, freilich nicht durch ihre Struktur allein. Sie bildet nur das magere Gerüst. Die Worte klingen banal. Sie wirken einfach in meinem Arbeitszimmer nicht, in dem niemand ist, zu dem ich sie sagen könnte. Und auch wenn ich das Fenster öffnen würde und sie den Spaziergängern zurufen würde, kämen sie nicht gut an. Komplimente leben eben nur in besonderen Momenten. In allen anderen Situationen sind sie tot und wir können nur erahnen, dass sie im richtigen Augenblick für den richtigen Menschen ein wunderbares Erlebnis sein können. Doch noch ein anderer Grund führt dazu, dass wir einige Eloquenzien vielleicht unterschätzen:

Wir lesen die Komplimente nur. Wir hören sie nicht und wir sprechen sie nicht aus. Aber das sollten wir. Denn gerade bei der Verdopplung kommt der Sprachmelodie und der Betonung besondere Bedeutung zu, ebenso wie den Pausen. Lassen wir uns Zeit beim Aussprechen der Worte. Dem Entblättern von Einzigartigem steht diese Zeit zu.

Übertreiben durch fantasievolle Unmöglichkeiten

> *Außer dir gibt es keinerlei Vollendung auf dieser Erde.*

So heißt es in einem Märchen aus Tausendundeiner Nacht. Dieses Kompliment ist ein Beispiel für die Übertreibung durch fantasievolle Unmöglichkeiten. *Adynaton*, nannte es die antike Rhetorik, das Unmögliche. Mit dieser Eloquenz wird großer Pathos erzeugt. Aber wie jedes starke Gefühl kann es auch zu stark sein. Es kippt leicht in Kitsch und verdirbt dann, schmeckt nicht mehr wie Honig-, sondern wie Sauermilch:

> *Eher geht die Welt unter, fallen die Sterne vom Himmel und fangen Kühe an zu fliegen, bevor ich dir verschweige, wie wunderbar du bist.*

Stopp: Die Grenzen der Übertreibung

Eine andere Grenze der Übertreibung liegt nicht beim Kitsch, sondern in der Offenbarung des Sprachspiels. Es kann ernüchternd sein, festzustellen, dass bisherige Komplimente allesamt übertrieben waren. Diese Erfahrung machte auch einmal der hervorragende Bildhauer Alexandre Falguière (1831–1900), der die Schwäche hatte, neben der Bildhauerei auch malen zu wollen. Pierre-Auguste Renoir (1841–1919) besuchte ihn und musste die Bilder ansehen. »Wunderbar«, sagte er, »großartig, ein Meisterwerk!« Dann blieb er vor einer kleinen Skulptur stehen und sagte: »Das ist gut!«

Übung

1) Erfinden Sie Komplimente mit verneinender Übertreibung als Antwort auf folgende Fragen:
a) »Magst du das?«
b) »Findest du mich so okay?«

2) Formulieren Sie üppige Komplimente durch Übertreibung durch Wortvielfalt über die
a) schlanke Figur und
b) die grünen Augen Ihres Gegenübers.

3) Um die Variationsbreite der Formulierungsmöglichkeiten zu verdeutlichen, setzen wir beim Standard-Kompliment »Du bist schön« an. Formulieren Sie diesen Komplimentinhalt:
a) Mit einer einfachen Verdopplung
b) Mit einer semantischen Verdopplung mit Klimax
c) Mit einer einfachen Verdopplung und einer fingierten Selbstkorrektur (15. Technik der Glaubhaftmachung)
d) Mit einer semantischen Verdopplung ohne Klimax
e) Mit einer semantischen Verdopplung, fingierter Selbstkorrektur und Klimax

4) Überlegen Sie sich humorvolle oder ernst gemeinte Übertreibungen für folgende Komplimentinhalte:
a) Ich bleibe immer bei dir.
b) Ich tue alles für dich.
c) Du bringst alle dazu, das zu tun, was du willst.

5) Antworten Sie in Form eines Kompliments auf die folgenden Fragen und verwenden dafür die Übertreibung durch Absolutsetzen der Frageabsicht:
a) »Stör ich?«
b) »Was erwartest du eigentlich von deinem Leben?«

7. Der Schock-Effekt

Nicoletta Mantovani, die Witwe des großartigen Sängers Luciano Pavarotti, erzählte einmal von einem beeindruckenden Kompliment ihres Mannes: Nachdem sie vor vielen Jahren erfahren hatte, dass sie an Multipler Sklerose litt, hatte sie Angst davor, mit Pavarotti darüber zu sprechen. Sie waren zu diesem Zeitpunkt erst seit wenigen Monaten zusammen und sie befürchtete, er würde sich deswegen von ihr trennen. Aber als sie ihm während eines Abendessens die Diagnose schilderte, sah er ihr in die Augen und antwortete: »Ich habe dich gestern Abend geliebt. Heute bete ich dich an.«

Wie erklärt sich der ungewöhnliche Liebreiz dieser Antwort?

Zum einen rührt es, dass Pavarotti seine Frau so sehr liebte, dass jeder Mangel sie für ihn noch begehrenswerter machte. Zum anderen erklärt sich die Wirkung auch aus sprachtechnischen Gründen. Die Worte wirken deswegen so stark, weil sie mit einem Kontrast verknüpft sind. Sigmund Freud erklärt es in seiner Schrift *Das Unbehagen in der Kultur* (1930) folgendermaßen: »Wir sind so eingerichtet, dass wir nur den Kontrast intensiv genießen können. Im Kontrast erleben wir starke Gefühle.«

Wir können auch von einem Effekt der Erwartungsentkräftung sprechen. Mantovani hatte erwartet, dass ihre gravierende und behindernde Krankheit zur Ablehnung führen würde. Diese Erwartung wurde aber nicht eingelöst. Wäre sie davon ausgegangen, dass Pavarotti ein Helfersyndrom hat und sich geradezu mit kranken und hilflosen Menschen umringt, wären seine Worte zwar immer noch schön, aber nicht überraschend gewesen.

Wenn wir daher beim Komplimentieren einen wohldosierten Schock versetzen, können wir die Schönheit des Kompliments verstärken. Leiten wir einen Satz zum Beispiel mit hässlichen und unschönen Inhalten ein, dann wird die anschließende Aussage als umso schöner empfunden. Wir provozieren absichtlich Entsetzen, um hinterher den Effekt der Erleichterung zu nutzen.

Das ist dein Geheimnis: du bist dick, hässlich, hast graue Haare und eine aufdringliche Art. Lauter Dinge, die ich schön finde.

Übung	Gibt es auch humorvolle Komplimente, die durch Kombination mit dem Schock-Effekt der 7. Eloquenz besonders wirkungsvoll sind?

8. Die kreisrunde Harmonie des Satzes

Die rhetorische Figur des Kreises (griech. Kyklos) ist ein unscheinbares kleines Ding, ein Stilmittel, das dem Kompliment eine Harmonie verleiht, ohne dass man genau weiß, woher sie eigentlich kommt. Dabei wird ein ganzer Satz durch ein Wort zu einem Kreis geschlossen, indem es sowohl am Anfang als auch am Ende genannt wird. Dabei ist der Kreis mit der Wiederholung (Repetitio) verwandt, denn wir sagen ja vorne und hinten dasselbe. Und doch ist er eine ganz besondere Form davon. Eine aufrichtig erscheinende Wirkung entfaltet diese 8. Eloquenz, wenn wir sie unauffällig in unserer gewöhnlichen Alltagssprache verwenden:

Schön – du bist einfach nur schön.

Diese Eloquenz verleiht einem Satz aber nicht nur Harmonie, sondern verstärkt die Aussage. Sie wirkt, als ob sie aus dem tiefsten Herzen käme. Doch dieser Eindruck entsteht nur dann, wenn die Präsentation stimmig ist. Die Pausen sind entscheidend, der Tonfall, der Blick in die Augen oder verschämt auf den Boden, während wir gestehen:

Jeder vergisst bei dir Himmel und Erde. (Pause) *Jeder.*

Flüstern Sie das Wort »jeder«, variieren Sie Lautstärke und die Dynamik der Sprechmelodie. Wer es aufrichtig meint, tut es automatisch. Wer es vielleicht erst später aufrichtig meinen will, der setzt absichtlich diese sprecherischen Tricks ein. Übrigens ist nicht immer notwendig, einen vollendeten Kreis zu formulieren. Auch ein halb offener Kreis genügt. Hier stehen dieselben Worte nicht am Anfang und Ende, aber doch im ersten und zweiten Teil jeweils fast am Anfang oder Ende. Ein Beispiel ist dieses Geständnis in Komplimentform für eine Frau, kombiniert mit dem 8. Grundmuster, Selbsterniedrigung:

> *Ich bin besessen von* <u>Schönheit</u>, *schau dir mich an ... –*
> *dass ich einmal im Zusammenhang mit* <u>Schönheit</u> *stehen*
> *würde, wer hätte das gedacht ...* (8. Grundmuster, Selbsterniedrigung & 8. Eloquenz)

Zum Vergleich ein exakter Kyklos:

> <u>*Wahnsinn*</u>, *wie du dich schick gemacht hast,*
> *echt* <u>*Wahnsinn*</u> ...

Übung   Formulieren Sie ein paar Kyklos-Komplimente.

9. Der Charme der Zurückhaltung

Mit Zurückhaltung kommt man nicht voran! Sagte einmal ein Topmanager. Das trifft aber nicht auf Komplimente zu. Zurückhaltende Schmeicheleien wirken, als seien sie Ausdruck eines schüchternen Charakters. Je nachdem, in welcher Situation wir uns befinden, kann genau das sinnvoll sein. Schüchternheit wirkt sympathisch, weil jeder denkt, man sei wegen ihm schüchtern. In der Anwendung jonglieren wir mit Verneinungen und meinen in Wirklichkeit das genaue Gegenteil.

> *Du bist ja nicht gerade hässlich.* (= Du bist hübsch!)

Dieser Stil bringt kleine, beinah winzige Komplimente hervor. Wie eine Übertreibung nach unten. Die Wahrheit wird herabgesetzt:

> *Du bist nicht übel.* (= Du bist toll)

Wir schaffen mit der 9. Eloquenz keine sprühenden Wortfeuerwerke, sondern unauffällige Sätzlein, die durch ihre Bescheidenheit gefallen. Aber eine Gefahr besteht bei der Anwendung: Wer zu bescheiden formuliert, dessen Kompliment könnte als Ironie missverstanden werden.

Übung Formulieren Sie Komplimente mit der 9. Eloquenz der Zurückhaltung. Ihr Gegenüber ist jeweils 1) ein kräftiger Mann, 2) ein Akademiker, 3) eine exzellente Sängerin.

10. Bildersprache und Liebesdiskurse

Wunderbare Komplimente entstehen durch Übertragung. Von dem griechischen *meta* und *pherein* stammt das Wort *Metapher* mit der Bedeutung *anderswo hintragen*. Hier ein Beispiel für ein solches Bilderkompliment:

In deinen Adern fließt mein Leben.

Manche Literaturwissenschaftler unterscheiden streng zwischen Metapher und Vergleich. »Du bist wie eine Rose« sei ein Vergleich. Aber »Du bist eine Rose« eine Metapher. In der Praxis der Komplimente zählt nur die Wirkung der schönen Worte. Theoretische Unterscheidungen lassen wir deswegen beiseite und merken uns: Bilderreiche Komplimente wirken bombastisch, prall, aber auch romantisch.

Eine Spielerei beim Metaphern-Kompliment ist das Initiieren eines Liebesdiskurses. Vorausgesetzt, der andere steigt auf Ihr Kompliment ein. Etwa so:

»Du bist eine Rose.«

»So stachelig?«

»Nein, so anspruchsvoll.«

»Aber auch so schön?«

»Zweifellos die schönste Blume in jedem Garten ...«

»Auch in deinem Garten?«

»In meinem Garten wärst du die einzige Blume.«

»Wäre das nicht ein langweiliger Garten?«

*»Wie kann ein Garten mit der schönsten Blume der Welt
langweilig sein? Ihr Duft bezaubert jeden, Ihre Farben
spiegeln sich selbst im Regenbogen ...«*

»So, regnet es also in deinem Garten?« Und so weiter ...

In dieser Manier kann sich der Liebesdiskurs so lange hinziehen,
wie der Atem der Liebenden reicht. Das Muster besteht darin, ein
Wort oder einen Gedanken aufzugreifen und in Form von Folge-
rungen oder Assoziationen daran anzuknüpfen. In der galanten
Zeit des 18. Jahrhunderts waren diese perlenden Unterhaltungen
kokettierender Art ein schöner Zeitvertreib. Auch heute, wenn
sich die Liebenden selbst genug sind, kann diese Kommunikation
ein Genuss sein. Deswegen noch einmal etwas detaillierter zum
Vorgehen, in dessen Mittelpunkt die Kunst des Spiels mit Bildebe-
nen steht:

Das Element, das eine Frau und eine Blume verbindet, ist, dass
beides wunderschön ist. *Du bist eine Rose* überträgt aber nicht
nur die Schönheit. Eine Rose hat auch Dornen, ist eine anspruchsvolle Blume, die viel Pflege nötig hat und einen sonnigen Stand-
platz braucht, sonst verwelkt sie, wird braun und bekommt mat-
schige Knospen. Weil der Anknüpfungspunkt für die Kopplung
an das *Tertium Comparationis* (vgl. 11. Grundmuster) fehlt, ist der
Empfänger des Komplimentes in der Lage zu kokettieren. Diese
unausgesprochenen Anknüpfungspunkte müssen stets gesetzt
werden, sonst bricht der Diskurs ab. Auch darf ein Hinweis darauf nicht fehlen, denn darin besteht das Kokette. Anschließend

ist der andere aufgefordert, aufzugreifen und das Spiel fortzu-setzen. Letztlich ist es wie ein Hasch-mich-ich-fang-dich auf ei-ner Frühlingswiese, eine entzückende Konversation, wenn auch nur für die beiden Liebenden. Allen anderen verschafft sie wenig Genuss.

> **Übung** — Entwickeln Sie einen Liebesdiskurs aus dem Kompli-ment: »Du bist wie ein Feuerwerk …«

11. Das Spiel mit der Intellektualität

Gibt es klug klingende Komplimente? Ja, die gibt es. Sie wirken aber nicht nur durch den Inhalt klug, sondern auch durch be-wusste Anwendung des sogenannten hypotaktischen Stils. Mit dem Begriff *hypotaktisch* wird ein Satzbau bezeichnet, der aus einem verschachtelten Gefüge besteht. Darin sind zahlreiche Ne-bensätze einem oder mehreren Hauptsätzen untergeordnet und mit Konjunktionen verbunden. Hypotaktisch formuliere ich zum Beispiel jetzt, indem ich gestehe:

Manchmal wenn ich meinen Mann betrachte, was ich nicht selten tue, wenn er sonntagnachmittags in seinem englischen Sessel sitzt, dann bemerke ich die Feinheiten seiner Züge. Ich beobachte, während ich die Zeitung sinken lasse und über meinen Brillenrand blicke, wie er sich mit seinen immer noch kräftigen Händen, diesen Händen, die mich vor zwanzig Jahren faszinierten und die mich auch noch heute anziehen, den Tabakbeutel öffnet und das nach Vanille duftende Kraut in seine Wurzelholzpfeife stopft. Dann denke ich, was für einen wunderbaren Mann ich doch habe, diesen Mann mit den grauen Schläfen und in seiner schottischen Tweedjacke, die ich ihm vor fünf Jahren zu Weihnachten schenkte und die er seither jeden Winter trägt.

Wir können auch Komplimente *hypo-* oder *parataktisch* formulie-ren. Je nachdem, wirkt das eine eher intellektuell und wohlgeordnet, wie von einem überlegten Menschen, das andere sprachloser und bewusst weniger eloquent. Ein Beispiel:

Ich mag es, wie du dir die Pfeife stopfst und deine Sorgfalt, die dich so charakterisiert und die ich schon so lange an dir bewundert habe.

Eigentlich ist die Hypotaxe ein in der Literatur häufig verwendetes Stilmittel. Laut ausgesprochen lassen hypotaktisch formulierte Komplimente den Sprecher gebildet, belesen, vornehm, aber auch klug erscheinen.

Daneben können wir Komplimente aber auch parataktisch formulieren. Der Begriff *Parataxe* stammt von dem griechischen *parataxis* mit der Bedeutung *Beiordnung, Koordination*, ist also die Bezeichnung für das Nebeneinanderstellen von selbstständigen Sätzen. Das hört sich dann folgendermaßen an:

Du bist wunderbar. Du bist faszinierend. Von dir geht eine unglaubliche Ruhe aus. Ich bewundere dich. Das wollte ich dir schon lange mal sagen.

Die Parataxe erhöht bei einem Kompliment die Intensität. Es entsteht der Eindruck, als würde man sich auf das Wesentliche beim anderen konzentrieren. Das Wesentliche wird nur in Hauptsätzen untergebracht, die unwesentlichen Nebensätze werden nicht erwähnt. Dadurch klingt die Formulierung überzeugend. Hier ein Beispiel, kombiniert mit einer Aufzählung:

Sie sind ein schaffender Geist, ein Genie und ein einfacher Handwerker, ein Vordenker, ein Mediziner, ein Forscher und ein geschickter Ökonom.

Übung   Formulieren Sie einmal hypo- und einmal parataktisch folgenden Komplimentinhalt im 13. Grundmuster, Du-bist-Struktur: guter Ehemann, Vater, Liebhaber, Freund, Geschäftsmann.

12. Feierlichkeit und der Zauber des Wörtchens »und«

Wie gibt man einer Person zu verstehen, dass sie so wunderbar ist, dass die Worte nicht nachkommen wollen, weil sie hinter den vorbeirauschenden Gefühlen zurückbleiben? Wenn das ausgedrückt werden soll, ist die Stilfigur des *Polysyndeton* die richtige.

In diesem Begriff stecken die griechischen Vokabeln *polys* mit der Bedeutung »viel« und *syndetos* für »zusammengebunden«. Inhalte und Worte werden also zusammengebunden. Wodurch? Im Deutschen durch »und«:

> *Du bist schön und intelligent und charmant und unglaublich anziehend.*

Die Wiederholung der Konjunktion »und« verstärkt die Wirkung des Gemeinten. Es hätte auch gesagt werden können: »Du bist schön, intelligent, charmant und unglaublich anziehend«, was einen sachlicheren Charakter aufweist und eher nach einer korrekten Aufzählung positiver Werte klingt. Mit der 12. Eloquenz wird der Redefortschritt gehemmt, so wie es ganz natürlich geschieht, wenn einem die Luft wegbleibt, wenn man nicht mehr richtig formulieren kann, weil der andere eben so unglaublich ist, dass man nur noch auf diese Weise zu formulieren in der Lage ist. John Ward, der sich im Jahr 1759 mit dieser effektvollen Stilfigur beschäftigt hat, schreibt über sie:

> *»(Das Polysyndeton) verleiht einem Ausdruck Gewicht und Würde und lässt das Gesagte im Lichte der Feierlichkeit erscheinen; und indem es den Satzverlauf verlangsamt, bietet es der Anschauung die Möglichkeit, jedes Element für sich zu betrachten und zu bedenken.«*

Übung Formulieren Sie einmal a) ein Standardkompliment und b) ein Kompliment mit der 12. Eloquenz darüber, dass Ihnen das Essen geschmeckt hat. Wann eignet sich das eine? Wann das andere?

13. Die Kunst des Verschweigens

Manche Komplimente wirken nicht durch die gesprochenen
Worte, sondern ganz im Gegenteil durch das, was nicht gesagt
wird. Dabei erwähnen wir aber, worüber wir schweigen, und betonen gerade auf diese Weise das Ausgelassene. Ein Beispiel:

> *Nicht nur, dass Sie schön sind, nicht, dass ich Sie maßlos
> bewundere, nicht, dass Sie mir der beste Freund in all den
> Jahren waren – über all das will ich gar nicht sprechen.
> Sondern nur darüber, dass Sie heute Abend zu mir gekom-
> men sind, das bedeutet mir viel.*

Übung Formulieren Sie ein Kompliment über die Schönheit
einer Frau. Wenden Sie dabei die 13. Eloquenz an.

14. Der Überraschungseffekt

Überraschungseffekte lassen sich auch bei Schmeicheleien wir-
kungssteigernd einsetzen. Wir spielen dabei mit den Gefühlen des
anderen. Aber auf eine liebevolle Art und Weise:

> *Du, ich geh jetzt.* (Erstaunen beim anderen.) –
> *Ich will endlich mit dir alleine sein. Kommst du mit?*

> *Also ich hab jetzt genug und keine Lust mehr.* (Pause)
> *Ich will dich jetzt endlich küssen.*

Das eigentliche Kompliment folgt erst, nachdem die provokante,
wer will auch sehr provokante, Bemerkung gemacht wurde. Kos-
ten Sie die Pause dazwischen aus. Manchmal sind die Blicke des
Gegenübers sehr entsetzt. Aber die Gesichtszüge werden wieder
entspannt, wenn die Provokation als Teil des Kompliments erkannt wird.

Spielen Sie mit dem Überraschungseffekt und leiten
Sie Komplimente mit folgenden Provokationen ein:
1) hinterhältiges Miststück, 2) Macho, 3) langweiliger
Bankerjob.

15. Das Vereinen von Gegensätzlichem

»Du bist quälend schön«, hörte ich einmal vor langer Zeit und
noch immer ist es mir in Erinnerung. Es handelt sich dabei um
ein Du-bist-Kompliment in der 13. Grundstruktur, aber mit der
besonderen Raffinesse des Vereinens von Gegensätzlichem. Dieses Vorgehen erhöht die Spannweite dessen, was am anderen als
liebenswert beschrieben werden kann.

Grausam schön

Unerbittlich herausfordernd

Gnadenlos in seinem Anspruch an Intellektualität

Das sind sprachlich weit fassende Formulierungen. Wie sehr akzeptieren wir einen Menschen, den wir ganz umfassen, von einem
Gegensatz zum anderen! Dieser Gedanke steckt in der 15. und
letzten Eloquenz.

Formulieren Sie ein Kompliment an eine begehrens-
werte Frau, indem Sie Gegensätzliches zusammenbrin-
gen: Beschreiben Sie, was Ihnen durch den Kopf ging,
als Sie sie zum ersten Mal sahen. Das kann der Wahrheit entsprechen oder auch nicht.

15 TECHNIKEN FÜR GLAUBHAFTE KOMPLIMENTE

So aufrichtig eine Schmeichelei auch gemeint sein kann, sie wird erst zu einem gelungenen Kompliment, wenn sie geglaubt wird. Studien aus den 1950er-Jahren haben gezeigt, dass 71 Prozent der Befragten Inhalte (sofern sie auch ihren Vorstellungen entsprachen) für wahr hielten, wenn der Sprecher aus ihrer Sicht »glaubwürdig« war. Aber nur 36 Prozent glaubten den Aussagen, wenn sie den Sprecher für »nicht glaubwürdig« hielten.

Dabei können wir weiter differenzieren und unterscheiden: Glaubhaft ist aussagebezogen, Glaubwürdigkeit personenbezogen. Daraus folgt: Ein Kompliment muss glaubhaft sein, ein Sprecher glaubwürdig. Nur – wie lässt sich das erreichen?

Es folgen 15 Techniken, um Aussagen glaubhafter und sich selber als glaubwürdig zu präsentieren. Auch hier geht es wieder darum, wie wir einen Gedanken verpacken, sodass der andere unsere süßen Worte für die aufrichtigsten der Welt hält.

1. Umgangssprache & der Reiz des Dialekts

Die eigene Umgangssprache beizubehalten steigert in der Regel die Glaubwürdigkeit. Plötzlich hochdeutsch zu sprechen, wenn Sie sonst bayrisch reden, wirkt befremdlich, ebenso wie umgekehrt. Aber der Wechsel in eine andere Sprachvarietät kann auch besondere Wertschätzung dem Adressaten gegenüber ausdrücken. Nur ist dafür Voraussetzung, zwischen Dialekt und Hochdeutsch auch wechseln zu können. Hier beginnt Sprachkompetenz.

Ay, du gfallscht mir awa arisch gudd! (Saarland)

Bis e legga Mädsche! (Rheinland)

Ey, Respekt! (deutscher Slang)

I däd di grad nemma! (Allgäu)

Komma bei müsch bei! (Öcher Platt)

Du bist awa fesch! (Graz)

Versuchen wir, das sprachliche System zu entdecken: Welche Sprachvarietäten stehen Ihnen zur Verfügung? Sprechen Sie »nur« Hochdeutsch? Oder »nur« einen bestimmten Dialekt? Oder beides? Wenn Letzteres, dann beherrschen Sie die sogenannte *Diglossie.* Das ist das griechische Wort für Zweisprachigkeit. Wer sowohl im Dialekt als auch auf Hochdeutsch formulieren kann, dem stehen auch mehr Ausdrucksmöglichkeiten für ein Kompliment zur Verfügung. Mehr Möglichkeiten bedeutet, die Wahl zu haben. Wir können dann mit der Vorstellung rund um unsere Glaubwürdigkeit beginnen. Grundsätzlich gilt: Je umgangssprachlicher, je mehr unsere normale alltägliche Sprache, desto glaubwürdiger wirken wir. Deswegen wird:

Ey, du bist echt saugeiilll, ej, ich könnt sterben für dich

sofern es von Jugendlichen einer bestimmten Sprachgruppe geäußert wird, glaubwürdiger wirken als: »Du bist toll, ich könnte für dich sterben.«

2. Nüchterne Objektivität

Viele halten einen Sprecher dann für besonders glaubwürdig, wenn er faire Aussagen macht. Zumindest wenn es den Anschein hat. Ein scheinbar faires, objektives Kompliment ist daher für viele Menschen auch glaubhaft.

Du hast eine gute Figur.

Das klingt objektiv, beinahe nüchtern feststellend.

Du hast eine sexy Figur.

Dieses Kompliment hat eine tiefrote subjektive Färbung. Es verrät viel über den Sprecher. Denn wer sagt: »Du bist sexy«, sagt immer: »Ich finde dich sexy.« Der Kreis von Personen, die uns sexy finden, ist jedoch beschränkter als der, der uns objektiv eine gute Figur attestieren darf. Deswegen stellen fair-objektive Komplimente stets den sichereren, weil distanzreicheren Weg zum Gelingen dar.

»Objektivität« lässt sich durch Formulierungen herstellen. Zum Beispiel durch das ausdrückliche Äußern der Wörtchen »objektiv betrachtet«:

Also wenn ich dich ganz objektiv betrachten müsste, dann würde ich sagen, du bist der netteste Mensch auf der Welt.

Ähnlich wirken Beteuerungen wie »Ich sage das nicht nur, weil ich es bin« oder »Ganz objektiv gesehen (bist du die schönste Frau hier)« oder »Selbst wenn ich dich nicht kennen würde, würde ich sagen, dass ...«.

Freilich beginnt hier das Spiel erst. Denn es ist keinem von uns möglich, einen anderen Menschen objektiv zu sehen. Sosehr wir Mensch sind, sosehr sind wir in unserer Subjektivität verwurzelt. Keiner kann sich jemals wirklich objektiv äußern, denn wir können nicht aus unserer Haut, alle Voreinstellungen und Erfahrungen, unsere kulturellen Prägungen und Werte vergessen. Aber wir können versuchen, Objektivität durch Formulierungen herzustellen, und damit die anderen in ihrer Hoffnung bestärken, dass nicht nur ich sie schön finde, sondern sie wirklich, ganz objektiv gesehen, schön seien. Deswegen sage ich: »Du bist schön« statt »Ich finde dich schön«, sage: »Du kannst so wunderbar zeichnen« anstatt »Ich finde du kannst wunderbar zeichnen«, wenn ich einem Menschen nahe stehe. Ist er mir fremd, lässt er sich häufiger durch »Subjektives« überzeugen.

3. Fremde Subjektivität

Je näher wir einer Person stehen, desto (leider) unbedeutender seine subjektiven Aussagen für uns. Je fremder uns ein Mensch, desto wichtiger seine Meinung über uns. So erwarte ich von meinem Mann, dass er mich mag. Aber ich bin überrascht und erfreut, dies auch von einer Kollegin aus einer anderen Abteilung zu hören. Für glaubhafte Komplimente heißt das: Je fremder uns ein Mensch, desto eher dürfen wir subjektiv formulieren:

Ich finde, Sie leisten ausgezeichnete Arbeit.
(Chef zum Mitarbeiter)

Du leistest ausgezeichnete Arbeit.
(Kollege zum Kollegen)

Freilich, es sind Kleinigkeiten. Wir machen keine Fehler, wenn einmal subjektiv statt objektiv formuliert wird und umgekehrt. Aber achten wir darauf, dann nutzen wir mehr von dem bisher brachliegenden Potenzial der Komplimente. So bei dem Beispiel oben: Wer als Vorgesetzter sagt: »Ich finde, Sie leisten gute Arbeit« – der positioniert sich als jemand, dessen Subjektivität von Bedeutung ist. Wer aber nur sagt: »Sie leisten gute Arbeit«, der versteckt sich hinter Objektivität, als sei er für den anderen nicht von Bedeutung. Im hierarchischen System der Arbeitswelt hätte der Kollege damit genau die richtige Formulierung gewählt. Beide Komplimente sind deswegen außerordentlich glaubhaft.

4. Gespielte Hilflosigkeit

Die Glaubhaftigkeit eines Kompliments lässt sich auch durch Unsicherheit verstärken. Ob wir tatsächlich unsicher sind oder nur so tun, ist gleichgültig. Denn die Wirkung bleibt dieselbe. Der Trick mit dem Zweifel ist uralt. In der antiken Rhetorik wurde bereits rednerische Hilflosigkeit vorgetäuscht und so getan, als wende man sich Hilfe suchend an den anderen. So wie auch hier:

> *Wie kann ich das jetzt sagen? Ich finde nicht die richtigen Worte – aber Sie sind einfach großartig.*

> *Ich weiß jetzt nicht, wie ich das sagen soll, aber ich finde, du bist ein wunderbarer Mensch.*

> *Ich stammle im Moment, tut mir leid, das ist ja blöd, aber jetzt steh ich dir gegenüber und das macht mich echt aufgeregt. Eine so schöne Frau ...*

5. Gespielte Kränkung

Rhetorische Fragen stellen ein Komplimente-Grundmuster (siehe 18. Grundmuster) dar. Aber sie sind auch methodisch anwendbar, um seine Glaubwürdigkeit zu steigern. Vor allem eine fingierte Kränkung birgt Überzeugungspotenzial in sich. Etwa wenn das Gegenüber unterstellt, man würde nicht aufrichtig schmeicheln:

> *Warum, denkst du, bin ich hier? Warum such ich deinen Blick? Warum verbring ich mit dir den ganzen Abend? Warum ruf ich dich immer wieder an? Was denkst du denn, warum ich das alles tu?*

Diese Technik spielt mit der Annahme, dass jedes menschliche Verhalten Ursachen hat. Deswegen kann man auch jedes Verhalten erklären. Ich sitze nicht einfach so in einem Restaurant, sondern ich bin hier, weil mir ein attraktiver Mann gegenübersitzt. Das Aufdecken von Ursache-Wirkungs-Zusammenhängen ist besonders plausibel und unmittelbar einleuchtend. Sie ähnelt dem 1. Grundmuster (Kausalstruktur), nur dass wir hier unserem Gegenüber eine Frage stellen und gleichzeitig die Antwort gleich mitliefern:

> *Meinst du, ich sitze hier den ganzen Abend mit einer Frau, die mich nicht interessiert?*

Hier zeigt sich besonders, dass die Techniken des Glaubhaftmachens Überzeugungstechniken sind. Natürlich könnten wir auch sagen: »Kein Mann kann dir widerstehen« – ein gutes Kompliment im 17. Grundmuster, Soziale Verstärkung. Aber wenn wir von der Wahrheit unserer Aussagen überzeugen wollen, indem wir sie noch glaubhafter gestalten, ist die rhetorische Frage die bessere Wahl:

> *Denkst du wirklich, dass dir irgendein Mann in diesem Raum widerstehen kann?*

6. Tatsachentechnik

Tatsachen sind über jeden Zweifel erhaben. Wer eine Schmeichelei als Tatsache hinstellt, erhöht die Glaubhaftigkeit seiner Aussagen. Dabei darf hier indirekt geschmeichelt werden, und zwar so indirekt, dass der andere es nicht bemerkt. Wenn ich erzähle, welche Mühen ich auf mich genommen habe, um heute Abend bei ihm zu sein, wie ich meine Arbeit unterbrechen musste, wie ich fast den Bus verpasst hätte und die letzte Station zu Fuß gelaufen bin, dann ist das eine Schmeichelei für den anderen. Vielleicht stimmt es nicht ganz, vielleicht hatte ich meine Arbeit gut eingeteilt, und wahrscheinlich stand ich auch fünf Minuten zu früh an der Bushaltestelle – aber was soll's! So sind Komplimente nun mal – eine hauchzarte Abwandlung der Wirklichkeit.

habe extra mit meiner Ex für dich gebrochen

ich brauche dich so sehr, du bist so tief in mir drin

denn du kennst mich so, wie ich wirklich bin

hab meinen besten Freund belogen, ihm erzählt, du stehst auf mich

ich sagte ihm, bleib weg von ihr, die Frau ist nichts für dich

er hat mir alles geglaubt, denn er vertraute mir, und ich hab ihn belogen

– und das alles wegen dir

(Die 3. Generation; Ich will, dass du mich liebst)

7. Ich sage dir die Wahrheit

Verwandt mit der Tatsachen-Technik ist eine beinah noch erfolgreichere Technik, die mit dem Prinzip »Ich sage dir die Wahrheit« spielt. Sie stellt ein Paradebeispiel für Glaubwürdigkeit dar, wirkt aufrichtig wie sonst kaum etwas. Ein Beispiel für diese Technik aus einem amerikanischen Spielfilm:

Sie sind wunderschön und Sie denken, dass Männer nur an Ihnen interessiert sind, weil Sie eben schön sind. Aber Sie möchten, dass sie an Ihnen interessiert sind, weil Sie Sie sind. Das Problem ist nur, abgesehen von Ihrer Schönheit, sind Sie nicht besonders interessant. Sie sind unhöflich, abweisend, Sie sind mürrisch und Sie sind verschlossen. Sie wünschen sich sicher jemanden, der bereit ist, hinter all das zu sehen, der den wahren Menschen entdeckt. Aber der einzige Grund, warum sich jemand die Mühe machen sollte, dahinterzuschauen, ist der, dass Sie schön sind …

Komplimente, die so ehrlich klingen, bergen ein ungeheures Überzeugungspotenzial in sich. Sie vereinen Elemente von Objektivität, Sachlichkeit, Fairness und wirken dadurch aufrichtig und ungeplant.

8. Wunsch

Der Liebevolle hat keinen Willen, sondern Wünsche.
(Max Stirner)

Je abgeklärter ein Kompliment geäußert wird, desto wahrscheinlicher ist, dass es misslingt. Um es glaubhafter zu machen, können wir einen weiteren rhetorischen Trick anwenden. Wir setzen dafür ein Mittel ein, das ganz besondere emotionale Wirkung hat. Es geht um die Äußerung eines *Wunsches* (Optatio). Nicht etwa, dass wir etwas von der Adressatin haben wollen, nein, in ihrer Gegenwart sind wir wunschlos glücklich, und wenn es einen kleinen Splitter geben sollte, dann ist es die Befürchtung, dass sie uns vielleicht nicht glauben könnte. Wir wünschten aber, sie täte es. Im Gegensatz zu einem einfachen Kompliment wie »Du bist schön« (13. Grundmuster) klingen Komplimente mit der 8. Technik zum Erzeugen von Glaubhaftigkeit hingebungsvoll nach mehr:

Ich wünschte, du könntest dich mit meinen Augen sehen.

Ich wünschte, du würdest merken, wie glücklich du alle Menschen um dich herum machst.

9. Perfekt gesetzte Ähhhs ...

Ein perfekt formuliertes zehnzeiliges Kompliment ist etwas Beeindruckendes. Aber nicht unbedingt notwendig. Viele bewegt es mehr, zu merken, dass Sie sich jeden Gedanken abringen, dass Sie nach Worten suchen, um auch genau dem Ausdruck zu verleihen, was Sie so sehr beschäftigt. Auch wenn wir das Kompliment bereits fix und fertig im Kopf haben, wird es glaubhafter, wenn es erscheint, als ob wir es uns gerade in diesem Moment abringen. Kennzeichen dieser *Sprechplanung* sind die unartikulierten »öö«, »öm«, »mhhh«. Diese demonstrieren, dass Sie nachdenken und Ihre Gedanken ordnen und gerade dabei sind, das Kompliment zu formulieren. Es kann die Glaubwürdigkeit ungemein steigern, wenn genau dieses »*ääää*« zur Glaubwürdigkeitssteigerung eingesetzt wird, vor dem in Rhetoriktrainings so häufig gewarnt wird und wogegen zahlreiche Übungen erfunden wurden.

Vergleichen wir folgende Komplimente:

Du bist das Wundervollste, was mir jemals passiert ist.

Du bist das, ähhhm, Wundervollste, was mir je passiert ist.

Du bist wirklich das, ähhm, das Wundervollste, ja echt, das Wundervollste, was mir je passiert ist.

Für die meisten klingt nicht das erste, perfekt formulierte Kompliment am glaubhaftesten, sondern das letzte, gespickt mit alltagssprachlich üblichen Redundanzen (Verstärken, Wiederholen). Dafür gibt es eine einfache Erklärung: Während des Zuhörens unterliegen Menschen einem sogenannten *Reparaturmechanismus*. Das heißt, Ungereimtheiten wie eine fehlerhafte Grammatik oder »öhhs« und »äähs« werden häufig nicht registriert, vor allem dann nicht, wenn es um eine schmeichelhafte Aussage geht. Wir nehmen solche kleinen Fehler als »normal« wahr, denn nicht Perfektion im Alltag ist die Regel, sondern das Unvollkommene, das Gestotter, das Ringen nach Worten, das Zögern und anschließend mutig Vorpreschende. Wer glaubwürdig sein will, muss geradezu, sofern er nicht als perfekter Mensch bekannt ist, bewusst unvollkommene Komplimente äußern.

Wie unvollkommen und wie perfekt jedoch die Formulierung sein sollte, hängt letzten Endes von Ihrem individuellen Umgang mit Sprache ab. Manch einer spricht von sich aus ausformulierter und in diesem Sinne perfekter als der andere. Die Kongruenz zwischen Formulierung und Persönlichkeit führt zur Glaubwürdigkeit.

10. Verschämte Füllwörter

Eine weitere Technik für glaubhafte Komplimente ist das bewusste Einfügen von Füllwörtern. Dazu gehören Worte wie gell, halt, eben, doch, eh, ja, freilich. Das Deutsche besitzt im Vergleich zu anderen Sprachen recht viele solcher Modalpartikel, das Englische dagegen weniger. Das Besondere an ihnen ist ihre metasprachliche Bedeutung. Das heißt: Wer sie verwendet, sagt mehr als nur den Inhalt des Kompliments. Nehmen wir als Beispiel wieder den Satz: »Du bist schön.« In der Variation mit Füllwörtern klingen Komplimente verschämter:

Ja, ich sag ja, du bist eben eine sehr schöne Frau.

Du bist halt sehr schön.

Bei Verwendung anderer Füllwörter selbstverständlicher:

Freilich bist du schön!

Die verschämten Füllwörter wirken sehr sympathisch. Wir hatten ja schon erwähnt, dass Stottern und Stammeln eine wunderbare Sache sind, um andere von der Aufrichtigkeit unserer schönen Worte zu überzeugen. Füllwörter stehen da in nichts nach.

11. Aufregung

Ein weiterer Aspekt der Glaubwürdigkeit ist das Angepasstsein an die Situation. Wer Zeit hat, sollte langsam sprechen und den Moment auskosten, solange er dauert. Wer aber in Eile ist, darf ruhig ein eiliges Kompliment zuwerfen.

Es gibt in der Rhetorik die Figur des *Anapodoton*, die ausdrücklich den Eindruck von Eile erwecken soll. Aber auch, und das ist wichtig, den Eindruck von *Aufregung*. Frauen mögen aufgeregte Männer, die es ja nur deswegen sind, weil sie ihr, der atemberaubensten Frau auf der Welt, gegenüberstehen.

Beispiele:

Morgens, beim Abschiedskuss:

Muss gehen, will nur sagen, bist die liebste Frau auf der Welt!

Johannes Lafer zu Johannes B. Kerner in den letzten zwei Sekunden der Sendung *Kochen unter 20 Euro*:

100 Sendungen, in dieser Form, großartig, danke!

12. Dialogismus

Wer dialogisch vorgeht, verschafft einem Kompliment auf elegante Weise Gewicht. Durch eine Art Selbstgespräch können Einwände vorweggenommen und entkräftet werden, was die Glaubhaftigkeit erhöht. Diese rhetorische Technik wird *Dialogismus* genannt und hat bereits bei Platon Anwendung gefunden. Sie dient der stufenweisen Steigerung des Gefühls. Ein dialogisches Kompliment lautet zum Beispiel:

Soll ich dir jetzt sagen, dass du schön bist? Das weißt du.
Soll ich gestehen, dass ich aufgeregt bin? Das merkst du.
Soll ich dir sagen, wie viel du mir bedeutest? Das tust du.

13. Ausruf

Geglaubt wird auch gerne die *Exclamatio*, also der Ausruf:

Mein Gott, bist du schön!

So ein Kompliment sollte jede Frau mindestens einmal in ihrem Leben gehört haben. Der Ausruf, so scheint es, ist so spontan, dass er wahr sein muss! Fast jeder Komplimentinhalt lässt sich als Ausruf formulieren:

> *Was für eine Leistung!*

Dann gibt es noch die *Emphase*, das vollkommene Hingerissensein vom anderen. Wer liebt nicht emphatische Komplimente?

> *Wow, was für ein Anblick! Herrlich, du bist einfach herrlich! Gott, deine Augen! Und wie du duftest, wie eine wirklich schöne Frau.*

14. Geschickter Einschub

Die Glaubhaftigkeit eines Kompliments lässt sich auch durch Einschübe innerhalb eines Satzes erhöhen. Solche *Parenthesen* unterbrechen den Zusammenhang, verändern aber nicht die syntaktische Ordnung. Ein Kompliment kann sowohl durch eine Parenthese unterbrochen werden als auch selber aus einer Parenthese bestehen. Also gestehe ich Ihnen, dass Sie ein faszinierender Leser sind – und bitte, ich will mich nicht einschleimen –, dann habe ich einen parenthetischen Einschub gemacht. Wenn ich nun weitermache und Ihnen dies und jenes über das Komplimentieren erzähle und auf einmal unterbreche mit »übrigens, ich bin dankbar, in Ihnen einen aufmerksamen Leser gefunden zu haben«, dann besteht das Kompliment selber aus der Parenthese. Andere Beispiele:

> *Es ist sehr fundiert, was Sie erzählen, ich bin – darf ich das sagen? – begeistert von Ihrer Kreativität!*

> *Ich muss dich einfach unterbrechen – darf ich? –, denn ich muss dir sagen, dass du eine wahnsinnig faszinierende Art an dir hast.*

15. Fingierte Selbstkorrektur

Eine weitere geschickte Art, Natürlichkeit und damit Glaubhaftigkeit herzustellen, ist die Verwendung der *correctio*. Das heißt: Wir korrigieren uns während des Komplimentemachens selber:

> *Du bist einfach toll, ähh nein, toll ist nicht das richtige Wort.*
> *Du bist einmalig!*

Übungen zu den Techniken für glaubhafte Komplimente:
1) Versuchen Sie dieses »perfekte« Kompliment mithilfe der vorgestellten Techniken (auch Kombinationen) bewusst weniger perfekt zu formulieren:

> *Mit dir verschwindet die Welt, verblasst das Gestern und*
> *hat das Morgen keine Kontur.*

2) Sie fragen eine Frau, ob Sie sie zum Abendessen einladen dürfen. Sie fragt: Warum? Antworten Sie ihr mit einem Kompliment in der Ich-sage-dir-die-Wahrheit-Technik.

20 KOMPLIMENTFORMEN FÜR 20 ZIELE

Dieses Kapitel enthält 20 besondere Komplimentformen. Hier geht es um Komplimente zur Begrüßung, aber auch um böse Komplimente als besonders giftige Form der Schmeichelei. Dagegen ist das erotische Kompliment eher harmlos. Außerdem geht es um Fragen wie: Mit welchen Komplimenten beruhige ich eifersüchtige Menschen? Wann ist ein Kompliment humorvoll? (Immerhin mögen die meisten Frauen humorvolle Männer.) Wie funktioniert ein blumiges, lyrisches Gedicht? Oder was ist ein diplomatisches Kompliment?

Am Ende jeder Darstellung folgt meist ein kurzer Übungsteil. Schließlich sind Komplimente nicht nur zum Lesen, sondern zum Anwenden da. Nach den Grundmustern, den Eloquenzien und den Techniken für glaubhafte Komplimente ist dies nun der vierte praktische Block, der zu einer Komplimentkompetenz beitragen soll.

Was hier erklärt wird, dauert in der Umsetzung kaum eine Sekunde.

Wer alles durchgelesen und im Stillen ein paar Mal ausprobiert hat, für den verwandeln sich diese Ausführungen in Gedankenblitze und im Nu zum passenden Kompliment. Ganz so wie man es von einem charmanten und eloquenten Menschen kennt.

Natürlich gibt es kein Immer-richtig, und niemals trifft ein Kompliment die Zustimmung aller. De gustibus non est disputandum – über Geschmack lässt sich nicht streiten. Alle Beispiele, die Sie hier lesen, sind Anregungen, dienen der Demonstration und sind nach meinem Geschmack. Jetzt müssen diese durch Sie selber geformt werden, benötigen Ihren Stempel.

Übersicht

1. Absagekomplimente

Das Kompliment als Ablehnung, ohne zu kränken.

2. Ausweichkomplimente

Wie man der Nötigung, ein Kompliment machen zu müssen, durch ein Endlich-ist-Ruhe-Kompliment entgehen kann.

3. Begrüßungskomplimente

Welche Komplimente sich am besten zur Begrüßung eignen.

4. Berufskomplimente

Das Kompliment als Karrieretaktik.

5. Compliment Opener

Mit welchen Komplimenten man eine fremde Person ansprechen sollte.

6. Diplomatische Komplimente

Wie man sich aus verzwickten Situationen durch ein Kompliment retten kann. Aber auch: Wie man hässlichen Menschen schmeichelt.

7. Eifersuchtskomplimente

Durch welche Komplimente sich Eifersüchtige beruhigen lassen.

8. Entlarvungskomplimente

Wie schlechte Lügner durch ein gutes Kompliment entlarvt werden können.

9. Erotische Komplimente

Wie Komplimente die erotische Lust steigern. Welche Formulierungen wann erotisch wirken.

10. Humorvolle Komplimente

Wie man mit lustigen (aber netten) Komplimenten andere zum Lächeln bringt.

11. Indirekte Komplimente

Die feine Kunst, eine Schmeichelei hinter Worten zu verstecken.

12. Komplimente für den wichtigsten Menschen: sich selbst

Mit welchen Komplimenten sich die eigene Lebens-zufriedenheit steigern lässt.

13. Komplimente fürs erste Date

Der richtige Kontext für den taktischen Einsatz schöner Worte.

14. Kritisierende Komplimente

Kritisieren, ohne zu kränken.

15. Lyrische Komplimente

Für Romantiker und Romantikerinnen: Wie man blumige lyrische Komplimente formuliert.

16. Nationale Komplimente

Wie man Ausländern oder im Ausland richtig komplimentiert und dadurch Sympathien gewinnt.

17. Partnerschaftskomplimente

Welche Komplimente zu einer glücklichen Beziehung beitragen und warum man sie äußern sollte.

18. Replikkomplimente

Wie durch richtige Antworten Komplimente entstehen.

19. Trennungskomplimente

Welche Komplimente den Abschiedsschmerz lindern.

20. Zitatkomplimente

Wie aus einem guten Zitat ein noch besseres Kompliment wird.

1. Absagekomplimente: Charmante Ablehnungen

Du bist ein so faszinierender Mensch. Ich wünschte, es wäre möglich, für immer mit dir zusammen zu sein.

Die Hickersberger-Methode

Kann ein Kompliment die Kränkung einer Ablehnung mildern? Die Antwort lässt sich am einfachsten an einem Beispiel demonstrieren. Auf die Frage eines Journalisten an Josef Hickersberger, Teamchef der österreichischen Nationalmannschaft, wie er zwei jungen Spielern beibringen wolle, dass sie bei der Europameisterschaft 2008 nicht dabei sein werden, erwiderte er, wahrscheinlich Folgendes zu sagen:

Ihr habt euren Beitrag geleistet, dass diese Mannschaft an der EM teilnehmen kann, und dafür bedanke ich mich.

Dieser Satz enthält viele selbstwerterhaltende Aspekte für die Abgelehnten. Sie lauten:

1. Ich habe an der Zielerreichung mitgewirkt.
2. Ich habe dabei eine wichtige Rolle gespielt.
3. Man erkennt diese Leistung an und bedankt sich dafür.

Nach dem einleitenden Kompliment folgt die eigentliche Absage. Sie darf nicht lauten: »Jetzt brauchen wir euch nicht mehr.« Denn das wäre so verletzend, dass das einleitende Kompliment verpufft. Außerdem entstünde Unzufriedenheit aufseiten der Spieler. So barsch darf die Wahrheit nicht daherkommen. Deswegen ist eine konfliktvermeidende Formulierung notwendig. Die Hickersberger-Methode besteht darin, die Unvermeidbarkeit der ablehnenden Entscheidung herauszustellen. Würde er sagen: »Ich ziehe andere Spieler euch vor«, wäre er angreifbar. Denn die abgelehnten Spieler würden fragen warum. Daher ist es geschickter, dass Hickersberger nach dem Kompliment formuliert:

Aus den verschiedensten Gründen aber mussten andere vorgezogen werden.

Nun ist klar: Es gab unterschiedliche, zwingende Gründe (»mussten«) für diese Entscheidung. Der Teamchef war dafür nicht verantwortlich. Denn in der Ablehnung wird das Wort »ich« vermieden.

Ein Absage-Kompliment besteht also immer aus zwei Teilen:

1. Dem Kompliment als Anerkennung und Ausdruck von Wertschätzung für das bisher Geleistete.
2. Der Absage mit einer Unvermeidlichkeitsformulierung sowie mit unpersönlichen Wendungen.

Dabei formuliert man zuerst das Kompliment und anschließend die Absage. Umgekehrt würde es keinen Sinn machen. Keiner möchte noch schöne Worte hören, wenn vorher seine Stimmung in den Keller katapultiert wurde. Beginnt die Ablehnung aber mit einem Kompliment, dann bereitet diese die weiche Unterlage, auf der man andere zu Boden werfen kann. Mehr Einsicht in die angebliche Unvermeidbarkeit, weniger Nachfragen und insgesamt weniger Konflikte sind die Folge. Deswegen sind Absagekomplimente zu einer üblichen Formulierung geworden, die vor allen Dingen im Berufsalltag häufig angewendet wird. Im nüchternen Umfeld des Jobs, in dem wir jeden Tag höflich tun und in Wirklichkeit nach ökonomischen Aspekten eingesetzt und auch wieder gefeuert werden, ist es sinnvoll, im ersten Teil des Absagekompliments auf das Expertentum des Mitarbeiters hinzuweisen. Insgesamt sollte das Kompliment ebenso nüchtern sein wie die nachfolgende Absage. Nüchternheit erreicht man dadurch, dass nicht Eigenschaften des Mitarbeiters herausgestellt werden, sondern ausschließlich seine Leistungen. Bei einer Assistentin zu komplimentieren, dass man ihr fröhliches Wesen und ihr hübsches Lächeln schätzt, impliziert, dass ihre Leistung nicht ausreicht. Das ist also kein gelungener Auftakt für ein Absagekompliment. Besser eignet sich der Hinweis, man schätze ihren Arbeitseinsatz und sei sich bewusst, eine wertvolle Mitarbeiterin in ihr zu besitzen, aber – und dann folgt der Absageteil.

Die Verschiebe-Methode

Eine weitere Möglichkeit, das Absagekompliment zu gestalten, ist, eine Person zu verschieben. Das gelingt sowohl im beruflichen als auch im privaten Bereich.

Im beruflichen Umfeld drücken Sie Wertschätzung dadurch aus, dass Sie betonen, auf die Unterstützung eines bestimmten Mitarbeiters angewiesen zu sein – wenn auch nicht in dem Bereich oder der Rolle, die sich der Mitarbeiter wünscht. Wenn Herr Müller sich um eine Position im Team B beworben hat, seine Kompetenzen aber nicht genügen, dann braucht das Unternehmen ihn dennoch. Und deswegen verschiebt man ihn. Wie würden Sie eine solche Absage positiv formulieren?

Das Muster bleibt ähnlich. Diesmal ein Dreisatz. Der erste Teil enthält das eigentliche Kompliment, der zweite Teil verschiebt ihn und der gegebenenfalls dritte Teil enthält die Absage.

Herr Müller, wir benötigen einen ausgezeichneten Experten im Team A (Teil 1, Kompliment), *das kurz vor dem Chaos steht. Wären Sie bereit, dem Team A aus der Patsche zu helfen* (Teil 2, verschieben)? *Leider ist für die Stelle in Team B schon anderweitig entschieden worden* (Teil 3, Absage: Vorher war er Projektleiter, jetzt soll er nur noch als Experte fungieren).

In folgendem Beispiel besteht das Ziel darin, den Mitarbeiter zu degradieren:

Herr Müller, der Geschäftsleitung ist aufgefallen, wie erfolgreich Sie mit Kunden umgehen. Wir haben auch zahlreiche positive Kundenreaktionen erhalten (Teil 1, Kompliment). *Uns fehlt ein kompetenter Mitarbeiter wie Sie an der Front. Es wären einige Lehrlinge anzuweisen und die Verantwortung über die Kassen käme Ihnen zu. Was halten Sie davon* (Teil 2, verschieben)?

Hier entfällt der dritte Teil. Eine ausdrücklich formulierte Absage ist häufig nicht mehr nötig. Grundsätzlich gilt, dass für viele Menschen erst das Kompliment die Ablehnung überhaupt erträglich macht. Abgelehnte Personen sprechen mit ihrer Familie, mit Freunden und Bekannten oft wörtlich durch, was Sie Ihnen gesagt haben. Dabei klammern sie sich an das Kompliment wie an einen Strohhalm. Mir irgendetwas müssen sie ihren Selbstwert wieder aufbauen. Deswegen sollte das Kompliment bei einer Ablehnung niemals fehlen. Was nun sind die richtigen Komplimentinhalte? Die meisten verwenden Standardausdrücke wie »fähige Kraft« »kompetenter« oder »zuverlässiger Mitarbeiter«. Damit kann man nicht viel falsch machen. Hilfreicher ist es für einen Abgelehnten jedoch, wenn Sie individueller auf seine Person eingehen. Das ist im Human Resource Management nicht immer möglich und auch nicht immer ratsam.

Im privaten Bereich stellen Absagekomplimente ebenfalls eine Möglichkeit dar, Personen abzulehnen, ohne bleibende Schäden zu hinterlassen. Hier wieder ein Dreisatz:

> *Du bist ein wunderbarer Mensch* (Teil 1, Kompliment im 13. Grundmuster), *ich habe sehr viele glückliche Momente mit dir erlebt* (Übergang). *Ich kenne viele Menschen, die alles darum geben würden, mit dir zusammen zu sein* (Teil 2, verschieben). *Leider ist es mir im Moment einfach nicht möglich, eine Beziehung zu führen* (Teil 3, Absage in unabänderlich wirkender Passivkonstruktion).

Über den eigentlichen Grund der Ablehnung wird nicht gesprochen. Es sollen ja keine Türen zu verletzten Herzen geöffnet werden. So weicht man unschönen Diskussionen von vornherein aus. Der dritte Teil des Absagekompliments sollte so mitfühlend wie möglich formuliert werden. Immerhin ist und bleibt es eine Ablehnung. Bedauern wir also, stellen wir heraus, wie schön es hätte sein können, wenn nicht, ja, wenn nicht das Unabänderliche eingetreten wäre.

Dehnen wir den ersten Teil, das eigentliche Kompliment, je nach Reaktion des Gegenübers aus. Sie sei einer jener seltenen Menschen, die zu den ganz wertvollen, sensiblen Menschen zählen. Solche, die man nur selten findet, wie ein Schatz.

Gestalten wir den Übergang, indem wir das Schöne herausstellen (Einmaligkeit der Momente, unvergessliche Erinnerungen etc.). In privaten Kontexten darf im dritten Teil durchaus das Wörtchen »ich« auftauchen. Denn man nimmt die Schuld für die Ablehnung auf sich, freiwillig und um es dem anderen zu erleichtern. Niemals liegt der Grund der Ablehnung beim andern. So wie der andere beim Komplimentieren immer golden ist, immer rein, immer leuchtend. Das kann er auch dann sein, wenn man selber nichts mit ihm zu tun haben will.

> **Übung**
>
> 1) Sie lehnen einen Menschen ab, der sich in Sie verliebt hat, und müssen ihm das nun beibringen. Formulieren Sie Absagekomplimente.
>
> 2) Sie haben einem Mitarbeiter mitzuteilen, dass er nicht, wie erhofft, befördert wird. Wie sagen Sie es?

2. Ausweichkomplimente: Endlich ist Ruhe

Manchmal hat man weder Lust noch Zeit für ein gutes Kompliment. Dennoch fordert es der andere ein. Hier können ausweichende Komplimente weiterhelfen. Man antwortet mit einem umfassenden Begriff. Der andere würde sich über Differenzierungen und Aufsplitterungen seiner vielfältigen Aspekte freuen – Sie aber kontern zum Beispiel mit einer All-Antwort:

Was mir an dir gefällt? Alles, einfach alles.

Man könnte es auch ein *Endlich-ist-Ruhe-Kompliment* nennen, weil viele sich damit aus der Pflicht stehlen, wirklich gute Komplimente zu formulieren. Aber ein pragmatisches Kompliment ist besser als gar keines.

Übung

1) Wenn ein Mann von einer Frau gedrängt wird, unbedingt ihr Alter zu schätzen, bleibt häufig gar nichts anderes übrig, als – was zu sagen?

2) Formulieren Sie jeweils ein Ausweichkompliment auf folgende Fragen:
a) »Was bedeute ich dir?«
b) »Wie findest du mich?«
c) »Warum sagst du nicht, wie ich dir in dem Kleid gefalle?«

3. Begrüßungskomplimente: Verzücken durch Höflichkeiten

Der Gruß ist ein Verwandter des Kompliments. In allen Kulturen gibt es Formen des Grußes, wenn auch manchmal in seltsamen Ausprägungen: Die Tibeter sollen in früheren Zeiten mit der rechten Hand den Hut gehoben, gleichzeitig die linke Hand wie lauschend hinter das Ohr gehalten und die Zunge herausgestreckt haben, die Eskimos sich gegenseitig geohrfeigt und die Maori die Nasen aneinandergerieben haben. Bei einigen Aborigines-Stämmen in Nordaustralien bestand ein Begrüßungsritual darin, sich den Körperschweiß abzuwischen und den Neuankömmling damit einzureiben, um ihn willkommen zu heißen. Mit diesem Brauch sollte höchstwahrscheinlich der Gast den eigenen Geruch annehmen, sich so wohl wie bei sich selber fühlen. So weit müssen wir ja nicht gehen, um Wertschätzung auszudrücken.

Grüßen scheint etwas Unscheinbares zu sein. Aber wir bemerken die Wichtigkeit dieser Kleinigkeit, wenn der Gruß einmal unterlassen wird. Das Grüßen im Büro macht deutlich, dass wir das Fehlen eines sonst üblichen Grüßens als Respektlosigkeit interpretieren. Wer auf dem Gang den Kollegen grüßt, fordert damit auch automatisch dessen Gruß ein. Dabei wird differenziert darauf geachtet, *wie* gegrüßt wird: Ist die Mimik freundlich? Warum hat der Chef mich heute so unwirsch dabei angesehen? Wieso ist er nicht auf mich zugekommen, sondern hat sich abgewendet? Minuten, manchmal Stunden können damit vergehen, zu spekulieren, wieso jemand nicht so *Hallo* gesagt hat wie sonst, ob man etwas falsch gemacht oder etwas vergessen hat. Häufig war der andere nur in Gedanken. Aber nicht immer. Die Art und Weise des Grüßens kann auch die Einstellung dahinter zum Ausdruck bringen. Wenn ich weniger freundlich grüße, habe ich mich vielleicht tatsächlich über den anderen geärgert und will das auch zeigen.

Die Folgen eines nicht erwiderten Grußes

König Friedrich meinte, es sei gefährlich, die Streitigkeiten im Vaterland fortzuführen, und dachte an eine Übereinkunft mit seinem Bruder Otto und Johann, König von Böhmen. Sie kamen an einem vereinbarten Tag zusammen. Johann von Böhmen zog seinen Hut, als er Friedrich begegnete, damit er dem Kommenden Ehrfurcht bezeige, und ging ihm entgegen. Friedrich schien langsam die Begrüßung zu erwidern, indem er den Hut nur ein wenig hob. Durch diese Tat, meinte Johann, sei er beleidigt, und hob den Tag der Zusammenkunft auf.

Floskel für gute Stimmung

Ein indirekter Weg zu schmeicheln ist die Art und Weise, wie wir uns beim Zusammentreffen nach dem anderen erkundigen. Das stereotype »Wie geht es dir?« kann wie eine belanglose Formel klingen oder aber tatsächlich so, als ob wir Interesse am anderen hätten und an seinen Lebensumständen teilhaben wollen:

»Ja sag mal, wie geht es dir denn?«

Etwas Nettes über den anderen während oder nach der Begrüßung zu bemerken, gehört zu den Höflichkeitsfloskeln. Bei Floskeln gilt die Ausnahme von der Regel. Wenn sonst die Qualität eines Kompliments mit dem Grad der Originalität steigt – hier ist es umgekehrt. Je unorigineller ein Kompliment, desto unverbindlicher. »Wie nett, Sie zu sehen!« oder »Hallo, ich freue mich, dich zu sehen« sind keine Brüller. Das sollen sie ja auch nicht sein. Zweck des Begrüßungskompliments ist lediglich, gute Stimmung herzustellen, damit die folgende gemeinsame Zeit angenehm wird. *Grooming talk* wird diese Art Geplauder genannt, die nach dem Hallo und Willkommen folgt. Kleine wechselseitige Komplimente sind das, wie das gegenseitige Zupfen der Flöhe aus dem Pelz. *Grooming* ist das englische Wort für Fellpflege.

Es kann genügen, indirekt zu komplimentieren. »Schön, dass Sie sich die Zeit genommen haben« ist ein Beispiel für dafür. Denn man sagt damit: Ich weiß, Sie haben viel zu tun. Ich fühle mich aber geehrt, dass Sie Ihre begrenzte Zeit mit mir verbringen. Je direkter die Komplimentformulierung, desto floskelhafter. »Gut sehen Sie aus!« ist ein Beispiel für Unoriginalität. »Was für ein roter Rock!« wäre zu individuell. Denn wo sieht der andere denn hin? Und was geht ihn mein Rock an? Wenn es also nicht gerade um Mode in der nachfolgenden Gesprächssituation gehen soll, wirken solche Begrüßungskomplimente aufdringlich. Sie führen zu Verunsicherung statt zu guter Stimmung.

Selbstverständlich ändert sich der Grad der Direktheit mit dem Grad der Intimität in der Beziehung. Im privaten Bereich ist es wunderbar, wenn sich die Aufzugstür öffnet, er bereits an der Wohnungstür steht und emphatisch ruft: »Mein Gott, was für eine schöne Frau sehe ich!«

Im Berufsalltag wäre das Provokation. Der Anpfiff für eine harte Konfrontation, das Werfen des Fehdehandschuhs, der Versuch, einen Gegner aus dem Konzept zu bringen. Viele Frauen haben Antennen dafür. Sie erkennen, wann ein Kompliment angemessen oder unangebracht und taktisch ist. Weil aber nur wenige Männer so aggressiv mit Komplimenten hantieren, lassen sich Kolleginnen doch häufig aus dem Konzept bringen, wenn es passiert. Das ist ein Pluspunkt für den kampfrhetorisch geübten Kollegen. Aber auch einer für den Mann, wenn er privat ein solcher Charmeur ist.

Im Umgang mit Kollegen und Vorgesetzten ist das Weglassen von Komplimentfloskeln eher schädlich. Auch dann, wenn sie aus Schüchternheit oder Bescheidenheit nicht gesagt werden. Häufig sagt man nur »Hallo« und unterlässt das »Schön, dass Sie hier sind. Wie geht es Ihnen?«. Schweigen ist Silber, floskelhaft Höflichkeit inszenieren im Beruf golden.

Die Kunst der Vorstellung

Nach dem Grundsatz, dass Höflichkeit dem Gleichheitsprinzip folgen sollte, dürften alle Frauen gleiche Aufmerksamkeit erwarten. Bei der einen auszurufen: »Endlich ist unsere schöne Nadine da!«, und etwas ähnlich Schönes bei der anderen zu vergessen, ist eine vielsagende Unterlassung. Und ungeschickt. Das schafft unzufriedene Frauen. Deswegen sollte ein Mann wenn schon alle eingeladenen Frauen mit ähnlichen Komplimenten ansprechen. Dabei müssen es nicht immer Worte sein, ein längerer Blick, ein intensiverer Händedruck, ein Aufblicken und Anlächeln genügt, um ihr zu verstehen zu geben, dass sie vor allen anderen die aufregenste Frau ist, die an diesem Abend den Raum betritt.

Im beruflichen Umfeld ist nützlich, den anderen rollenspezifisch zu charakterisieren. Das Kunststück liegt in der Gleichbehandlung. Zu sagen: »Hallo, hier kommt unser IT-Experte« ist okay, solange die anderen Kollegen nicht zu kurz kommen. »Ah, der Leiter der IT-Abteilung« oder »Wie schön, unsere Verantwortliche fürs Personal ist da« genügt. Der Beruf ist durch karge Komplimente gekennzeichnet, so karg, dass selbst die betonte Reduzierung auf die Rolle ein Kompliment ausmachen kann.

Das Wesen der Vorstellung besteht in der Herstellung des sozialen Kontaktes. Sie macht deutlich, in welcher Position der Neuankömmling eingeordnet werden soll. Stellt man eine neue Bekannte vor mit den Worten: »Das ist Susanne, unsere Nachbarin«, unterscheidet sich das erheblich von den folgenden kurzen Charakterisierungen:

Das ist Susanne, eine großartige freischaffende Künstlerin, die gestern eine Vernissage im Schiller-Palast hatte.

Das ist Susanne, Mutter eines ganz lieben kleinen Jungen, der der beste Freund meiner kleinen Maria ist.

Das ist Susanne, eine gute Freundin.

Der Lichtkegel auf die Rolle, mit der eine Person eingeführt wird, kann nicht mehr zurückgenommen werden. Und manchmal ist es verletzend, als Nachbarin vorgestellt zu werden, obwohl man selber annahm, eine Freundin zu sein. Es ist für den anderen stets schmeichelhafter, wenn er »höher« eingestuft wird. Dachte er bisher, er sei nur ein Bekannter, ist es ein Kompliment, nun als »Freund der Familie« zu gelten. Dachte sie bisher, sie sei nur Nachbarin, schmeichelt es, sie auf einer Party von Geschäftsfreunden als »äußerst innovativen Kopf« vorzustellen.

Übung	Überlegen Sie sich Begrüßungskomplimente für Ihr berufliches und privates Umfeld.

4. Berufskomplimente: »Einschmeicheln« als Karrieretaktik

Vorsicht Chef! Bitte Kriechspur benutzen!

Eigentlich ist im Beruf die unterste Stufe platter Utilität im Umgang miteinander erreicht. Höflichkeit und schöne Worte sollen in vielen Fällen nur die Maschinerie des gemeinsamen Arbeitens schmieren. Man spricht von einer Zweckhöflichkeit und dementsprechend von Zweckkomplimenten. Worin besteht der Zweck? Warum sind wir auch zu Kollegen höflich, die wir nicht sympathisch finden? Weil wir miteinander klarkommen müssen. Aber dieser Zweck darf nicht durchscheinen, sonst verlieren die Worte ihre fördernde Funktion und verkehren sich ins Gegenteil.

Natürlich herrscht auch in der Arbeitswelt nicht nur Antipathie. Wir mögen auch einige und sind ihnen freundschaftlich verbunden. Hier machen wir gerne Komplimente. Aber davon soll im Folgenden nicht die Rede sein. Denn netten Menschen hübsche Komplimente zu machen ist kein Kunststück. Aber die Komplimente als Instrument der Karriere oder als Instrument der Mitarbeitersteuerung einzusetzen, verlangt besondere Kenntnisse. Dazu jetzt mehr.

Das Kompliment in Abgrenzung zum Lob

Das Kompliment sollte vom Lob unterschieden werden. Ein Lob ist stets leistungsbezogen. Wir loben immer für etwas. Ein Kompliment ist für die Zwischenräume, in denen das Lob keine Anwendung findet. So können Mitarbeiter ihrem Vorgesetzten stets nur Komplimente machen, ihn aber nicht loben. Denn in einer Hierarchie wird von oben nach unten gelobt. Der Grund ist, dass Lob auch immer eine bestimmte Beurteilungskompetenz voraussetzt. Nur wer die Leistung des anderen fachkompetent beurteilen kann, darf auch loben. In der Regel wird vorausgesetzt, dass ein Mitarbeiter weniger Kompetenz und Fachwissen als ein Vorgesetzter hat. Eine Ausnahme ist, wenn Mitarbeiter ihren Chef in seiner Rolle als Chef loben. Denn in diesem Fall besitzen Mitarbeiter die Beurteilungskompetenz.

Persönlichkeit und strategisches Komplimentieren

Im beruflichen Umfeld ist das Kompliment eine Episode sozialen Verhaltens. Wir legen es darauf an, unsere Attraktivität für andere zu erhöhen. Dabei zählt es zu den Impression-Management-Techniken, deren Ziel ist, einen positiven Eindruck zu hinterlassen. Zu dieser Kategorie gehören *Self-Promotion* (Eigenwerbung), *Exemplification* (beispielhaft erscheinen) und eben *Ingratiation* (Einschmeicheln).

Aber wer zu offensiv versucht, sich einzuschmeicheln, kann in den Augen anderer an Wert verlieren. Denn je stärker die wahrgenommene Abhängigkeit aus Sicht des Interaktionspartners, desto unglaubwürdiger erscheinen die weiteren Komplimente. Und wer seine Ressourcen darauf verwendet, sich einzuschmeicheln, der zieht sie von anderen, vielleicht bedeutungsvolleren Aufgaben ab.

Ein weiterer Nachteil fällt auf: Es gibt nur wenige geborene Schleimer. Es zeigte sich, dass Mitarbeiter sich zum Teil schuldig fühlen oder Schamgefühle entwickeln, wenn sie mit strategischen Komplimenten agieren. Sie finden ihr eigenes Verhalten illegitim und geraten in einen Zustand der Dissonanz. Wenn Sie also die Technik der Ingratiation betreiben wollen, dann auch mit ganzem Herzen und in dem Bewusstsein, dass Schleimen eine legitime Karrieretaktik darstellt.

So abseits des Normalen ist das berufliche Einschmeicheln nicht. Wenn eine Person ein Ziel verfolgt, bei dem sie auf die Unterstützung durch andere Personen angewiesen ist, dann setzt sie in jedem Fall die affektive Strategie des Einschmeichelns als Machtmittel ein.[34]

Komplimente als Taktik, die Aufnahmebereitschaft einer Gruppe zu erhöhen

Liebe Kollegen, ich bin stolz auf unsere Erfolge in den letzten Monaten und beeindruckt durch das Engagement eines jeden Einzelnen von Ihnen. Zur Komplettierung unserer Abteilung stelle ich Ihnen jetzt Frau Müller vor, die sich freut, in unserer Spitzentruppe mit dabei sein zu dürfen.

Der Einstieg über Komplimente mit der Absicht, gute Stimmung hervorzurufen, ist auch eine geeignete Methode, die Aufnahmebereitschaft der Gruppe zu erhöhen. Es findet ein Überlagerungseffekt statt, wenn die Gruppe gut gelaunt ist. Denn Personen in guter Stimmung neigen dazu, andere ebenfalls fröhlicher einzuschätzen. In schlechter Stimmung wird ein anderer auch negativer eingeschätzt (Stimmungskongruenz).

Interessant ist, dass es häufig völlig ausreichend ist, nur einem Einzelnen aus der Gruppe ein Kompliment zu machen, denn dessen gute Stimmung steckt die anderen an. Man spricht vom *Affekteninfusionsmodell*, die gute Laune fließt aus einem heraus und in alle Umstehenden hinein – ein schönes Bild für die Tatsache, dass normalerweise eine Art Stimmungsregulation stattfindet.

Komplimente für Mitarbeiter

Nicht alle Menschen lassen sich durch Komplimente und Lob gleich gut beeinflussen. Denn nicht alle sind im gleichen Maße anerkennungsbedürftig. Wir erkennen diejenigen, die Lob nötig haben und sich dadurch beeinflussen lassen, an ihrem Verhalten: Anerkennungsbedürftige Mitarbeiter sind in Gruppen eher ruhig und mehrheitskonform. Sie ergreifen, aus Furcht vor Zurückweisung, seltener die Initiative zu Interaktionen mit anderen. Sie bieten das Bild eines Menschen, der unbedingt Sympathie gewinnen möchte, dem es aber an Selbstvertrauen fehlt und an Selbstbehauptung. Er schafft es nicht, aus der sozialen Situation das Beste zu machen. Schweifen wir also in Gedanken über die Köpfe unserer Mitarbeiter und versuchen, die Anerkennungsbedürftigen zu identifizieren. Anschließend können wir mit kurzem sachlichen Lob sehen, ob wir recht hatten.

Komplimente steigern die Leistungsfähigkeit der Mitarbeiter

In einem Versuch der Psychologen Bolte, Goschke und Kuhl forderten diese ahnungslose Versuchspersonen dazu auf, zu jeweils drei dargebotenen Wörtern anzugeben, ob diese alle mit dem gleichen Wort verbunden werden können[35]. So passt zum Beispiel zu den Wörtern »Haus, Verband, Sattel« dann das Wort Dach oder zu »Haus, Hund, Garten« zum Beispiel Kinder. Aber vor der Präsentation der Wörter wurden die Versuchspersonen aufgefordert, sich entweder an etwas Schönes (positive Stimmungsinduktion) oder an etwas Hässliches (negative Stimmungsinduktion) in ihrem Leben zu erinnern.

Die Ergebnisse dieses Experiments zeigten, dass Personen, die sich vorher an etwas Angenehmes und Erfreuliches erinnert hatten, häufiger ein korrektes Verbindungswort fanden als diejenigen, die sich nur an etwas Negatives erinnern sollten.

Daraus kann gefolgert werden: Komplimente sind als Mittel der positiven Stimmungsinduktion durchaus den Versuch wert, beim anderen bessere Leistungen hervorzubringen.

Besonderheiten beim Formulieren von Berufskomplimenten

Der Verzicht auf die *Klimax* ist beim Berufskompliment besonders wichtig. Die Regel lautet hier: Downsizen!

Auch wenn wir im Privaten Rosenblätter streuen, im Job sollten es lediglich dürre Zweige sein. Nüchternheit ist angesagt, Sachlichkeit und richtiges Rollenverhalten. Sie sprechen in Ihrer Rolle als Projektmanager, Filialleiter, Assistentin, Verkäuferin und so weiter, nicht als Roland, Thorsten, Susanne oder Claudia. An einem Rollenschema ist nichts Schlechtes, es hat nichts mit

Unehrlichkeit zu tun, sondern mit der Notwendigkeit der Aufrechterhaltung beruflicher Distanz. Schließlich befinden Sie sich in einer konstruierten Gemeinschaft, jederzeit bedroht durch Kündigung und Auflösung. Jeden Tag kann einer der Kollegen durch einen anderen ersetzt werden und morgen vielleicht Sie selber. Ihre Person, machen wir uns nichts vor, spielt keine Rolle. Ein paar Tage spricht man über Sie, aber nach wenigen Wochen ist der neue Kollege integriert, und es ist, als seien Sie die letzten zehn Jahre nicht da gewesen.

Wenn wir nun unsere Rollen verwechseln, dann trauern und leiden wir nach einer Kündigung als Thorsten oder als Susanne. Bleiben wir jedoch von Beginn an im Bewusstsein, sich im Job als Sachbearbeiter oder Personaler zu sehen, dann erfolgt genau diese Identifikation. In einer neuen Stelle treten wir dann wieder in diese Rolle und erfüllen unsere Funktion. Denn dafür werden wir bezahlt, nicht dafür, dass wir uns als Thorsten oder Susanne einbringen, auch wenn die eine oder andere Personalabteilung diese Illusionen vorgibt. Komplimente im beruflichen Umfeld sollten diesem Rollenverständnis Rechnung tragen.

Methode der Meinungsführer (Mätresse statt König)

Wer Komplimente als berufliche Karrieretaktik einsetzen will, sollte sich an die Theorie der Meinungsbildner halten. Meinungsbildner sind Personen, die in Gruppen, Netzen und Milieus einflussreich sind und anderen in unterschiedlichen Bereichen Rat geben. Im beruflichen Umfeld ist das gerade häufig nicht der Chef, sondern ein Kollege, der mit dem Chef gut kann.

So ist es geschickter, sich mit der Mätresse gut zu stellen, wenn man den König beeinflussen will, als zu versuchen, diesen direkt zu beeindrucken. Meinungsführer, wie der Kollege, der mit dem Chef gut kann, oder die Mätresse sind ja nicht nur neutrale Übermittler von Informationen. Sie sind selektive Vermittler. Sie filtern, ändern, kommentieren.

Es heißt also, den Meinungsführern zu schmeicheln, damit diese durch sozialen Druck den Meinungsbildungsprozess und das Verhalten der Hinterperson verursachen.[36]

Zwei Methoden des Einschmeichelns bei Ranghöheren
Schmeicheln und Komplimentemachen ist das eine – richtig schmeicheln das andere. Nicht immer ist es vorteilhaft, dem Professor die Tasche hinterherzutragen, wie vor einigen Jahren an der Uni Bonn beobachtet. Allerdings mit Erfolg. Der wissenschaftliche Mitarbeiter bekam tatsächlich die begehrte Stelle als Akademischer Rat, obwohl weitaus kompetentere Konkurrenz sich beworben hatte. Doch so sichtbar muss es gar nicht sein. Das wissen die meisten von uns ganz von selber. In einer Studie, die inzwischen schon über fünfzig Jahre alt ist, an Aktualität aber nichts verloren hat, wurde einmal untersucht, welche Einschmeichelstrategie junge Marinekadetten wählen, um sich bei ihrem Vorgesetzten in ein gutes Licht zu rücken[37]. Dabei war die Aufgabe, so ehrlich wie möglich zu sein. Wie gingen sie vor?

Die einen schmeichelten ihrem Vorgesetzten, indem sie positive Dinge über ihn berichteten, ihn also erhöhten. Die anderen, ranghöheren Kadetten, wählten die Strategie der positiven Selbstdarstellung und beschrieben ihre Nützlichkeit für ihn. Beides sind zwei gut funktionierende Methoden des Einschmeichelns. Welche die richtige ist, hängt von unserem relativen Status zum Ranghöheren ab. Wer die Wahl hat, sollte eher auf die Methode der Nützlichkeit abstellen. Denn Nützlichkeit und Verwertbarkeit unserer Arbeitskraft machen unseren Wert aus. Nützlich können wir auf vielerlei Art sein. Selbst ein humorvoller Charakter kann für ein Unternehmen nützlich sein. Solche Personen werden gerne ins Team geholt, weil sie zu einer entspannten Arbeitsatmosphäre beitragen. Allerdings ist eines besonders wichtig: Wir müssen immer nützlich für den Vorgesetzten sein. Niemals darf der Entscheidungsträger befürchten, dass etwa wir für das Unternehmen nützlicher als er sein könnten. Das wäre der falsche Weg, denn wir dürfen für einen Entscheidungsträger nicht zur Gefahr werden, sondern in allem, was wir tun, für ihn von Nutzen sein. So zumindest die Ausrichtung beim Berufsschmeicheln.

Schmeichelt man Schmeichlern?
Vorsicht: Wer mit den anderen um die Wette komplimentiert, könnte enttäuscht werden. Es ist eher unwahrscheinlich, dass der

von allen Seiten mit Komplimenten Überschüttete Ihnen selber auch eines macht. Der Hoffnung auf eine reziproke (wechselseitige) Imagearbeit sollte man sich nicht hingeben. Wenn ein erfolgreicher Kollege von allen anderen auf die Schulter geklopft wird, wir der höchstens erwidern:

Ich danke euch allen! Ihr seid aber auch nicht schlecht!

Damit sind Sie lediglich Teil eines Gruppen-Kompliments, das höchstens Ihre Identität als Mitglied einer Gruppe stärkt, nicht aber Ihr Selbstbewusstsein als Einzelperson.

Übung   Sollten Sie im beruflichen Umfeld bescheiden auf Komplimente und Lob reagieren?

5. Compliment Opener: Wie spreche ich sie/ihn an?

Ich setzte mich also an ihren Tisch und sagte ohne Umschweife: »Sie sind die schönste Frau, die ich jemals gesehen habe, und wenn Sie mich jetzt wegschicken, dann gehe ich in dem Bewusstsein, niemals mehr eine Frau, die nur hübsch ist, lieben zu können.« Wortlos drehte ich mich um. Als ich die Tür erreichte, hörte ich sie rufen: »Warte!«

Wie finden Sie sein Vorgehen? Später mehr dazu.

Amerikanische Compliment Opener

Ein amerikanischer *Compliment Opener* ist ein formelhaftes Kompliment, mit dem wir eine fremde Person ansprechen. Wir könnten auch einfach hingehen und sagen: »Guten Tag. Ich bin Thomas Müller«, oder: »Hi, ich bin Laura. Wer bist du?« Aber für viele scheint das nicht der einfachste Weg zu sein. Wie der Name schon sagt, sind Opener etwas, was vor allem im amerikanischen Raum verbreitet ist. Dort hört man immer wieder bestimmte Sätze gleichen Inhalts, etwa in Form von humorvollen oder indirekten Komplimenten:

*How high are those heals! – Because you dont fall around
like the other women in them.*

*Hey, let me tell you something about good looking people …
we're not well liked.*

Wer möchte, kann diesen amerikanischen Stil übernehmen. Die
Methode besteht darin, von anderen erprobte Opener auswendig
zu lernen. Sicher, sie sind weder individuell noch personenbezogen. Aber das ist auch nicht das Konzept. Sie sollen Kontakt über
Floskelhaftigkeit herstellen. Im Amerikanischen stellen Compliment Opener einen Teilbereich unterschiedlichster Gesprächser-
öffnungsfloskeln dar. Da gibt es Opinion Opener, Advice Opener,
Direct Opener, Joke Opener, Situational Opener und noch andere.

Aber dieser amerikanische Stil ist nicht jedermanns Sache. Ein
Opener kann durchaus selbst kreiert werden. Zum Beispiel nach
den Grundmustern und Eloquenzien, kombiniert mit Techniken
des Glaubhaftmachens. Das sind dann europäische Opener, die
den Reiz des Individuellen haben. Doch gleich, für welche Variante wir uns entscheiden, der Erfolg eines Opener hängt auch noch
von anderen Voraussetzungen ab.

Wie gelingt ein europäischer Opener?
Eigenartige Dinge gehen manchmal in Menschen vor, wenn sie
überraschend angesprochen werden. Stellen wir uns mit »Hallo, ich
bin Hubert« vor, kann es sein, dass wir damit nur mäßige Begeisterung erzeugen. Wieso? Weil Hubert im Allgemeinen kein positiv
bewerteter Vorname ist[38]. Anders als David oder Michael. Das mag
im Laufe der Zeit wechseln. Der Vorname Willem oder Wilhelm
kann durchaus wieder positiver bewertet werden, zum Beispiel
weil es der Name eines klugen Fernsehkommissars ist oder einer
anderen beliebten Persönlichkeit. Wer also einen unbeliebten Vornamen hat, sollte ihn nicht unbedingt in einem Opener verwenden.
Es genügt, ihn im zweiten oder dritten Satz zu erwähnen.

Dass freundliches Lächeln während eines Openers die Erfolgswahrscheinlichkeit erhöht, leuchtet ein. Ein nur normaler
Gesichtsausdruck verringert sie. Aber wir können unser Lächeln,

zumindest unser ehrliches Lächeln, nicht immer beeinflussen. Wenn wir aufgeregt sind, sind wir es. Wenn uns zum Lächeln ist, lächeln wir. Davon sollten wir uns also nicht abhängig machen.

Und nun etwas Ernüchterndes: In den allermeisten Fällen hängt der Erfolg eines Openers – ob amerikanische oder europäische Variante – von unserer Attraktivität ab. Gut aussehende Personen werden positiver eingeschätzt als nur normal aussehende Menschen[39]. Auch wenn man diesen Umstand nicht überschätzen darf, bei Openern ist er von Bedeutung. Heißt nun die Konsequenz, dass weniger hübsche Menschen keine Fremden ansprechen sollten? Natürlich nicht. Wir müssen nur die Eindrucksbildung intensiver steuern. Man ist sich noch nicht ganz einig, ob die Menschen ihr Urteil über einen anderen aus der Summe aller Eindrücke gewinnen oder ein arithmetisches Mittel bilden[40]. Auf jeden Fall erhöht die Menge der Informationen auch die Differenzierung des Urteils.

Und hier können wir ansetzen: Bieten wir einer Person, die noch nichts von uns weiß, gezielt positive Informationen. Alles sollte irgendwie schön und angenehm sein: dieser Moment, diese Situation, die Leute, das Wetter, die Zukunft und die Vergangenheit. Keine Kritik, kein Mäkeln, keine negativen Umstände.

Übrigens, bei Frauen ist noch gar nicht geklärt, ob sie einen ihnen fremden Mann deswegen attraktiv finden, weil er freundlich ist, oder deswegen freundlich finden, weil er attraktiv ist[41]. Die Chancen stehen also für alle gleich und das Spiel kann beginnen.

Zwei Kriterien sind für den Erfolg eines Openers entscheidend: erstens der richtige Kontext, zweitens ein Kontakt vor dem Äußern des Openers.

1. Der Kontext

Wenn wir Informationen über andere Menschen interpretieren, geschieht das immer innerhalb bestimmter Kontexte. Sogar scheinbar irrelevante Details, wie die Räumlichkeit oder der Ort, an dem wir einen anderen ansprechen, haben Einfluss darauf, wie dieser uns beurteilt. Sprechen wir eine fremde Frau im Rahmen eines Businesstreffens an, in dem es ums Netzwerken geht, wird der Opener »Sie sind eine interessante Person« anders verstanden, als wenn wir sie mit diesen Worten an einem sonnigen Frühlingstag in ihrem Lieblingscafé beim Zeitunglesen ansprechen. Im Kontext des Beruflichen wird dieses Kompliment auf die Position bezogen und auf erbrachte Arbeitsleistungen oder darauf, dass man für andere nützliche Personen kennt und diese miteinander in Kontakt bringen könnte. Wenn wir uns also einem Menschen privat nähern wollen, sollten wir auch einen privaten Kontext suchen. Umgekehrt gilt natürlich dasselbe.

2. Kontakt vor dem Opener

Jemanden anzusprechen, den wir nicht kennen, birgt die Gefahr der Ablehnung. Deswegen können wir versuchen, uns im Vorfeld abzusichern, indem wir irgendeine Art von Kontakt aufbauen. Worte sind nicht notwendig, Augenkontakt vollkommen ausreichend – noch nicht einmal das berühmte Anlächeln ist erforderlich, obwohl es nett wäre. Aber im Grunde genügt irgendeine Form von sozio-emotionaler Beziehung als Ergebnis vorheriger gemeinsamer Interaktionen (Augengruß, also Heben der Augenbraue, Zunicken oder die Andeutung, dass man auf die fremde Person zugehen will, Zuprosten und Ähnliches).

Selbst wenn anschließend das Kompliment nicht ganz gelingt, sorgt der bereits im Vorfeld aufgebaute Kontakt dafür, milder beurteilt zu werden.[42]

Zum Abschluss: Der Compliment Opener in der kleinen Erzählung am Anfang dieses Kapitels (»Ich setzte mich also …«) wirkt überzeugend. Wer ihn verwenden möchte, der sollte Wert auf die richtige Betonung legen und lernen, aufrichtig zu klingen. Dazu eignen sich vor allem die 1. Technik für glaubhafte Komplimente (Umgangssprache), die 7. Technik (Wahrheit) und die 9. Technik (Ähhs …). Wer aber tatsächlich so empfindet, umso besser! Es handelt sich übrigens um einen schon von Hermann Löns (1866–1914) verwendeten Ansatz. Er hätte gesagt:

Wie Blumenblätter sind deine Lippen und noch viel röter als die dunkelsten Rosen. Ich werde nie mehr Rosen sehen, ich sehe nur noch deinen Mund.

Übung

1) Versuchen Sie einen Compliment Opener im amerikanischen Floskel-Stil mit dem Inhalt: schöne Haare.

2) Was sind die Vor- und Nachteile von gesprächs-
eröffnenden Komplimentfloskeln?

3) Formulieren Sie Komplimente, die geeignet sind, eine
schöne Frau / einen schönen Mann anzusprechen. Gehen
Sie von den Grundmustern und den Eloquenzien aus.

6. Diplomatische Komplimente: Rettung aus verzwickten Situationen

Angenommen, es beginnt zu regnen. Sie spannen den Regenschirm auf, und kaum gehen Sie ein paar Schritte, kommt Ihnen
ein Bekannter entgegen und hängt sich bei Ihnen ein. Ergebnis:
Sie werden beide nass. Was tun Sie? Sie winken einen weiteren
Bekannten zu sich, der sich an Ihrem anderen Arm einhängt. Nun
sind Sie in der Mitte und bleiben trocken. Das ist Diplomatie!

Was sind »diplomatische Komplimente«?
Diplomatische Komplimente sind geschickte Formulierungen und
Verhaltensweisen sowie ungewöhnliche Lösungen in vertrackten
Situationen. Die Schmeichelei kann dabei im Mittelpunkt stehen
oder so indirekt sein, dass der andere sie kaum bemerkt. Somit
sind diese Komplimente eine Unterform des diplomatischen Verhaltens. Zwei Beispiele zur Verdeutlichung:

Herzogin Luise von Sachsen-Weimar (1757–1830) wurde von
Napoleon empfangen, während dessen Truppen gerade die Stadt
Weimar besetzten. »Wie konnte Ihr Gemahl«, fragte er sie, »so
dumm sein, mit mir Krieg zu führen?« Und Luise von Weimar,
eine sonst ernste und introvertierte Frau, antwortete mit einem
indirekten Kompliment: »Hätte er anders gehandelt«, meinte sie,
»hätte Eure Majestät ihn verachtet.«

Nach diesem Gespräch mit Luise von Weimar befahl Napoleon, das Plündern der Stadt einzustellen. Einige Stunden später

unterzeichnete er schließlich einen Vertrag, der das Weiterbestehen des Herzogtums Weimar sicherte.

Das zweite Beispiel: Bei einem Empfang in der deutschen Botschaft in Bern wandte sich die Gastgeberin verzweifelt an einen Diplomaten und bat um Rat. Ein exotischer Gast war beobachtet worden, wie er ein Silbertellerchen aus einem unersetzlichen Service eingesteckt hatte. Was sollte man tun? »Das werden wir gleich haben«, sagte der Diplomat, nahm auch ein Tellerchen, ging zu dem Gast und flüsterte ihm ins Ohr: »Ich hab mir auch eines genommen. Leider müssen wir sie zurückgeben. Man hat es bemerkt!«

Beide, die Herzogin von Weimar und der Diplomat, agierten diplomatisch. Ihr Vorgehen war geschickt. Allerdings wählte nur Luise von Weimar das Kompliment als Instrument der Taktik aus. Der Diplomat agierte mit dem rhetorischen Element der Gruppenzugehörigkeit, nicht mit einer Schmeichelei. Hier soll nur von der Schmeichelei als taktisches Instrument für diplomatisches Verhalten die Rede sein.

Wie man hässlichen Menschen schmeichelt

Als Erstes zu der Frage, die den meisten im Zusammenhang mit dem diplomatischen Kompliment einfällt: Wie macht man einem unattraktiven Menschen ein Kompliment?

Die Antwort lautet: Durch Ausweichen und durch Schaffen von Relationen.

Ausweichen heißt, die hässlichen Stellen am anderen übersehen. Eine große, auffällige Nase im Gesicht einer jungen Frau thematisiere ich nicht. Aber das Kastanienbraun ihrer Haare schon oder die Hände, die so aussehen, als hätten sie bisher nur Schönes angefasst. Oder ihren Gang, der so anziehend, weil es ja überhaupt die Bewegung einer Frau ist, die Attraktivität ausmacht und noch nie haben wir ein Weib gesehen, das so verführerisch wie sie sich dreht, so unglaublich lasziv nach der Zigarette greift und so weiter.

Eine Relation schaffen heißt, einen Aspekt in Beziehung setzen. Ein wunderbares Beispiel für diese Vorgehensweise ist folgende Begebenheit aus dem galanten Jahrhundert:

»Nun, Gräfin«, fragte Napoleon einmal die junge Adelige Julia Potocka, »wie tanze ich?« »Sire«, erwiderte sie, »für einen großen Mann tanzen Sie ausgezeichnet.«

Damit setzt sie Napoleons Tanzkünste, die offenbar nur mäßig waren, in Relation zu seiner Rolle als mächtiger Staatsmann. Vergleicht man beides, wird klar, wie unwichtig es für einen militärischen Befehlshaber ist, gut tanzen zu können. Brillant und besonders eloquent wirkt diese Bemerkung aber, wenn wir uns bewusst machen, dass Napoleon eine geringe Körpergröße hatte, kaum größer als einen Meter siebenundsechzig. Der Funke einer Kritik am Tanz wird sofort durch die Schmeichelei über die Größe dieses Staatsmanns gelöscht. Ein großartiges diplomatisches Kompliment: indirekt, schlagfertig und mit einer übertragbaren Struktur, die heute wie damals anwendbar ist.

Ein anderer Weg ist der (schöne) Angriff. Im Sturm steuern Sie auf die große Nase zu und sprechen sie direkt an. Ist es nicht gerade das Ungewöhnliche, das geliebt wird? Nicht die Abweichungen von der Schönheit, die erst zur Schönheit führen? Mathematisch perfekte Gesichter finden wir nicht schön, dafür aber die, die von der Regel abweichen. Sie sind interessant, faszinierend, aufregend. So wie die unvollendeten Gemälde uns anziehen und wir länger hinsehen. Denn sie bringen das Spiel der Einbildungskraft in Gang. Wer hat nicht alles eine große Nase im Gesicht stehen? Friedrich Schiller, Patrick Stewart, Shahrukh Khan – und wieso auch das Schönste am anderen nicht bewundern? Sicherlich mit Vorsicht. Die Distanz ist einzuhalten. Während einer Party, auf einem Treffen mit Kollegen oder Kunden darf man nichts ansprechen, das irgendwie Grund zur Verunsicherung sein könnte. Aber wenn die Frau mit der großen Nase mit Ihnen auf dem Balkon steht, ein Glas Sekt in der Hand, die Lichter der Stadt unter ihnen, und sie verunsichert auf ihre große Nase hinweist, dann könnten Sie antworten: »Wie die von Barbra Streisand. Der schönsten Frau, die ich bis zu diesem Abend kannte.«

Übung	1) Ein Mann streitet mit einer Frau, wer häufiger recht hat. Angenommen, Sie wären der Mann, wie könnten Sie diplomatisch antworten?

2) Ihre Frau oder Ihr Mann spricht Sie darauf an, dass Sie ja schon so viele Partner(innen) vor Ihrer jetzigen Beziehung gehabt hätten. Wie antworten Sie mit einem diplomatischen Kompliment?

7. Eifersuchtskomplimente: Wirkungsvoll beruhigen

Du bist die Beste. Wieso die Milch woanders holen, wenn man die Milchkuh zu Hause hat?

Eifersucht ist ein leidenschaftliches Streben nach Alleinbesitz. Die emotionale Zuwendung einer Bezugsperson darf kein anderer besitzen. Angst vor einem tatsächlichen oder auch nur vermuteten Konkurrenten nimmt von einem Besitz. Kaum lautet die Einschätzung: »Meine Beziehung könnte bedroht sein!«, wird auch schon ein Eifersuchtsprogramm aktiviert. Emotionswissenschaftler sind der Ansicht, dass dieses Eifersuchtsprogramm bei Männern anders als bei Frauen abläuft. Tatsächlich hat eine schon ältere Studie von Teismann-Mosher aus dem Jahr 1978 gezeigt, dass für Frauen die *emotionale Untreue* besonders schlimm ist (wenn er sich in eine andere verliebt), während für Männer die *sexuelle Untreue* (wenn sie mit einem anderen schläft) eifersüchtig werden lässt.

Rund zwanzig Jahre später wurde diese Studie von Buunk, Angleitner, Oubaid und Buss (1996) wiederholt, mit demselben Ergebnis. Für dieses interessante Ergebnis wurden unterschiedliche Erklärungen gefunden, zum Beispiel dass Frauen im Verlauf der Evolution das Überleben ihres Genmaterials durch verlässliche Partner mit ausreichenden ökonomischen Ressourcen wahrscheinlicher machten. Zusammen mit solchen Männern sei es einfacher, das Überleben der Kinder bis zur Geschlechtsreife sicherzustellen. Nach dieser Erklärung wird eine Frau eifersüchtig, weil ein idealer Zustand bedroht wird, wenn ihr Mann sich möglicherweise in eine andere verliebt. Dann würden die gemeinsamen Ressourcen der anderen zur Verfügung stehen. Sie bekommt also die Urlaubsreise geschenkt, nicht ich. Mit ihr geht er in teure Restaurants, nicht mit mir. Sie kriegt ein Goldkettchen, nicht ich, die ich mit ihm schon seit zehn Jahren verheiratet bin!

Männer, im Unterschied zu Frauen, scheinen etwas ganz anderes zu befürchten. Ihnen ist es nicht so wichtig, ob ein anderer Mann ihre Frau zum Essen einlädt, denn bestenfalls lässt sich dadurch etwas einsparen. Gravierend aber wäre, wenn sie von einem anderen Mann ein Kind erwarten und es ihm unterschieben würde. Das, so einige in der Psychologie, sei die heimliche Angst eifersüchtiger Männer.

Wie macht man ein wirkungsvolles Eifersuchtskompliment?

Hinter tausend Küssen hab ich immer nur deine
Lippen gesucht!

Ziel des Eifersuchtskompliments ist es, den anderen zu beruhigen. Er soll davon überzeugt werden, dass kein Grund besteht, sein Eifersuchtsprogramm zu starten.

Männer sollten einer eifersüchtigen Partnerin nicht sagen, dass sie doch viel besser als die andere aussehe oder viel mehr Sexappeal habe. Denn das ist es nicht, was sie wirklich beunruhigt, sondern dass er sich in eine andere verliebt! Deswegen sollten seine Komplimente die starke gemeinsame emotionale Bindung zum Inhalt haben:

Zu keiner Frau kann ich mich je mehr hingezogen fühlen
als zu dir.

Niemandem vertraue ich mich so an wie dir.

Nie werde ich jemals für eine andere so viel empfinden
können wie für dich.

Er sollte also über Gefühle reden. Komplimente mit dem Inhalt »Liebe zu ihr« haben hohe Wahrscheinlichkeit, eine eifersüchtige Frau zu beruhigen.

Umgekehrt ist es rhetorisch sinnvoll, wenn eine Frau ihren eifersüchtigen Mann mit Komplimenten über seine sexuelle Potenz beruhigt: Niemand hat sie jemals so befriedigt wie er, keiner erfüllt so gut ihre erotischen Vorlieben, keiner ist aufregender, attraktiver, potenter, nichts vermisst sie bei ihm, keine erotischen Wünsche bleiben offen, weil er ihr alles geben kann. Der Fantasie sind keine Grenzen gesetzt.

Schnurrt das mechanistische Eifersuchtsprogramm noch nicht, ist es nützlich, im Vorfeld regelmäßig Eifersuchtskomplimente einzubringen. Es bewirkt zwar keine Wunder, schadet aber nicht und stärkt die Zufriedenheit in der Beziehung. Dafür eignen sich Komplimente im Stil des Kontrastes, in denen andere Frauen mit der Einzigartigen an ihrer Seite verglichen werden. Hier ein Beispiel. Andere sollten Sie in Ihren eigenen Worten überlegen.

Was du mit den anderen gemeinsam hast? Nichts!
Keine Frau kann jemals das für mich sein, was du mir bedeutest.

Die Methode der Herabwürdigung der Vorgänger(innen)

Die Herabwürdigung der Expartner ist häufig notwendig, um eine Frau, oder auch einen Mann, bei guter Stimmung zu halten. Es gehört zum Ideal der romantischen Liebe, dass alles perfekt ist. Selbst wenn die Wirklichkeit dem widerspricht. Keine Vorgänger-(innen) sollten in irgendetwas besser gewesen sein. Sogar selbstbewusst wirkende Frauen sehen grauen Nebel aufsteigen auf ihrer rosa Wolke, wenn er zu verstehen gibt, dass seine Ex gut, ja sehr gut kochen konnte: »Besser als ich?« »Etwas vielleicht.« Und schon nistet sich ein: Er mochte seine Ex lieber, denn die konnte besser kochen. Warum sollte man dieses Thema anschneiden?

Von Casanova stammt der Rat, niemals über die früheren Frauen mit der aktuellen Frau zu sprechen. Und wenn, dann nur Schlechtes. Aber wenn möglich, so Casanova, nicht allzu schlecht. Denn unklug, wer sich den Rückweg verbaut. Wer sich allerdings für ewig an eine gebunden hat, der kann die Vorgängerinnen bis in die tiefste Tiefe herabwürdigen. Hier wirkt wieder der psychologische Abwärtsvergleich:

Den? Den guck ich mit dem Arsch nicht mehr an!

Der? Der kann auf keinem Gebiet auch nur irgendetwas besser als du.

Vorsicht aber mit Übertreibungen. Sie bewirken manchmal das Gegenteil. Wer also das Gefühl hat, er müsse den anderen wirklich und aufrichtig davon überzeugen, dass er der Einzige ist, der sollte nüchterne Komplimente machen. Vielleicht so:

Du bist alles, was ich mir jemals bei einem Mann gewünscht habe.

Übung

1) Sie stellt über eine seiner früheren Beziehungen fest: »Aber ihr seid doch so verliebt gewesen!« Was sollte er antworten, wenn er ihre Eifersucht mit einem Kompliment beruhigen will?

2) Überlegen Sie Komplimente, um dem anderen zu verstehen zu geben, dass nur er und ausschließlich er und kein anderer der Grund für Ihr heutiges Glück ist.

3) Finden Sie eine gute Antworten in Form eines Kompliments auf die Frage: »Sag mal, würdest du mich eigentlich jemals betrügen?«

4) Formulieren Sie Komplimente als geschickte Antworten (die natürlich auch der Wahrheit entsprechen können) auf die Frage: »Wieso hast du mit deiner Ex Schluss gemacht, wo sie doch so attraktiv ist?«

8. Entlarvungskomplimente: Lügen aufdecken

Bei moralischen Menschen kann man mit Komplimenten über die Ehrlichkeit eine Konsolidierung des schlechten Gewissens verursachen, vorausgesetzt der andere lügt. »Du bist der aufrichtigste Mensch, den ich bisher in meinem Leben kennengelernt habe« verursacht nur dem ungeübten Lügner Unbehagen. Der Aufrichtige fühlt sich geschmeichelt.

Möglicherweise stellt sich für den Lügner eine kognitive Dissonanz ein: Eigentlich will er uns nicht anlügen, umso weniger, weil er unsere Wertschätzung spürt. Auf der anderen Seite wird er seine Gründe haben, so wie alle Lügen das gemeinsame Merkmal aufweisen, dass es Gründe gibt, warum gelogen wird.

Je stärker jedoch auf den moralischen Wert der Ehrlichkeit hingewiesen wird, desto stärker empfindet der ungeübte Lügner Dissonanz: Er will eigentlich nicht lügen und fühlt sich dabei unwohl. Um sich wieder wohler zu fühlen, wird er früher oder später die Lüge zugeben.

Zusätzlich könnte ein anderer Mechanismus greifen: der der *self-fulfilling prophecy*. Wer stets als ehrlicher Mensch dargestellt wird und über dieses Merkmal in der sozialen Gruppe Anerkennung findet, der wird mit hoher Wahrscheinlichkeit genauso werden. Der Glaube an das Beste im Menschen macht den Menschen besser, sagt Goethe.

Übung	Sie vermuten, belogen zu werden von einem Menschen, den Sie bisher als aufrichtig kennengelernt haben. Welche Komplimente setzen Sie ein, damit er seine Lüge zugibt?

9. Erotische Komplimente: Mit Worten die Lust steigern

Oh Mann, was en geiles Ding du bis, das gibt's gar net!

Es ist ein eigenartiges Paradoxon, das die Literaturwissenschaft entdeckt hat: Je prüder die Moral, desto erotischer die Sprache der Literatur. Nirgendwo finden wir eine glühendere Sprache als dort, wo keinerlei Sexualität gestattet ist: im Katholizismus bei der Verehrung der Heiligen Jungfrau Maria.

In der Intimität des Gebets entsteht eine mystische Glut, gerade dort, wo niemals sexuelle Sehnsucht gestillt werden darf. Hier gibt es *verschlossene Pforten* und *triefende Waben* und *den Schmied, der seinen Hammer in ihren Schoß wirft* und *sieben Sakramente wirkt*.[43]

Handelt es sich hierbei um erotische Sprache? Was macht erotisches Sprechen aus?

Die erotische Mehrsprachigkeit

Die meisten Menschen verfügen über eine erotische Mehrsprachigkeit. Denn wir können auf vielerlei Weise über Sexualität sprechen. In der (lustfreien) Normalsprache reden wir zum Beispiel vom (männlichen) Glied, in der metaphorischen Sprache vielleicht vom Zauberstab, in der Sprache der Familie vom Pullermann und in der saloppen Umgangssprache vom Schwanz. Wir reden auch manchmal lustvoll-derb-vulgär mit anschauungsprallem Vokabular, sprechen vom Ficken, Vögeln, von Titten, Arsch und Möpsen. Manchmal aber verwenden wir andere Worte, zarte und sensible Euphemismen.

Mancher nutzt nur eine dieser Stilebenen. Andere verwenden die gesamte Palette der Mehrsprachigkeit. Aber jeder hat seine eigene erotische Sprache.

Das derbe Kompliment

Noch vor wenigen Jahren war auffallend, dass derbe Sexualwörter wie Ficken, Fotze, Klöten, Möse, Pimmel usw. weniger in Gebrauch waren als derbe Wörter für Ausscheidungen (skatologische Wörter). Arsch, Furz und Scheißen sind ebenso umgangssprachlich wie Kacke, Pisse und Scheiße. Die Scheu vor dem Derb-Sexuellen ist aber heute nicht mehr größer als die Scheu vor dem Derb-Skatologischen.

Wahrscheinlich übte das Englische einen Einfluss aus. Im Englischen gehören derbe Sexualworte zum Schimpfvokabular: *fuck! fuck you! fuck off! what the fucking hell's this for?* Und im Deutschen ist »fick dich!« dazugekommen.

Je umgangssprachlicher die Verwendung derber Sexualwörter, desto normaler ihr Gebrauch. Aber eines ist auffällig: Im Gegensatz zu vielen anderen Sprachen verwendet die deutsche Sprache Metaphern für Sexuelles nicht immer in abwertender Absicht! Eine Pflaume ist eine Frucht, eine schöne süße Frucht und eine Metapher für die weibliche Vulva.

Erotische Komplimente sind verräterisch

Erotische Komplimente verraten mehr als alle anderen Komplimentformen über das eigene Verständnis von Sexualität. Solange die Sexualität suspekt ist, bleiben auch erotische Komplimente suspekt. Wenn aber die gemeinsame Sexualität nichts Obszönes hat, verlieren auch die Wörter, zumindest für den Sprecher, den Makel des Obszönen. Wer dann sagt: »Es ist wunderbar, dich zu vögeln«, der meint es wertneutral. Ein schönes Kompliment, wenn der andere Sexualität ebenfalls so versteht. »Es ist wunderbar, dich zu lieben« wäre die Verwendung eines sprachlichen Ersatzmittels. Ich sage »lieben« statt »vögeln«, weil ich weiß, dass Sexualität und Liebe für den anderen ein und dasselbe sind.

Die Herausforderung beim erotischen Kompliment besteht darin, den anderen richtig einzuschätzen. In Momenten, in denen wir selber hemmungslos sein wollen, sollten wir es auf sprachlicher Ebene nicht sein. Es kommt nicht immer gut an, wenn wir unsere erotischen Fantasien herausbrüllen. Der andere könnte verschreckt werden und die Stimmung stirbt.

Umschreibungen für Pikantes

Im 16. Jahrhundert nannten die Polen die weibliche Schambehaarung *czupryna węgierska* (ungarischer Zopf), männliche Geschlechtsorgane *duren* (Dummkopf) und *klejnoty* (Edelsteine) und den Geschlechtsverkehr *amorowanie* oder *baraszki* (Herumtollen).[44]

Auch im Deutschen gibt es ein erotisches Vokabular, das allerdings stark durch den männlichen Blickwinkel geprägt wurde.

Umschreibungsvarianten

Die Klitoris kann man auch *membrum muliebre* nennen oder: Kitzler, Schamzunge, Nymphe, kleiner Gott, Böhnchen, Kliti, Begeisterungsknöpfchen, Bubiköpfchen, Feuerstein, Glitzerknospe, Glitzerperle, Juwel in der Lotusblüte, Knospe, Liebesperle, Lustperle, Maus, Momoese, Persoe, Aphrodite, Venusknospe, Weibsperle, Wonneknopf, Zauberkirsche ...

Den Penis: Zagel, Manneswehr, Zapfen, Piegel, Lulu, Schweif, Zauberstab, elfter Finger, drittes Bein, Frauentröster, Dosenöffner, Pflugschar ...

Die Vagina kann man auch nennen: Scham, Muschi, Schnecke, Muschel, Delta, Dreieck, Feige, Döschen, Höhle des weißen Tigers, Leckermaul, senkrechtes Lächeln, Blüte, Pflaume, Pink Taco ... Als verhüllendes Wort wurde früher auch »Maus« für »Vulva« gebraucht. Doch diese Verhüllung wurde allmählich geläufig und bekannt. Folge war, dass man das Wort »Maus« vermied. Manch ein züchtiges Frauenzimmer wagte noch im 19. Jahrhundert nicht, das bekannte Tier beim rechten Namen zu nennen, sondern sagte dafür lieber *Ratte*.

Das verbal-erotische Anschleichen

Ist es eigentlich für die Verführung sinnvoll, während des Abendessens über die »zarte Haut« des Vanillepuddings zu sprechen oder während des Vorzeigens des knusprigen Brathühnchens zu fragen: »Brust oder Schenkel?«

Durchaus. Zwar ist der psychologische Effekt einer Übertragung von Konnotationen und Assoziationen noch recht wenig untersucht worden, aber doch einen Versuch wert. Inhalte und Mehrdeutigkeiten, so viel weiß man bereits, werden projektiv auf den Sprecher bezogen und übertragen. Davon wird die Wahrnehmung beeinflusst und werden Handlungen geleitet.[45]

Im prüden Amerika des 19. Jahrhunderts schien man diesen Effekt zu kennen und in gewisser Hinsicht zu fürchten. Die Damen sprachen lieber von den »Gliedmaßen« eines Klaviers als von den »Beinen«. Denn Beine, womöglich noch der Gedanke an nackte Beine, wurden als anzüglich empfunden. Man fürchtete die damit verbundenen Assoziationen.

Wenn wir einem anderen körperlich näherkommen möchten, kann es also sinnvoll sein, in dieser Richtung andeutende Worte zu verwenden. Von Thesen, die sich »anlehnen«, über den »leidenschaftlichen« Kaffee, die »blutrote« Tomatensauce bis hin zum »süßen« Dessert.

Übung

1) Ist das Kompliment »Sie sind toll gebaut!« aus Ihrer Sicht ein erotisches Kompliment?

2) Nicht jeder schließt sich der Auffassung an, dass ein erotisches Kompliment immer auch ein sprachlich verhüllter Satz sein muss. Manch einer bestätigt, was Henry Miller als Literat vormacht: Nur die derbe obszöne Sprache kann wirklich Lust transportieren. Formulieren Sie derb-pralle erotische Komplimente. Welches Kompliment-Grundmuster eignet sich dafür am besten?

3) Formulieren Sie gängige erotische Komplimente, die weder zu derb noch zu lyrisch verspielt sind.

4) Formulieren Sie für verträumte Seelen romantisch-lyrische erotische Komplimente.

10. Humorvolle Komplimente: Wie bringe ich jemanden zum Lachen?

Er hat gesagt, meine Augen sähen aus wie ein irische Landschaft nach sanftem Regen.[46]

Nach einer Untersuchung von Gordon Alport sind 94 Prozent der Menschen überzeugt, Humor zu haben. Und dennoch gelingen humorvolle Komplimente eher selten. Das könnte daran liegen, dass Humor eine ernste Angelegenheit ist.

Auch hier sind viele kontextuelle Randbedingungen verantwortlich für das Gelingen. Nicht alle Menschen haben denselben

Humor oder sind gerade in der Stimmung für lustige Komplimente. Einen erfolgreichen guten Witz zu positionieren ist dabei
aber noch schwerer, als ein erfolgreiches Kompliment zu machen.
Denn das Kompliment hat den Schmeichelfaktor. Einen vergleich-
baren Witzfaktor gibt es nicht. Selbst ein guter Witz ist nicht für
jeden gleich lustig. Aber ein gutes Kompliment ist immer schmeichelhaft. Ein humorvolles Kompliment ist deswegen aussichts-
reicher als ein Witz. Es ist wahrscheinlicher, dass jemand über
ein humorvolles Kompliment lächelt, als dass er über einen Witz
lacht.

Die Fontenelle-Struktur

Als Grundsatz kann gelten: Humorvolle Komplimente sind das
Ergebnis einer nicht ernst gemeinten Übertreibung oder Unter-
treibung. Ein hübsches und zeitloses Beispiel für Letzteres zeigt
uns Bernard le Bovier de Fontenelle. Über ihn heißt es:

> *Als der 90-jährige französische Philosoph einmal eine junge
> hübsche Frau sah, seufzte er und sagte: Wenn ich jetzt nur
> zehn Jahre jünger wäre!*

Die Ursache für die Komik der Bemerkung steckt in seiner Un-
tertreibung: Zehn Jahre jünger hieße 80 Jahre alt sein. Noch immer kein überzeugendes Argument für eine junge Frau. Hätte er
nicht untertrieben und gesagt: »Wenn ich jetzt nur 60 Jahre jünger
wäre«, dann wäre der Witz aus den Worten verschwunden und das
pure Kompliment geblieben.

Doch Fontenelle wäre nicht der größte Charmeur im Frankreich des 18. Jahrhunderts gewesen, wenn er nicht das sich aus
dem Witz herausschälende Kompliment selbst gut konstruiert
hätte. Es zählt zu den elliptischen Komplimenten, zu den indirekten Formen des Komplimentemachens, bei denen etwas ungesagt
bleibt. Was wäre denn passiert, wenn Fontenelle jünger gewesen
wäre? Er lässt es offen. Aber jeder kann es sich denken. Und das
amüsiert. Es ist die Indirektheit, die amüsiert. Das direkte Aussprechen der Dinge, die er dann getan hätte, wäre unschön gewesen. Die feine Indirektheit kann überall im Kompliment auftau-

chen: Ich sage nicht: »Ich will dich küssen«, sondern verwende den Stil des Wunsches: »Ich wünschte, ich dürfte dich küssen.« Ich sage nicht: »Du bist schön«, sondern ich frage: »Warum kannst du dich nicht auch mit meinen Augen sehen?«

Ist nun diese Fontenelle-Struktur übertragbar? Ja, aber begrenzt. Es müssen bestimmte Voraussetzungen vorliegen, in diesem Fall das hohe Alter. Nur ältere Männer können diese Komplimentform anwenden, wenn sie einer jüngeren Frau schmeicheln wollen. So wie der fast 80-jährige Schauspieler Jerry Stiller in der US-Serie *King of Queens* zu einer jungen Frau sagt:

> *Oh, was wir beide alles miteinander anstellen könnten, gäbe es nur nicht diese gesellschaftlichen Tabus!*

Das Spiel mit den Homonymen

Das Spiel mit *Homonymen* ist eine alte Humortechnik. Homonyme sind Wörter mit Doppelbedeutungen. Dank ihnen können wir etwa auf die Frage: »Bist du satt?«, die nette Antwort geben:

> *Von dir kann kein Mann genug bekommen.*

»Satt« steht hier einmal für befriedigtes Hungergefühl und einmal für die Nase voll haben. Wie lernt man dieses Spiel? Durch Fokussieren, durch Wortachtsamkeit. Allein das Wissen darum, dass sich mit Homonymen nette Komplimente machen lassen, kann bereits zu einer selektiven Aufmerksamkeit führen. Plötzlich fallen im Alltag überall Homonyme auf. Merken Sie sich einige davon und spielen Sie sie beim Nachhausefahren im Bus, in der Bahn, im Auto im Geiste durch. Eine solche Beschäftigung trainiert die Komplimentstrukturen, sodass die Wahrscheinlichkeit hoch ist, dass Ihnen im passenden Moment eine einmal durchdachte Figur wieder einfällt. Das ist das Geheimnis jedes spontan erscheinenden guten Kompliments, das nicht Ergebnis des Zufalls ist.

Lustige Elemente aus dem Rap

Du bist riesiger als Storck!

In Rap-Texten findet man einige äußerst humorvolle Komplimente. Sie werden zum Beispiel durch das Element der Punch-
lines gebildet. Dieser Begriff setzt sich zusammen aus den englischen Wörtern *to punch* für »mit der Faust schlagen« und *line* für
»Zeile«. Er bezeichnet eigentlich eine Liedzeile, die besonders
deftig ist oder eine Pointe aufweist.

Typisch sind die schiefen Vergleiche. Das Besondere: Hier findet ein Vergleich dadurch statt, dass das *Tertium Comparationis*
(vgl. 11. Grundmuster) ein Homonym ist. An dieser Stelle ein
Vergleich, der später ausführlicher bei den lyrischen Komplimenten behandelt wird:

Du bist cool wie Eis.

Das Tertium Comparationis ist Kälte – einmal physisch und einmal im übertragenen Sinne die emotionale Kälte, die ein Mensch
ausstrahlt. »Du bist cool wie James Bond« wäre keine Punchline,
sondern ein ernsthafter Vergleich, deswegen auch weniger lustig.
»Du bist cool wie Eis« ist dagegen witziger, weil beim Hören das
Denken kleine Widerhaken bekommt und man stockt und denkt:
Hey, der Vergleich ist irgendwie nicht ganz rein und stimmt doch
und ist deswegen – lustig!

Die Transformation in einen Gegenstand der Lust

Humorvoll kann auch sein, sich selbst derart zu minimieren, dass
die Selbsterniedrigung bis zur Selbstauflösung reicht. Es findet
eine Transformation zu einem bloßen Gegenstand der Lust des
anderen statt. Prinz Charles macht es mit seinem berühmten
Tampon-Kompliment an Camilla vor (»Ich wünschte, ich wäre
dein Tampon«). Der Inhalt dieses Kompliments ist natürlich
Geschmackssache.

Übung

1) Formulieren Sie humorvolle Komplimente durch Verwenden des Homonyms »Kurven« (Straßenkurven, Kurven einer Frau).

2) Versuchen Sie sich an einem Punchline-Kompliment. Nehmen Sie als Tertium Comparationis
a) das Strahlen der Augen und
b) das Süße (im Sinne von »Du bist süß«).

3) Versuchen Sie ein humorvolles Kompliment durch Transformation in einen Gegenstand der Lust für den anderen. Denken Sie dabei an etwas Appetitliches!

11. Indirekte Komplimente: Dezent schmeicheln

Ein Bekannter versuchte mich einmal zu einem Treffen mit seinem besten Freund zu überreden. Nachdem wir schon einige Minuten darüber diskutiert hatten und ich über die Vorzüge seines Freundes im Bilde war, sagte er abschließend zu mir:

Er verdient es, dich einmal kennengelernt zu haben.

Dieser Satz mit seinem versteckten Überredungs-Potenzial übte eine solche Wirkung auf mich aus, dass ich mich tatsächlich mit seinem Freund verabredete. Komplimente dieser Art sind wie Vanilleeis mit Erdbeeren. Sie zergehen langsam im Mund und der angenehme Geschmack wirkt lange nach.

Worin unterscheidet sich ein direktes von einem indirekten Kompliment?
Direkte Komplimente sind zielgenau. Sie kommen ohne Umschweife sofort zur Sache:

Sie sprechen gut Englisch.

Aber dieses direkte Kompliment klingt wie eine Feststellung. Ihm fehlt die Eleganz der Formulierung. Komplimente sollten immer so klingen, als ob sie Dolmetscher der Empfindung seien. Bei einer korrekten Feststellung ist das nicht der Fall. Deswegen eignet sich »Sie sprechen gut Englisch« als Lob, weniger als Kompliment. Viele wissen das bereits und komplimentieren bei einem Ausländer so:

Wo haben Sie so gut Englisch gelernt?

Hier kommen Bewunderung und Erstaunen über die guten Englischkenntnisse deutlicher heraus. Ein Interesse am anderen wird hörbar. Man möchte erfahren, wo es einen so guten Englischlehrer gibt. Selbstverständlich ist das zweitrangig. Denn eigentlich meinen wir, dass der andere sehr sprachbegabt sei, aber wir fragen nach dem Lehrer. Eigentlich wollen wir sagen: »Meine Güte, sprichst du gut Englisch!« Aber wir verkleiden diesen Inhalt und äußern uns eleganter in der Form des indirekten Komplimentes. Der Vorteil des indirekten Kompliments besteht in der Hintertüre, die wir uns damit offenhalten.

Hier gibt es so viele schöne Frauen!

Sehe ich bei diesem Satz eine bestimmte Frau an, dann muss ich nicht ausgerechnet sie meinen. Sollte sie abweisend reagieren, kann ich auf all die anderen Frauen deuten. Sollte sie mich aber auf einmal mit strahlenden Augen anlächeln, habe ich selbstverständlich ausschließlich sie gemeint. Indirekte Formulierungen sind daher etwas für vorsichtige Charaktere. Genau wie die Schüchternheit sind sie zart, andeutend vorsichtig und überaus sympathisch.

Das erste Kennenlernen ist eine der häufigsten Situationen, in denen wir beinahe automatisch die indirekten Komplimente wählen, als tastende Annäherung an den anderen. »Ich wusste ja nicht, dass der Abend noch so nett wird«, sagen wir, oder: »Was für ein schöner Abend!«, und meinen in Wirklichkeit den schönen anderen. Wenn eine Frau den netten Abend oder die tolle Party oder den sonnigen Tag erwähnt, dann sollte sie nicht enttäuscht werden. Eine Antwort nach dem Beispiel von Dany Crane in *Boston Legal* ist beinahe Pflicht:

> *Sie: Ein schöner Abend.*
> *Er: Jetzt schon!*

Aber noch eine andere Art der Indirektheit gibt es: die indirekt direkten Komplimente. Vor Jahren setzte sich in einem Restaurant einmal unaufgefordert ein Mann an meinen Tisch und kam ohne Begrüßung sofort zur Sache, indem er mich fragte: »Wenn ich mich jetzt in deine Sommersprossen verliebe, sind wir dann im Winter noch zusammen?« Leider habe ich gar keine Sommersprossen, sodass das indirekte Kompliment über meine hübschen Sommersprossen, in die sich ein Mann verlieben könnte, ganz und gar ungelungen war. Es ist ein typisches Beispiel für den US-amerikanischen Stil des Compliment Openers. Ich war ihm nicht böse, und manch andere hätte sich über dieses indirekt direkte Kompliment gefreut – vielleicht eine Frau, die wirklich Sommersprossen hat.

Das indirekte Kompliment kann in der Intimität zwischen zwei Menschen stattfinden oder aber in aller Öffentlichkeit. Wenn *sie* oder *er* den Raum betritt und jemand sagt laut:

> *Jetzt wird der Abend erst richtig schön!*

dann war diese Äußerung unüberhörbar öffentlich. Dafür ist eine gesunde Portion Selbstverständnis erforderlich. Ein Bekannter, der mit seiner Frau schon über 30 Jahre verheiratet ist, ruft immer aus, wenn wir auf Festen beisammensitzen oder wenn wir gemeinsam Tee trinken und sie den Raum betritt:

> *Die Sonne geht auf, meine Hanni kommt!*

Man würde zumindest eine Spur Ironie darin vermuten, aber nein, er meint es aufrichtig. Jedes Mal.

Daneben gibt es auch heimliche indirekte Komplimente. Von deren Existenz weiß man selber gar nichts. Andere sagen sie über uns zu anderen. Erfahren wir jedoch davon, sind sie sehr schmeichelhaft. So wie dieses:

Du solltest die Frau mal sehen, Peter. Sie ist wunderschön und witzig und klug. Und einen Arsch hat sie, der ist so sexy, es müsste verboten werden, ihn anzugucken.

Natürlich, wer von einem Kompliment nichts weiß, hat keines bekommen. Und doch kann man Komplimente so arrangieren, dass der andere über sieben Ecken davon erfährt. Der Weg zu einem solchen Kompliment ist einfach: freundlich, respektvoll, vielleicht sogar bewundernd über andere Menschen sprechen!

Das kann zu einer netten Angewohnheit werden. Wer viel Positives von sich gibt, wird als positiver Mensch eingestuft. Obwohl man selber eigentlich nichts anderes tut, als über andere gut zu sprechen. Dennoch urteilen die meisten, dass man selber auch gut sei. Ein nützlicher und schöner Mechanismus.

Ein befreundeter älterer, heute emeritierter Hochschullehrer hatte es sich zur Angewohnheit gemacht, nett über seine langjährige Sekretärin zu sprechen. Wenn ein Kollege oder ein Student den Raum betrat und ihn nach etwas fragte, dann begann er umständlich in seinen Papieren auf dem überfüllten Schreibtisch zu wühlen. Irgendwann, kurz bevor er gefunden hatte, wonach er suchte, sagte er immer mit anderen Worten, aber sinngemäß:

Wo sind denn meine Unterlagen? Ach, hier sind sie, was würde ich nur ohne Frau Leuenberger machen.

Oder:

Die unersetzliche Frau Leuenberger, ich wäre verloren ohne sie.

Frau Leuenberger hat das nicht gehört, weil sie nicht im Zimmer anwesend war, aber sie wusste davon. Sie und das ganze Kollegium liebten den charmanten Professor, der mit Freundlichkeiten kokettierte und sich selber auf spielerische Weise verkleinerte, um andere größer erscheinen zu lassen.

Eine weitere indirekte und sehr intellektuelle Art des Komplimentierens stellt das Äußern von Wahrheiten dar, bei denen erst die Interpretation das eigentliche Kompliment ausmacht. Ein Beispiel: Wir sind langjährig befreundet, sitzen uns in einem Wiener Kaffeehaus gegenüber. Wir unterhalten uns über dies und das und Sie stellen nach einer Weile die Tasse ab, ziehen an Ihrer Zigarette, blicken mir in die Augen und sagen:

Es gibt Dinge, denen die Zeit nichts anhaben kann.

Was aber meinen Sie nun damit? Es bleibt meiner Auslegung überlassen. Spielen Sie auf meine Klugheit an? Das würde mich freuen. Oder meine faszinierende Ausstrahlung? Das wäre auch ein feines Kompliment. Oder den Glanz meiner dunkelblauen Augen? Nur ein Mensch, der selten Komplimente bekommt, fragt nach. Denn man muss schweigend zustimmen in solchen Momenten.

Die Komplimentetaktik des Michael Baron

Komplimente sollen immer Ausdruck unserer Persönlichkeit sein. Wir entwickeln mit der Zeit und mit etwas Übung eine individuelle Art zu schmeicheln, die unverwechselbar ist. Vielleicht so unverwechselbar wie die von Michael Baron, einem im 17. Jahrhundert sehr bekannten Schauspieler. Er spielte in der Truppe von Molière. Im Jahr 1691 verließ er das Theater, nur um zwanzig Jahre später mit einem überwältigenden Comeback zu begeistern. Über Baron kursierte das schöne Kompliment:

Die Welt sieht alle Jahrhundert einen Cäsar, aber es werden 1000 Jahre erfordern, einen Baron hervorzubringen.

Und dieser Michael Baron erfand eine wundervolle Weise, den Frauen zu schmeicheln. Wenn er einer von ihnen im Zuschauerraum ein Kompliment machen wollte, dann wählte er eine der schönsten Stellen des Schauspiels aus, in dem er auftrat, und sah sie dabei an.

12. Komplimente für den wichtigsten Menschen – sich selber

Ich puste Sonnenstürme aus dem Arsch!

Sich morgens im Spiegel zu sehen und auszurufen: »Mein Gott, bin ich schön! Ein sprühender Intellekt, eine glänzende Erscheinung!«, ist ein hübscher Ansatz, sein Leben ein wenig glücklicher zu gestalten.

Stimmungsinduktion nennt man diesen Weg, sich in eine bestimmte Stimmung zu versetzen. Es gibt verschiedene Methoden dafür. Sie könnten auch einen humorvollen Kinofilm ansehen oder ein paar Witze lesen. Aber am Erfolg versprechendsten ist doch die Velten-Methode. Velten hat im Jahr 1968 Serien von je 50 positiven, negativen und neutralen selbstbezogenen Äußerungen entwickelt. Er stellte fest, dass das Lesen beziehungsweise Vorlesen dieser Sätze zu einer kongruenten Stimmungsveränderung führte:[47] Wer traurige Sätze vorlas, der wurde selber ein wenig traurig. Wer aber positive las, der sah die Welt auch positiver. Die Stimmung passte sich also dem an, was man gerade las oder vor sich hin sagte.

Aus diesem Grund sind Komplimente, die man sich selber macht, eine Möglichkeit, sich in bessere Laune zu versetzen. Wer gut gelaunt ist, fühlt sich glücklicher als ein neutral gestimmter Mensch. Die Erfolgswahrscheinlichkeit, dass es klappt, ist recht hoch: rund zwei Drittel der Versuchsteilnehmer werden durch die Velten-Methode in entsprechende Stimmung versetzt. Zwinkern Sie sich also selber häufiger zu, es könnte sich für etwa zehn Minuten auszahlen![48]

Wenn die Laune wieder in den mittleren Zustand abgleitet, dann ist das auch in Ordnung. Immerhin ist dieser mittlere emotionale Zustand der, in dem wir am leistungsfähigsten sind.

Dany Crane! Mein Name an der Wand!
(Aus der US-Soap Boston Legal)

13. Komplimente fürs erste Date: Einen besonderen Menschen für sich einnehmen

Ist es Erfolg versprechend, einer Frau beim ersten Date zu sagen, dass sie sexy sei?

Das kommt darauf an, was Sie wollen. Wer als Mann eine Frau auf längere Zeit für sich gewinnen will, sollte Komplimente über ihre Kinder machen oder sagen: »Du wirst bestimmt eine tolle Mutter sein.« Denn die Beurteilung über die Vaterqualitäten trägt entscheidend dazu bei, ob eine Frau einen Mann attraktiv findet. Je höher sie das Interesse an Kindern einschätzt, desto geeigneter erscheint ihr ein Mann als Langzeitpartner.[49]

Suchen Frauen dagegen eine kurze Affäre, dann sind Komplimente über Mutterqualitäten eher schädlich. In dem Fall ist es sinnvoller, über das allgemeine wunderschöne Äußere der Frau zu komplimentieren, wie attraktiv und unglaublich sexy sie sei.

Musik als Unterlage für ein Kompliment

Musik beschreibt und evoziert ein Spektrum bestimmter Gefühle, Persönlichkeits- und Charaktereigenschaften, die sich über ihre Klanglichkeit mitteilen. Wer die richtige Musik auswählt, kann damit den Herzrhythmus und den Blutdruck des Gastes verändern[50] und ihn entspannen. Tatsächlich kann Entspannung eine allgemein zugänglichere Gefühlslage schaffen. Wer aber eine CD einlegt, die der andere ablehnt und als Zwangsbeschallung empfindet, der erreicht in dramatischer Weise das Gegenteil dessen, was er beabsichtigt hatte. Tatsächlich kann die falsche Musik zu einer erheblichen Belastung werden und »zur unglaublichen psychischen Folter«.[51] Das gilt vor allem dann, wenn der Gast die Musik nicht selber aussuchen darf. Es ist zwar eine hübsche Sache, sich Gedanken darüber zu machen, was dem Gast wohl gefallen könnte. Erfolg versprechender ist es aber, ihn zu fragen, welche Musik er gerne hören möchte.

Grundsätzlich besteht die Wahrscheinlichkeit, dass über Musik eine *positive Stimmung* beim anderen erzeugt wird. Aber nur etwa bei 50 Prozent gelingt das.[52] Auch hier gilt: Ein guter Film schafft sicherer eine gute Stimmung. Das nennt man auch Affektübertragung. Bei der Stimmungsinduktion über Filme wurden in psychologischen Studien wirklich gute Erfolge erzielt[53]. Dass eine tragische NS-Euthanasie-Dokumentation natürlich nicht die richtige Wahl ist, wenn man eine Frau hinterher verführen möchte, erklärt sich ohne Worte.

Worüber Komplimente machen?
Am besten über Gemeinsamkeiten. Denn wir bevorzugen Lebensgefährten, die uns ähnlich sind, ganz entgegen der Weisheit, dass Gegensätze sich anziehen würden.

Die Amerikaner Peter Buston und Stephen Emlen von der Universität Kalifornien befragten im Jahr 2003 in einer groß angelegten Studie an der Cornell University, Ithaca, rund 1000 Frauen und Männer zwischen 18 und 24 Jahren.[54] Sie sollten zuerst bewerten, welche Merkmale sie bei einem Partner fürs Leben als wichtig erachteten. Anschließend schätzten sie sich dann selber in Bezug auf die genannten Merkmale ein.

Beim Vergleich dieser Angaben konnte ein direkter Zusammenhang zwischen der Selbsteinschätzung und den bevorzugten Merkmalen eines Partners festgestellt werden.

Wer eine Eigenschaft als wichtig einstuft, der sucht sie auch bei einem Partner. Für wen Treue einen hohen Stellenwert hat, der möchte einen treuen Partner. Wer sich für klassische Musik begeistert, der findet es schön, wenn auch sie die eine oder andere Sinfonie kennt. Deswegen ist es geschickt, beim ersten Date vorsichtig und sehr unauffällig das Interessenprofil des anderen zu erforschen. Auf diese Weise legt man den Komplimentinhalt fest und kann dann nach beliebigem Muster ein Kompliment wagen.

14. Kritisierende Komplimente: Kritisieren, ohne zu kränken

Einen Lektor hörte ich einmal folgenden Satz zu einer befreundeten Autorin sagen:

Ja, die Langeweile packt mich sogar beim Lesen, obwohl du selbst die Langeweile unnachahmlich verpackst!

Ein Musterbeispiel für ein kritisierendes Kompliment. Nur wenigen Menschen gelingen diese Satzkunstwerke. Sie schaffen, was unmöglich zu sein scheint, nämlich zwei sich widersprechende Aussagen zu vereinen. Und die Wirkung ist dann eben diese: geschmeichelt und ein wenig beleidigt.

Einfacher ist die Aufeinanderfolge. Zuerst heben wir das Positive hervor, im Anschluss erwähnen wir unsere Kritik. Das ist ein Grundsatz aus den üblichen Feedbackregeln. Ein Kompliment hört sich dann so an:

> *Du bist ein wundervoller Mensch, du bist attraktiv, beruflich erfolgreich, hast ein Haus mit dem schönsten Garten, den ich kenne. Aber eins, das kannst du nicht: kochen.*

Obwohl ein kritisierendes Kompliment ohne eine aufzählende Aufeinanderfolge beinahe versierter klingt. So wie ein Römer einer jungen Frau, die er lange vergeblich umworben hatte, das indirekt kritisierende Kompliment machte:

> *Was hilft der Anblick, wenn die Benutzung nicht gestattet ist?* [55]

15. Lyrische Komplimente: Roséfarbene Worte für den liebsten Menschen

> *Hey, du bist die schönste Frau – das weiß ich ganz genau!*

Das lyrische Kompliment kann man vielseitig einsetzen. Denken Sie an einen kleinen Vers in Reimform. Das kann eine nette Form für Liebesbotschaften sein (Brief, SMS, E-Mail). Es wäre jedoch an dieser Stelle übertrieben, wenn wir uns nun allzu tief ins Versmaß versenken, um mit diesem Wissen literarisch anspruchsvolle Komplimente herstellen zu können. Rhetorik heißt, pragmatisch sein.

> *Time square can't shine as bright as you, I swear it's true.*
> (Plain White T's, »Hey There Delilah«)

Wie kommt man am schnellsten zu einem lyrischen Kompliment?

Indem wir schöne Satzkonstruktionen, Wortverbindungen, Bilder und Vergleiche, vielleicht auch kleine Verse von denen übernehmen, die sich lange damit beschäftigt haben: den Dichtern. Dafür sollten wir Lyrik lesen und die Gedanken und Worte plündern.

Eklektik nennt man dieses Vorgehen in Philosophie oder Literaturwissenschaft oder auch: klauen, was das Zeug hält. Sammeln wir die schönsten Blüten ab und sortieren daraus einen eigenen Strauß. Dafür eignet sich die moderne Lyrik, weil sie oft keine festen Regeln aufweist, aber mit einem Reichtum von assoziativen Gedankenverbindungen und visuellen Bildern angefüllt ist, die sich wunderbar in ein eigenes Kompliment einbetten lassen. Doch ob klassische oder zeitgenössische Dichtung, achten Sie immer darauf, die ausgewählten Passagen der modernen Alltagssprache – vor allem aber Ihrer eigenen Sprache – anzupassen.

Wie aus Lyrik ein Kompliment wird

> *Du bist eine Welle und Sehnsucht wälzt sich um deine*
> *Wogen, du bist flüchtendes Nahen und nahendes Weichen,*
> *du bist heiliger Ernst und schönstes aller Spiele.*

Ein solches Kompliment im 13. Grundmuster der Du-Bist-Struktur könnte Ergebnis sein. Es ist an Else Lasker-Schüler angelehnt, kommt aber noch sehr wirkmächtig daher. In solchen Fällen schwächen wir es ab. Manchmal genügt ein einziges Wort oder Bild, das wir entnehmen und in eine Komplimentfassung bringen:

> *Du bist für mich eine Welle der Sehnsucht.*

Sicher, es bleibt Geschmackssache. Vielleicht gefällt Ihnen oder Ihrem Gegenüber Lasker-Schüler nicht? Dann vielleicht etwas Humorvolles nach einem alten arabischen Dichter:

Die schwachen Männer stolpern in die Grübchen deiner
Wangen und die starken stürzen nach.[56]

Oder etwas aus einem modernen Song:

Ich musste einfach hinsehen, hingehen, auf einer Skala bist
du nicht drauf, zu schön, ja.[57]

Manchmal genügt auch, was wir irgendwo aufgeschnappt haben.
»Du bist ein Gedicht in Musik«, hörte ich einmal. Auch das bietet
sich zur Weiterverarbeitung und Weiterverwendung an. Vielleicht
wäre eine sehr zartfühlende Frau, zu der noch keine intime Beziehung besteht, auch begeistert von:

Du bist ein durchsichtiges Andante und manchmal streifst
du im Vorübergehen meine Sehnsucht ...

Rap-Komplimente
Um die versteckten sprachlichen Schätze in Rap-Songs ging es
bereits. Sie lassen sich natürlich auch hier verarbeiten. Wem es gefällt, der kann mit der 9. Eloquenz das humorvolle Kompliment
machen:

You're Batman, because you're not bad man!

Hier wird das Reimwort gleich buchstabiert, aber eine andere
Semantik verwendet. So wie:

Du bist Superman – denn du bist super man.

Übung

1) Was würden Sie aus dem folgenden Satz von Goethe
für ein eigenes Kompliment für einen besonderen
Menschen übernehmen?

»Du besitzt so viel Gefühl bei so viel Verstand, so viel
Güte bei so viel Grundsätzen und Ruhe im größten
Tumult.«

Übung

2) Lyrik schwebt nicht immer nur über dem Boden. Wer glaubt, dass es den Geschmack des Gegenübers trifft, kann sogar folgende Zeilen aus einem Lied von Ricky Shayne verwenden:

»Isch mache keine Kompliment
Isch sage immer alles so wie es ist
darum sag isch dir ganz ehrlich
dass du für misch ein Wunder bist«

Formulieren Sie aus Ricky Shaynes Songzeilen Komplimente nach folgenden Grundmustern:
a) 1. Grundmuster, Kausalstruktur
b) 6. Eloquenz, Wirkungsvolle Übertreibung
c) 4. Grundmuster, Einzigartigkeit & 6. Eloquenz
d) 6. Grundmuster, Sprachlosmuster & 13. Grundmuster, Du-bist-Struktur
e) 8. Grundmuster, Selbsterniedrigung
f) 16. Grundmuster, Emotionswörter & 17. Grundmuster, Soziale Verstärkung

16. Nationale Komplimente: Fremde Kulturen erobern durch schöne Worte

Voltaire musste im Jahr 1727 in England feststellen, dass die Volksstimmung so arg gegen die Franzosen eingestellt war, dass er eines Tages im Hydepark von einer Menschenmenge bedroht wurde, die brüllte: »Hängt den Kerl! Er ist ein Franzose!« Voltaire blieb stehen und rief der wütenden Menge zu: »Engländer, ihr wollt mich umbringen, weil ich Franzose bin. Bin ich denn, weiß Gott, nicht gestraft genug, kein Engländer zu sein?« Daraufhin ließ die Menge von ihm ab.

Was ist ein nationales Kompliment?
Nationale Komplimente sind im Ausland die diplomatischste Variante der schönen Worte. Während andere Inhalte von Land zu Land schwanken können, ist ein Kompliment über die Nationalität als kleinster gemeinsamer Nenner sicheres Fundament. Welches Grundmuster Sie dafür verwenden, bleibt Ihrer Wahl überlassen. Vielleicht versuchen Sie, wie Hegel (1770–1831) es einmal getan hat, ein Relationskompliment, indem Sie zwei Gegenstände zueinander in Bezug setzen:

Der Berliner Witz ist mehr wert als eine schöne Gegend.

Wobei die Kombination aus Witz und schöner Gegend die Originalität ausmacht. Aber auch Diego Maradonna ist eine vergleichbare Kombination gelungen:

Argentinien ist das schönste Mädchen der Welt.

Bei Victor Hugo (1802–1885) finden wir dagegen eine Anwendung des 15. Grundmusters, der Wenn-dann-Struktur:

Wenn ich nicht schon Franzose wäre, hätte ich Deutscher werden wollen.

Aber nationale Komplimente können auch verklausulierter daherkommen. So sagte einmal ein japanischer Kollege zu mir, dass, verglichen mit dem Rest der Welt, die Deutschen unglaublich gut seien. Und doch könne man das kaum glauben, weil sie sich beklagen würden. Seine Erklärung dafür lautete:

Deutschen fällt es einfach schwer, sich auf ihren Lorbeeren auszuruhen, solange sie noch keine vollendete Perfektion erreicht haben. Dabei können sie im Prinzip alles, was tiefes Denken erfordert, tatsächlich besser als alle anderen. Das wissen sie auch. Aber der einzige Bereich, in dem sie das zeigen dürfen, ist die Fähigkeit zur Selbstkritik.

Das La Paiva-Kompliment

Ein ganz wunderbares nationales Kompliment macht die Kurtisane La Paiva vor. Es eignet sich zur Nachahmung, weil die Frage, auf die sie so treffend zu antworten wusste, eine häufige ist.

La Paiva empfing in ihrem Palais in Paris alles, was Rang und Namen hatte. Sie war von Geburt an Russin, sprach aber ausgezeichnet Französisch. Ein hochstehender französischer Beamter fragte sie einmal: »Ist es die Liebe, die Sie Französisch gelehrt hat?« – »Nein«, entgegnete sie. »Es ist das Französische, das mich die Liebe gelehrt hat.«

Kompliment über die eigene Nationalität

In ganz seltenen Fällen ist auch im Ausland erlaubt, der eigenen Nation ein Kompliment zu machen. So hat man einer guten Freundin einmal im Ausland das Kompliment gemacht, dass sie so lustig, gefühlvoll und warmherzig sei wie eine Engländerin, Russin oder Marokkanerin. Und sie antwortete: »Ganz im Gegenteil, ich bin sehr deutsch!«

Grenzen des nationalen Kompliments

Und dann sind auch noch die Grenzen des Komplimentierens zu beachten. Gerade die intensive Bemühung, der anderen Nation dadurch zu schmeicheln, dass man ihre Sitten und Gebräuche annimmt, kann wenig schmeichelhaft sein. So ist es mir passiert, dass ich, während ich in Tokio an einem Stehimbiss mit japanischen Kollegen stand und die Nudelsuppe laut schlürfte, ganz wie es dort üblich ist, darauf aufmerksam gemacht wurde, sie wüssten wohl, dass in Deutschland Schlürfen ganz unhöflich sei.

Der Witz als nationales Kompliment

Nun zu einem der Erfolg versprechendsten Schmeichelwege überhaupt, dem gemeinsamen Lachen. Es verbindet die Nationen. Wer gemeinsam lacht, hat keine Kommunikationsschwierigkeiten in diesem Moment. Humor schafft Freundschaften, ist eine der schönsten Sprachen überhaupt. Doch über was soll man lachen? Und was hat das mit einem Kompliment zu tun?

Die Antwort lautet: Wenn Sie einen Witz mit einigen Komplimentmustern kombinieren, etwa dem der Selbsterniedrigung, dann gewinnen Sie dadurch in vielen Fällen Sympathien. Zum Beispiel wenn Sie als Deutscher Ihrem amerikanischen Kollegen folgenden Witz erzählen:

> *US-Ingenieur: »Eure Methode, sich zu rasieren, ist wirklich altertümlich. Wir legen den Kopf in eine Maschine, in Sekundenschnelle ist das Kinn glatt.« Deutscher Ingenieur: »Aber es hat doch nicht jedes Kinn die gleiche Form!« US-Ingenieur: »Beim ersten Mal nicht.«*

Dann schmeicheln Sie den Amerikanern, indem Sie diese als schlagfertiges, humorvolles Volk darstellen. Wer sich eine kleine Witzesammlung zurechtlegt, hat auf diese Weise immer etwas im Repertoire, um beim Small Talk indirekt zu komplimentieren. Das Wichtigste bei der Auswahl: Die Nationalität des Kollegen muss immer besser als die eigene dargestellt werden! Wer folgenden Witz vor einem Amerikaner zum Besten gibt, könnte Gefahr laufen, zu beleidigen:

> *Ein amerikanischer Angeklagter faxt seinem Anwalt: »Ich habe einen Menschen umgebracht. Sie müssen mir helfen. Honorar eine Million Dollar.« Der Anwalt faxt zurück: »Ich nehme die nächste Maschine und bringe zwei Entlastungszeugen mit.«*

Ein Witz, der als Kompliment fungieren soll, darf keinerlei Kritik enthalten, er darf keine politische Komponente aufweisen und muss sehr harmlos sein. Er soll dem Nationalgefühl des anderen schmeicheln, indem seine Landsleute besonders klug, raffiniert, kultiviert oder Ähnliches erscheinen.

> *Ein amerikanischer Millionär ist in Moskau in einem Luxus-Hotel abgestiegen. Er fühlt sich beleidigt, weil ihm nicht genügend Achtung erwiesen worden ist, und sagt dem Kellner: »Bring mit mal ein Essen für 1000 Dollar!«*

> *»Es tut mir leid«, antwortet der Kellner, »aber halbe Portionen gibt es bei uns nicht.«*

Dieses Beispiel macht deutlich, dass Witze nur dann schmeichelhaft sind, wenn sie von den richtigen Personen erzählt werden. Ein Russe, der diesen Witz einem Landsmann erzählt, schmeichelt den Amerikanern nicht. Ein Russe, der ihn einem Amerikaner erzählt, benutzt den Witz als Angriff, gibt zu verstehen, dass Amerikaner arrogant seien und Russen ihnen überlegen. Aber ein Amerikaner, der diesen Witz einem Russen erzählt, schmeichelt ihm, weil er seine eigenen Landsleute als arrogant erkennt und sich der Klugheit der Russen unterordnet. Selbsterniedrigung als Grundelement des Komplimentierens!

17. Partnerschaftskomplimente: Die Qualität der Beziehung erhöhen

> *Die Menschen, sie streben nach dem Glück, sie wollen glücklich werden und so bleiben.* (Sigmund Freud)

Die Partnerschaftsforschung hat in Längsschnittstudien herausgefunden, dass vor allen Dingen zwei Faktoren für eine niedrige Partnerschaftsqualität und ein erhöhtes Scheidungsrisiko relevant sind: Das sind zum einen problematische Persönlichkeitsmerkmale eines Partners (etwa Neurotizismus) und zum anderen Defizite in für eine Partnerschaft zentralen Kompetenzen. Letztere betreffen unter anderem Kommunikation, Problemlösung und Stressbewältigung.

Verhelfen Komplimente zu einer glücklichen Ehe?
Die Antwort lautet: Ja!
Aus verhaltenstherapeutischer Sicht gilt es vor allem, die kommunikativen Kompetenzen beider Partner zu stärken. Das Ansprechen von Vorzügen des Partners, also das tägliche Einflechten zuvorkommender Komplimente, ist eine der Möglichkeiten, an seiner Beziehung zu arbeiten.

Dabei sind aber keine Wunder zu erwarten. Wer in einer schwierigen Partnerschaft dem anderen aus heiterem Himmel ein Kompliment macht, wird damit nicht sofort die große Wende einleiten. Wahrscheinlich folgt zunächst eine ablehnende Komplimenterwiderung. Dennoch wird es sich positiv auswirken, wenn der Partner positive Aussagen über sich selbst zu hören bekommt, die ihm aufrichtig erscheinen. Aber es sind zirkuläre Prozesse, in denen Ursache und Wirkung sich gegenseitig bedingen.

Einseitig eingesetzt, sowohl im Sinne einer einmaligen Handlung als auch im Sinne eines einseitigen Verhaltens von nur einem der Partner, können selbst viele Komplimente nichts bewirken. Dennoch kann, wenn die Partnerschaft gestört ist und gerettet werden soll, nur einer der Partner den Anfang machen. Was dann bleibt, ist, auf eine Reziprozität zu hoffen, das heißt, der andere beginnt, sich zusehends positiver zu verhalten, und beide erhöhen wechselseitig ihr freundlicheres Verhalten.

Wie kommt es aber dazu, dass zwei Menschen, die sich einmal liebten, die glücklich waren, nach einiger Zeit unzufrieden werden und sich gegenseitig verachten oder gar hassen?

Ursächlich ist oft eine Negativität im Alltag, der das Gegengewicht fehlt. Wer die Vorzüge des Partners verschweigt, setzt die Entwicklung eines Verhaltensmusters in Gang, das leicht zur Gewohnheit wird. Die Negativität mutiert zum bestimmenden Verhaltensmerkmal. Sie nimmt beide Partner gefangen und frisst sich langsam in alle Beziehungsbereiche hinein. Besonders problematisch ist, dass damit auch emotionale Veränderungen einhergehen. Der Partner, den man einmal geliebt hat und von dessen Persönlichkeit man fasziniert war, verliert unweigerlich an Attraktivität.

Mit dem Verschweigen von positiven Aspekten des anderen, von netten Gesten, sympathischen Verhaltensweisen und anziehenden Eigenheiten wächst das Risiko, ihn einseitig negativ zu betrachten. Manchmal ist in diesem Zusammenhang von einer *klassischen Konditionierung* die Rede. Sie selber konditionieren den Partner, indem Sie ihn vorwiegend mit Negativem in Verbindung bringen, und lernen so, dass er nur wenig Positives an sich hat. Und weil der Partner sich häufiger negativ verhält, trägt er ebenfalls dazu bei, dass bei Ihnen ein Lernprozess stattfindet und Sie ihn mit der Zeit gar nicht mehr als liebenswert ansehen.

Fatal sind auch die Folgen für einen Partner, der nur selten positive Rückmeldung bekommt. Die wiederholte Erfahrung, dass jemand nichts Positives über einen sagt, führt zu einer Erwartungshaltung in Bezug auf künftiges Verhalten. Wer keine Komplimente von seinem Partner bekommt, wird sie auch nicht erwarten. Beide Partner beginnen nun, sich gemäß dieser Erwartung zu verhalten. Es werden keine Komplimente gemacht und auch keine erwartet. Ihre Partnerschaft könnte zwar von Freundlichkeiten, von liebevollen Schmeicheleien geprägt sein, aber stattdessen finden Sie sich mit dem Istzustand ab, leben im Grau und erwarten kein Rosarot mehr.

Die Gefahr der Gewöhnung

Paare, die das Grau akzeptiert haben, sind gleichwohl weit davon entfernt, mit ihrer Beziehung zufrieden zu sein. Wer sich an das frühere Rosarot und die damit verbundenen Gefühle erinnert, will nicht länger grau sein und grau fühlen. In der Partnerschaftsforschung gibt es den Begriff der *Verstärkererosion*, der besagt, dass sich die Partner im Laufe der Beziehung immer mehr aneinander gewöhnen. Dadurch geht die Faszination des Neuen verloren und sie werden in ihrem wechselseitigen Verstärkerwert eingeschränkt. Diese Gewöhnung oder *Habituation* geht einher mit dem Verlust an Attraktivität. Wenn es einem Paar nicht gelingt, die gegenseitige Anziehung langfristig zu erhalten, setzen Monotonie ein und Langeweile. Sie untergraben sukzessive die Beziehungsqualität und erhöhen das Trennungsrisiko. Der Prozess der Habituation betrifft, mal mehr, mal weniger, sämtliche Paare, weshalb fast alle einschlägigen Untersuchungen ergaben, dass die Partnerschaftszufriedenheit umso geringer war, je länger die Beziehung schon bestand.

Es liegt auf der Hand, und der Titel dieses Buches lässt es vermuten, dass Komplimente und andere Freundlichkeiten geeignet sind, das Fortschreiten der Habituation aufzuhalten. Variantenreiche, den Partner immer wieder überraschende Komplimente, kombiniert mit unerwarteten kleinen Überraschungen, verhindern Gewöhnung und bewahren eine Beziehung vor Monotonie. Komplimentieren Sie, denn:

Es ist niemals zu spät, seiner Frau den Hof zu machen, mein Schnuckelchen! (Louis de Funès in Louis taut auf)

18. Replikkomplimente: Schlagfertig auf Fragen antworten

Replikkomplimente sind schmeichelhafte Sätze, die als Antwort (Replik) auf eine Bemerkung folgen. Gesteht mir jemand verschämt, dass er unübersehbar eine Glatze hat, dann antworte ich zum Beispiel:

Wenn der Verstand wächst, müssen die Haare eben weichen!

Und nehme ihm mit dieser Schmeichelei die Unsicherheit.

Antworten mit Komplimentcharakter wirken stets schlagfertig. Ihre Struktur zu beherrschen lohnt sich, weil sie so vielfältig anwendbar sind und immer einen guten Eindruck hinterlassen. Auf einer Party vor einigen Wochen näherte sich mir ein schüchterner Mann mit folgender Floskel: »Ich glaube, ich habe Sie schon mal irgendwo gesehen.« Weil er nett erschien, nahm ich ihm die Unsicherheit, indem ich erwiderte: »Das ist schon möglich, ich bin öfters dort gewesen.«

Vor allem Menschen, die Fishing for Compliments betreiben, erwarten nichts Geringeres als schmeichelnde Antworten. Wenn mir eine Freundin vorjammert, dass ihre Haare total doof aussähen, dann will sie nicht hören: »Stimmt!«, sondern so etwas wie:

Deine Haare haben eben ihren eigenen Kopf.

Gibt es nun irgendwelche Muster für Standardantworten? Nicht viele. Aber vielleicht dieses:

Die Methode des Ballettkonzertmeisters August Siebert

Der Ballettkonzertmeister August Siebert war schon sehr betagt. Auch einige der Orchestermitglieder waren nicht mehr jung. Als eines Tages eine beliebte Persönlichkeit gestorben war, meinte der gleichaltrige Direktor: »Wissen Sie schon, dass Herr X gestorben ist? Alle liebenswürdigen Menschen sterben weg.« Und Siebert antwortete: »Ja, Herr Direktor, sehens, nur wir zwei bleiben übrig.«

Siebert zeigt sehr schön, wie eine Antwort schmeichelt, ohne aufdringlich zu sein. Er sagt nicht: »Sehen Sie, nur Sie bleiben übrig«, sondern bildet mit dem Direktor die verschworene Gemeinschaft der letzten Liebenswürdigen.

> *»Es gibt nichts Schönes mehr auf der Welt …«* –
> *»Außer uns beiden!«*

Wenn die Schmeichelei allerdings einer Frau gilt, darf gesagt werden: »Außer dir!«

Die Replik mit dosierter Übertreibung

Mit der 6. Eloquenz, der wirkungsvollen Übertreibung, lassen sich aufrichtig erscheinende Replikkomplimente verfassen. Das Gelingen hängt hier alleine von der Dosierung ab. Eine feine Übertreibung ist hübsch. Eine Spur zu viel davon und es wäre besser gewesen, man hätte nichts gesagt. Achten Sie darauf, dass der Grad der Euphorie zu der Erwartung des anderen passt.

> *»Sie sehen toll heute aus!«* *»Ich wusste ja, dass ich Sie hier treffe …«*

Übung

1) Formulieren Sie Komplimente in Form einer Antwort auf folgende Fragen:

a) »Willst du schon gehen?«

b) »Ist dir nicht kalt?«

c) »Du hast ja noch gar nichts zu meinen neuen Schuhen gesagt!«

d) »Gut sehen Sie heute aus!«

e) »Ich wünschte, ich wäre einer deiner Gedanken ...«

f) »Willst du mich küssen?«

g) »Wie geht es dir?«

h) »Hast du mal kurz Zeit?«

i) »Danke, dass Sie mich nach Hause gefahren haben.«

j) »Der gafft die ganze Zeit zu mir rüber.«

2) Wie könnte sich ein Replikkompliment auf folgende Bemerkung anhören: »Ich mag witzige Männer.«

3) Formulieren Sie schmeichelhafte Antworten nach dem Muster des Ballettmeisters August Siebert auf folgende Bemerkungen:

a) »Alles verändert sich.«

b) »Nichts ist mehr so schön wie früher.«

c) »Es gibt nichts Erfreuliches mehr.«

4) Formulieren Sie Replikkomplimente für diese Standardsituation:

Er: »Sie sehen hübsch aus!« – Sie: »Na, das sagen Sie doch zu jeder Frau ...«

5) Antworten Sie mit richtig dosierten Übertreibungen auf die Frage: »Na, wie findest du meinen neuen Garten?«

6) Angenommen, Sie sind ein Mann und sitzen mit Ihrer Freundin im Kino. Sie sagt: »Sie lieben sich. Ist das nicht ein perfektes Ende?« Wie könnte Ihr Replikkompliment lauten?

19. Trennungskomplimente: Den Abschied von mir versüßen

Seltsam, Wünsche nicht weiterzuwünschen. Aber wie sollte ich jemandem wünschen, das Glück mit dir so zu erleben, wie ich es tue? (Rilke, Duineser Elegien)

Von Casanova wird berichtet, dass sein eigentlicher Verdienst nicht darin bestand, 300 Frauen in seinem Leben verführt zu haben, sondern darin, keine von ihnen wirklich verloren zu haben. Er verstand es wie kein anderer, Frauen zu verlassen. Was genau er ihnen gesagt hat, ist nicht überliefert. Aber vielleicht war es so etwas Schönes, wie es durch Anwendung des 19. Grundmusters, Fünf Sinne, in Kombination mit der 4. Eloquenz, Beschreibung, entstehen kann:

Vieles werde ich vergessen, aber deine Blicke und den Klang deiner Stimme – niemals.

Oder etwas Humorvolles in Form einer rhetorischen Frage (18. Grundmuster):

Sag mal, weinst du wegen mir? Oder ist noch jemand anderer hier?

Oder ein abschließendes Urteil über die Begegnung im herrlichen Superlativ nach der 5. Eloquenz:

Ich kann niemandem wünschen, unser Glück zu erleben. Das würde sowieso nicht gehen, so glücklich, wie wir waren, kann keiner von uns beiden jemals mehr sein.

Vielleicht aber auch, wie in dem Film *Schlaflos in Seattle*, traurige Worte des Abschieds mitsamt der Reflexion des erlebten Glücks:

*Ich werde aufstehen, und zwar jeden Morgen. Und ich
werde ein- und ausatmen, den ganzen Tag lang. Und dann,
nach einer Weile, werde ich mich nicht mehr daran erinnern
müssen, jeden Morgen aufzustehen und ein- und auszu-
atmen. Und dann, nach einer Weile, werde ich nicht mehr
darüber nachdenken müssen, wie schön und wundervoll
ich es einmal hatte.*

Das alles sind mögliche Varianten. Wenn Sie die Vergangenheit
idealisieren, steht dahinter das Versprechen, dass man durch das
gemeinsam Erlebte niemals voneinander getrennt sein kann.

Stattdessen können wir auch die Zukunft betonen: Die Zukunft ist stets ungewiss. Vielleicht kommt es zu einem Wiedersehen? Vielleicht auch zu mehr? Wer weiß schon, was das Schicksal bringt?

Daneben bietet sich an zu thematisieren, dass keiner je alleine
sein wird, weil beide in Gedanken miteinander verbunden sind.
Dazu muss man nicht zur selben Zeit den Mond ansehen. Ro-
mantische Personen schätzen Worte wie diese aus dem Film
Der Guru.

*Wir werden zusammen sein, wann immer wir aneinander
denken. Und ich werde es jede Nacht tun.*

Übung
Wie können Sie einem Menschen die Trennung von
Ihnen erleichtern? Versuchen Sie, lyrische Komplimente
zu formulieren:

1) Mit der 10. Eloquenz, Bildersprache, und
2) nach dem 4. Grundmuster, Einzigartigkeit.
3) Eignen sich auch andere Grundmuster für
Trennungskomplimente?

20. Zitat-Komplimente: Intellektuell wirken und beeindrucken

Jetzt, wo ich Sie zur Tür reinkommen sehe, merke ich:
Für das große Glück ist man weder zu alt noch zu jung.
Wie freue ich mich, Sie hier zu treffen!

Kluge Komplimente bestehen aus klugen Konstruktionen. Nicht immer muss man sich alles selber ausdenken, manchmal wäre es schade, wenn wunderbar vorformulierte Gedanken verloren gingen. So ist es mit den Zitaten. Es gibt zauberhafte Sentenzen, die sich sehr gut eignen, um daraus ein Kompliment für einen besonderen Menschen zu formulieren. Letztens hörte ich während einer Literaturveranstaltung im Foyer einen Mann zu einer älteren Dame sagen:

Pulchrorum autumnus pulcher! – Der Herbst der Schönen
ist schön!

Anschließend verbeugte er sich leicht. Es stellte sich heraus, dass es sich bei dem Kompliment um einen Satz von Plutarch handelte, Aleibiades, I, 5. Er hatte also ein Zitat in ein Kompliment verwandelt. Diese Variante ist möglich. Aber es geht noch einfacher, nämlich in einem Zweierschritt.

Doch zuvor eine Einschränkung: Passen in jeder Situation und zu jedem Menschen Zitat-Komplimente? Natürlich ist es nicht immer angebracht, jemandem zu sagen, er sei, auf gut Lateinisch, ein »grandioses ens realissimum«. Aber das liegt weniger am Kompliment und erst recht nicht an der Methode. Es hat seinen Grund vielmehr in der unglücklichen Auswahl des Zitats. Denn diese Herausforderung bleibt bestehen: sich das Richtige zu merken und im richtigen Moment anzuwenden.

In zwei Schritten wird aus einem Zitat ein Kompliment:

1. Zitat anbringen,
2. Inhalt des Zitats auf das Gegenüber beziehen.

*Ralph Waldo Emerson hat gesagt, ein Freund sei das
wahrhafte Meisterwerk der Natur. Ich hab das wohl nie
vorher richtig verstanden, bevor ich dich getroffen hab,
Michael.*

Wichtig bei dieser Vorgehensweise ist die *Pronuntiatio*, also der
Vortrag, die Betonung der Worte, das langsame, bedeutungsvolle
Aussprechen. Nur ruhige Situationen bieten dafür den richtigen
Kontext, in denen die Zeit keine Rolle spielt und das Zitat und der
Bezug auf die Person ihre ganze Wirkung entfalten können.

Im Vorfeld sollten Sie sich ein paar passende Zitate zurecht-
legen. Vielleicht sind es Sätze oder Mottos, die Sie sich ohnehin
gemerkt hätten. Eine Mehrfachverwendung ist ja immer öko-
nomischer. Doch welche Zitate eignen sich besonders für Komplimente? Natürlich all diejenigen, die sich auf etwas Zwischen-
menschliches beziehen, mit Inhalten wie Freundschaft, Liebe,
Verzauberung, Treue, Glück. Eben all das, was ein Kompliment
wert sein kann.

Die Zitate dürfen abgeändert werden. Sie in den Moment
hineinzubeugen ist durchaus angemessen. Man muss sich der vor-
gedachten Gedanken bedienen und sie für seine Zwecke verwenden. Sonst sind sie unnütz.

Übung

1) Formulieren Sie Zitat-Komplimente im Zweierschritt.
Inhalt soll sein: das Glück, diesen Moment mit einem
besonderen Menschen zu teilen.

2) Fällt Ihnen auch ein lustiges Zitat-Kompliment ein?

DIE 6 GROSSEN GESTEN
DER WERTSCHÄTZUNG

Es gibt viele schöne Wege seine Bewunderung auszudrücken. Mit Worten der eine, mit Gesten der andere. Große Gesten wie die Verbeugung sind als Zeichen höchster Wertschätzung zeitlos. Ebenso der Kniefall vor einer Frau, unvergesslich. Und ein Handkuss als drittes Beispiel ein schweigender Beweis männlicher Bewunderung.

1. Der Kuss als Kompliment

Um Himmels willen, Mademoiselle, erzürnet nicht! Wenn dieser Kuss euch nicht genehm ist, gebt ihn mir zurück!

Osculum, Lateinisch für Kuss, französisch *baiser*, »ist ein liebreiches Berühren einer Person oder eines Dinges mit dem Mund«, schreibt das berühmteste deutsche Konversationslexikon des 18. Jahrhunderts, das Zedler'sche. Verschiedene Kussarten werden unterschieden. Da gibt es das *osculum religiosum, nocivum, fatuum, adulatorium, simulatorium, valedictorium, proditorium, reconciliatorium* und vor allem das *osculum sincerum*, den echten Kuss.

Im Zusammenhang mit dem Kompliment nimmt der Kuss eine eigenartige Zwischenposition ein. Er befindet sich zwischen Unverbindlichkeit (wie beim Begrüßungsküsschen) und Intimität (wie beim leidenschaftlichen Kuss). Schon in der römischen Antike unterschied man *oscula*, als ritualisierte Küsse, von *basia*, den Küssen der Zuneigung, Freundschaft und Liebe, sowie *suavia*, den erotischen Küssen.

*Küssen ist das, was von der Sprache des Paradieses übrig
geblieben ist.* (Joseph Conrad)

Was geschieht, wenn wir küssen?

Dann arbeiten in unserem Gesicht fast 30 Muskeln. Darüber
hinaus steigen Blutdruck, Puls und Körpertemperatur. Unser
Körper wird von Glückshormonen erfüllt und positiver Stress
entsteht. Doch das Beste am Küssen ist, dass dieser schöne Zeitvertreib das Leben verlängert. Menschen, die oft und intensiv küssen, leben bis zu fünf Jahre länger als Kussmuffel!

Umso verwunderlicher, dass Küssen nicht überall auf der Welt
erlaubt ist. In den USA ist es in manchen Staaten und in bestimmten Regionen verboten, als Mann eine Frau am helligten Tage zu
küssen. In Iowa soll es nicht länger als fünf Minuten erlaubt sein,
in Rhode Island nicht länger als drei Minuten und in Maryland
macht sich strafbar, wer länger als eine Sekunde küsst. In Wiscon-
sin ist der French Kiss gesetzlich verboten.

Hier scheint Prüderie, ja Abscheu vor so etwas Schönem wie
dem Küssen vorzuherrschen. Ganz wie der französische Ethno-
loge Paul d'Enjoy im 19. Jahrhundert den Ekel und den Schrecken
der Chinesen schildert, als sie Europäer beim Küssen beobachte-
ten, weil es ihnen wie eine Form von Kannibalismus erschien.[58]
Tatsächlich und obwohl viele Verhaltensforscher den Kuss in
Verbindung mit einem Fütterungsritual sehen, scheint er in den
vergangenen Jahrhunderten nicht überall üblich gewesen zu sein.
So berichtet der Naturforscher Charles Darwin 1872, dass der
Kuss bei den Feuerländern, den Neuseeländern und den Austra-
liern unbekannt sei.[59]

Auch in anderen Kulturen scheint der Kuss keineswegs selbstverständlich. Bei den Pygmäen waren der Mund und die Zunge
für die Zerkleinerung des Fleisches da – unvorstellbar, dieses
gefährliche Werkzeug in die Nähe eines geliebten Menschen zu
bringen. Und Eskimofrauen führten in der Vergangenheit so viele
Tätigkeiten mit ihrer Zunge aus (Leder weich kauen, Kinder säu-
bern, Lampen pflegen), dass ein Zungenkuss mit einem Mann
sowohl für sie als auch für ihn unvorstellbar gewesen wäre.

Ist nun der Kuss ein Kompliment?

Natürlich. Ein Kuss heißt immer zumindest: Ich finde dich angenehm. Das ist ein Kompliment, denn unangenehme Menschen werden nicht geküsst. Wenn darüber hinaus Zuneigung in den Kuss hineinfließt, steigt die Qualität dieses Kompliments. Gemocht zu werden ist ein Geschenk, geliebt zu werden ein Glück. Diese Auszeichnung kommt nur besonderen Personen zu. In diesem Sinne ist der Kuss stets Kompliment. Im Jahr 1990 küsste Alfred Wolfram im US-Bundesstaat Minnesota 8001 Frauen in acht Stunden, wobei sich die Frage stellt, ob das wirklich für jede Frau ein Kompliment war. Auf jeden Fall brachte er damit seine Bewunderung gegenüber allen Frauen dieser Welt zum Ausdruck und soweit bekannt hat sich keine darüber beschwert.

2. Die perfekte Verbeugung

> *Ein junger Kavalier hatte das Unglück, dass genau in dem Moment, als er vor der Herzogin eine stramme Verbeugung machte, ein lauter Flatus entwich. Mit blutrotem Kopf stürzte er aus dem Saal und erschoss sich draußen vor der Tür. Nach dem Knall schüttelte die Herzogin den Kopf und flüsterte zu einer ihrer Hofdamen: »Das zweite Mal war ja noch viel lauter.«*

In der Kommunikationsgesellschaft des 21. Jahrhunderts gibt es sie durchaus, die großen Gesten. Subkulturen erfinden beeindruckende Zeichen des Respekts. Doch in unserer normalen Alltagswelt geschieht es häufig, dass wir einander nur kurz zunicken oder einen Augengruß (Hochziehen der Augenbrauen) rüberwerfen, während wir gerade telefonieren oder sonst mit den Gedanken woanders sind. Der Respektgehalt in einer Begegnung könnte sich durchaus mehr in den Gesten widerspiegeln. Dafür kann man ruhig auch die Verbeugung wieder beleben.

Ist die Verbeugung zeitgemäß?

Vergleichen wir zwei Begebenheiten. Vor einigen Jahren war ich Gast in einem philosophischen Zirkel im Rheinischen. Nach zwei, drei Stunden interessanter Vorträge war es für mich Zeit zu gehen. Bei der Verabschiedung kam der Gründer dieses Zirkels, ein Philosoph in den besten Jahren, auf mich zu, nahm meine rechte Hand und sagte: »Ich freue mich sehr, dass Sie heute bei uns waren.« Dabei verbeugte er sich leicht und legte anschließend für einen kurzen Moment seine zweite Hand auf meine Handoberfläche, während er mir in die Augen sah.

Die zweite Begebenheit war erst vor wenigen Tagen. Ich besuchte einen älteren Flötisten, der mich mit Handschlag begrüßte. Ebenso verabschiedete er mich, mit weit zurückgelehntem Kopf.

Der Unterschied zwischen diesen beiden Begegnungen ist folgender: Die zweite möchte ich vergessen, die erste werde ich niemals vergessen. Ein solches Gefühl der Anerkennung wie durch die Verbeugung des Philosophen vor mir, einer damals unbedeutenden Studentin, habe ich selten wieder erlebt. Es war geradezu ein Musterbeispiel für die Wertschätzung eines Menschen, den man gar nicht kennt. Der Flötist dagegen, obwohl ein Könner in seinem Fach, wird mir nicht als besonderer Mensch in Erinnerung bleiben. Das ist sehr schade, denn vielleicht ist er es. Aber wir sehen daran, wie bedeutsam eine kleine Geste sein kann und wie weit sie in die Zukunft hineinreicht und die Erinnerung der Menschen prägt.

Diese dezente Geste der Wertschätzung – wie schade, wenn sie ganz verloren ginge. Für sie gilt nach wie vor das, was Andreas Schönwald im Jahr 1812 feststellte:

> *Kann man eine Frau wohl mehr beehren, hochschätzen, Ehrfurcht zeigen, als wenn man sich ihr ganz ergibt, und geschieht dies nicht bei der Neigung des Hauptes, der Schulter und der Senkung des Blickes? Übergibt man ihr nicht in diesem Augenblick seinen ganzen Körper, ja sogar sein Leben, und dies ist allein der Sinn des Kompliments, jetzt wie vor Zeiten?*

Doch gehen wir über zur Praxis. Es gibt eine Vielzahl von Verbeugungen. Die meisten denken zuerst an die japanische Verbeugung, deren verschiedene Winkel mit unterschiedlichen Respektsgraden in Verbindung gebracht werden können. Doch weil wir in Europa sind, soll von der europäischen Verbeugung die Rede sein, die bis in die 6oer-Jahre hinein als Begrüßungsform zu beobachten war. Manchmal wird sie nach der Funktion der Hüftgelenke unterschieden. So gibt es etwa die Verbeugung bis zur Gürtellinie (*inclinatio plena*) und die Verbeugung bis zur Brustlinie (*inclinatio semiplena*). Beim Kopfnicken schließlich (*capite nutare, nutus*) wird nur das Halsgelenk bewegt.

Welche dieser Verbeugungen ist die richtige? Und wie sieht die perfekte Verbeugung eines Mannes aus?

Lassen wir noch einmal Andreas Schönwald zu Wort kommen:

> *Man neige bloß Haupt und Schulter vorwärts, senke den*
> *Blick sogleich beim Anfang des Neigens, (und zwar so)*
> *dass man hinter die (eigenen) Absätze sieht, und erst nach*
> *Aufhebung des Hauptes und der Schultern sehe man die*
> *Person wieder an …*

3. Der perfekte Handkuss

> *Gibt es etwas Liebenswürdigeres als den Handkuss? Wenn*
> *man mit der Hand anfängt, wer weiß, wo man aufhört!*[60]

Baselmann nannte man den Handkuss im 18. Jahrhundert, was nicht etwa von der galanten Art der Männer aus Basel herrührt, sondern sich von dem spanischen *beso las manos* herleitet – »Ich küsse die Hände«. Er gehört zu den Ehrerbietungsküssen, wozu in der galanten Zeit auch der Kuss des Rocksaums zählte. Bedeutsam ist: Beim Handkuss wird nicht gesprochen! Die Geste allein ist das Kompliment.

Zu Anfang gleich die Frage: Ist der Handkuss ein Vorrecht des Mannes? Nein, sicherlich nicht. Der Handkuss einer Frau kann ebenfalls ein entzückendes Kompliment sein. Jedoch nur in einer ganz und gar emanzipierten Gesellschaft. Bleiben wir deswegen beim Traditionellen und bei einer Geste, die, wenn sie perfekt ausgeführt wird, Aufmerksamkeit erregt und untrügliches Kennzeichen eines Womanizers ist.

Wie sieht der perfekte Handkuss aus? Jeder gute Handkuss beginnt mit einem Blick. Erst nachdem die Frau aufmerksam geworden ist, geht man einen Schritt auf sie zu, bleibt vor ihr stehen. Dann bitte nicht sofort die Hand schnappen, sodass sie erschrickt. Zuerst erfolgt eine Verbeugung als Ouvertüre. Diese Verbeugung vor dem Handkuss sollte ebenso perfekt sein wie die Verbeugung ohne anschließenden Handkuss. Dann, in gebeugter Haltung, streckt man die eigene rechte Hand ihrer Linken entgegen. Während der Verbeugung blickt der Mann nicht mehr in ihre Augen. Wenn sie diese Bitte um das Herreichen ihrer Hand nicht recht versteht, nähert der Mann sich mit seiner Hand der ihren. Jetzt wird sie ebenfalls ihre rechte heben und hinhalten. Vorsichtig führt er den Handrücken zum Mund. Immer noch in der Verbeugung! Der Mann darf sich nicht, nachdem ihm die Hand gereicht wurde, aufrichten und dann den Handkuss ausführen. Damit wäre die große Geste zerstört. Er sollte auch darauf achten, dass die Finger der Frau nicht zu stark eingeknickt werden. Niemals darf sein Daumen ihre Finger festklammern und ihre Hand an seine Lippen ziehen. Keine Spur von Gewalt darf in der Geste liegen, nur Bewunderung. Es geht nur so weit, wie sie es möchte. Gibt sie seinem sanften Druck nicht nach, ist der Handkuss abzubrechen.

Der Handkuss selber ist kein richtiger Kuss. Die Lippen berühren nicht ihre Handoberfläche. Nur der Hauch des Atems streift sie. Auf keinen Fall darf ein Schmatzen zu hören sein. Anschließend gibt er die Hand wieder frei und richtet sich auf.

Den Blick in ihre Augen erst wieder aufnehmen, nachdem die Geste beendet ist. Niemals die Hand küssen und der Frau dabei in die Augen sehen. Es gehört sich nicht, ihre Reaktion beäugen zu wollen. Die männliche Unterwerfung in diesen Momenten muss ganz und gar sein.

Übrigens, in Zürich soll einmal ein junger Mann auf den irischen Schriftsteller James Joyce (1882–1941) zugegangen sein und gefragt haben: »Darf ich die Hand küssen, welche den *Ulysses* schrieb?« Da antwortete Joyce frei nach König Lear: »Nein, sie hat auch eine Menge anderes getan.«

4. Der perfekte Knicks

Die moderne europäische Verbeugung ist ein Überbleibsel aus der Verbeugung beim Tanz, hauptsächlich beim Menuett. Es verbeugten sich beim *Menuet à la Reine* sowohl die Dame als auch der Herr. Dabei wird die Verbeugung der Dame als Knicks bezeichnet. Der perfekte Hofknicks ist heute nicht mehr gefragt und nur noch bei der Begrüßung Königlicher Hoheiten üblich, aber er sollte folgendermaßen ausgeführt werden:

Es wird der linke oder der rechte Fuß zurückgesetzt und dann die Kniebeuge ausgeführt, indem sich der Oberkörper etwas nach vorn neigt. Dann wird der Körper so rückwärtsgezogen, dass sein Schwerpunkt auf dem zurückstehenden Fuß ruht. Das Aufrichten des Körpers erfolgt ganz langsam.

5. Der perfekte Kniefall

Einmal wollte mich ein Mann nach einem heftigen Streit zurückgewinnen. Ich fragte schnippisch: »Wie denn?« Er antwortete: »Weiß nicht, aber ohne Kniefall wird es nicht gehen.« Dann fiel er vor mir auf die Knie und breitete die Arme aus. Was soll ich sagen? Gibt es eine Geste, die mehr Respekt, mehr Bewunderung, mehr Unterwerfung ausdrückt als der Kniefall? Sicherlich nicht. Denn der Kniefall zählt zu den ganz großen Gesten der Verehrung. Unter dem Begriff der *Adoration* fasst man sie zusammen; und aus dem 3. Jahrhundert stammt eines der ersten Dokumente über den Kniefall eines Vertreters aus der Bürgerschaft, der eine Wohltat des Kaisers empfängt.

Beim Kniefall vor einer Frau sollte man nicht einfach nach vorn plumpsen. Eine gewisse Stärke darf der Mann behalten. Schwache Männer mögen nur die wenigsten Frauen. Gerade dieses Paradoxon macht die Attraktivität der Geste aus. Ein weichlicher Mann, der einer Frau auf Knien nachrutscht, hat keinerlei persuasives Potenzial. Aber ein sonst emotional eher unbewegter Mann, einer, für den diese Geste sonst undenkbar wäre, dessen Kniefall beweist die Sonderstellung, die eine Frau für ihn einnimmt. Deswegen ist beim Heiratsantrag der Kniefall noch üblich, vor der einzigen Frau, der man sich im Leben, symbolisch, unterwerfen wird.

Die Ausführung des Kniefalls ist recht simpel. Man geht einen kurzen Schritt nach vorn und lässt das Gewicht langsam auf dem hinteren Knie ab. Dann verlagert man das Gewicht vollständig auf das Knie und kommt dabei automatisch ein wenig in Rücklage. Das Heben des Blicks folgt beinahe automatisch.

Im Tierreich ist häufig zu beobachten, dass das Ausweichen mit dem Blick eine bedrohliche Handlung des Kontrahenten verhindert. Wenn die Reaktion der Frau gefürchtet wird, darf der Blick auch einmal ausweichen. Aber meist fehlt dem Kniefall dieser Ernst. Er ist vielmehr eine spielerische Unterwerfung, eine beinah rührend ironische Geste mit einem Hauch von Ernst.

Hier noch ein Hinweis: Beim Ausführen des Kniefalls darf man sich nicht mit beiden Händen auf dem anderen Knie aufstützen. Keine körperliche Anstrengung soll in der Geste liegen und es dürfen keine Grimassen gezogen werden. Einmal entschlossen, die Geste auszuführen, muss man sie auch mit voller Überzeugung präsentieren. Der Kniefall bleibt bestehen, bis sie endgültig reagiert hat. Nur in den seltensten Fällen bringt es eine Frau übers Herz, einen Mann so zurückzulassen.

6. Das perfekte Geschenk

Alexander der Große machte einmal einem armen Bettler ein großzügiges Geschenk. Da fragte er den König, warum er ihm, einem Unwürdigen, ein so großes Geschenk mache. Alexander antwortete: »Nicht weil du würdig bist, es zu empfangen, sondern weil es sich für mich ziemt, ein solches zu geben.«

Ein gutes Geschenk ist wie ein gutes Kompliment: Es schmeichelt. Dabei entscheidet manchmal der Wert des Geschenks, meist aber die Originalität darüber, wie gelungen das Kompliment ist. So schenkte der im 16. Jahrhundert lebende Balthasar Paumgartner seiner Braut Magdalena Behaim eine Jacke mit langen Ärmeln aus Italien. Und sie schenkte ihm ein Schnürlein, das sie ihm am liebsten selber umgebunden hätte, und legte dem Brief eine Blume ihres Gartens bei. Die Zuneigung der beiden äußert sich in den Geschenken, die einer um des anderen willen trägt, die Fürsorge ausdrücken und von praktischem Nutzen sind, denn sie sind im realen Leben miteinander verbunden, das es zu meistern gilt. Jeder achtet auf das Wohlergehen des anderen.[61]

Einer Frau »Du bist einzigartig« zu sagen, geht auf vielerlei Wegen und auch ganz ohne Worte. August der Starke von Sachsen soll seinen begünstigten Damen zum ersten Willkommen künstliche Blumenbuketts aus Diamanten und Rubinen geschenkt haben. Hier spielt eindeutig der materielle Wert eine Rolle. Einer Frau einen hochwertigen Diamantring zu schenken, ist in vielen Ländern auch heute noch Gradmesser der Zuneigung. In den USA spiegelt die Exklusivität des Verlobungsrings die Liebe des Mannes wider. Je mehr der Ring gekostet hat, desto höher der Wert der Frau.

Darf man vom Schenker Dankbarkeit fordern?

Der Normanne Rollo sollte, als ihm ein Herzogtum im Frankenreich übergeben wurde, den Fuß des Königs küssen. Er weigerte sich. Was dann geschah, schildert Dudo von St. Quentin:

»Die Bischöfe sagten zu Rollo, der den Fuß des Königs nicht küssen wollte: ›Wer ein solches Geschenk annimmt, muss den Fuß des Königs küssen.‹ Und jener antwortete: ›Niemals werde ich meine Knie vor den Knien irgendeines Mannes beugen, und nie werde ich den Fuß irgendeines Menschen küssen.‹ Als er schließlich durch die Bitten der Franken bedrängt wurde, befahl er einem Ritter, den Fuß des Königs zu küssen. Der ergriff sofort den Fuß des Königs, brachte ihn an seinen Mund, und im Stehen gab er einen Kuss und ließ so den König nach hinten fallen. Da ertönte großes Gelächter.«[62]

Dankbarkeit sollte man nicht einfordern. Die Erwartung an ein Geschenk hört in dem Moment auf, in dem es überreicht wird. Sich auf die ungeschriebene soziale Regel der Reziprozität zu verlassen, die besagt, dass auf jedes Geschenk ein Gegengeschenk folgt, nimmt ihm die Farbe. Was von Herzen kommt, fordert keine Dankbarkeit. Wer schenkt, soll es stets ohne Hintergedanken tun. Auf jeden Fall muss es so wirken.

Blumen als Geschenk sind immer angemessen. Die Anzahl der Blumen sowie die Größe des Straußes richten sich nach dem Anlass. So weit das übliche Vorgehen. Ein Kompliment ist der überreichte Blumenstrauß damit aber noch nicht. Denn es wurde noch nichts Nettes damit gesagt, sondern nur ein Höflichkeitsstandard eingehalten. Man erkennt noch nicht den Respekt hinter der Geste. Das ändert sich, sobald ein Gedanke spürbar wird.

DIE BLUMENSPRACHE

Als Lady Mary Wortley Montagu am 1. August 1716 ihre erste Reise in die Türkei antrat, wusste sie noch nicht, dass sie dort etwas kennenlernen sollte, was nach ihrer Rückkehr in ihrem Freundes- und Bekanntenkreis zu einer Art Geheimkommunikation anwachsen sollte. Lady Wortley Montagu hatte nämlich im Orient eine Kommunikation mit Blumen beobachtet:

> Das war dann auch der Ausgangspunkt für die Entwicklung eines umfangreichen Zeichensystems mittels der Übergabe von Blumen. Jede Blumensorte, jede Schleifenbindung am Strauß, ob hängende Blüten oder aufrecht stehende, alles hatte eine Bedeutung. Anfangs mit Sträußen aus einer Blumenart, später dann durch komplizierte Mischungen, um so die verschiedensten Feinheiten auszudrücken.

Im Europa des 18. Jahrhunderts breitete sich die Mode der Blumensprache aus und fand auch an den Höfen Anwendung. Hielt eine Dame zum Beispiel eine Ringelblume an ihren Kopf, dann deutete sie damit Probleme und Konflikte an, legte sie diese an ihr Herz, dann meinte sie Liebeskummer, auf die Brust, Langeweile.

Außenstehende verstanden diesen Geheimcode nicht und für neu Hinzukommende war eine Einführung notwendig, um zu verstehen und verstanden zu werden. Vergleichbar mit anderen Ritualen und vergleichbar mit jedem neuen Code der Jugendsprache, der zur Abgrenzung von Außenstehenden, wie den Eltern und anderen Erwachsenen, dient.

Heute ist die Blumensprache ein Relikt aus der galanten Zeit und führt ein Schattendasein. Vielleicht passt sie auch nicht in unsere Welt, in der es keine Boudoirs mehr gibt und der Freundschaftskult empfindsamer Gemüter abgekühlt ist. Dennoch gibt es nach wie vor die Schönheit der Blumen. Und auch die Liebe der Frauen zu den Blumen ist nicht geringer geworden. Aber Blumen werden nach wie vor symbolhaft verwendet, ansatzweise als Geschenk. Dafür sollten wir uns merken:

Eine Rose hat immer etwas mit Liebe zu tun, ein Vergissmeinnicht mit Treue, ein Hibiskus mit Nacht und Hingabe, eine Malve mit Schönheit. Einen Kaktus verschenkt man nicht, auch dann nicht, wenn er gerade blüht. Denn man sagt dem anderen nicht, dass er so stachlig wie dieser Kaktus sei, und es wird als Ironie verstanden, wenn man es verschweigt (außer die Beschenkte ist leidenschaftliche Kaktusliebhaberin). Zu einer Trauerfeier sollte man ein Efeugesteck überreichen als Symbol für Treue und Angedenken. Bei christlich-religiösen Feiern am besten Ficus religiosa oder weiße Lilien, Lotus, Pagodenbaum, Palme, Mistel, Tanne. Goldregen passt zu einer Verlobungsfeier als Symbol des überreichen Glücks, und mit einer Orchidee als Zeichen von Liebe und Leidenschaft sagt man einer begehrenswerten Frau, dass sie einen jeden Tag aufs Neue verwirrt.

Die vielfältigen Ausdrucksmöglichkeiten der Blumensprache lassen sich heute noch nutzen, wenn es auch auf moderne Art und Weise geschehen muss. Es sind nicht mehr Schleifen und Blütenblätter, die etwas aussagen. Vielmehr bildet die Blume selber den Ausgangspunkt für ein Kompliment. Und wenn die anderen die Sprache der Blumen nicht kennen, werde ich nur verstanden, wenn ich sie erläutere.

Stelle ich abends ein Trockengesteck mit Haferhalmen auf den Tisch, dann würde mein Ehemann das niemals bemerken. Erzähle ich aber beiläufig, dass der Hafer im Mittelalter als »Schandenkraut« bekannt war, das symbolhaft für Frauen stand, die sich ihrem Mann gegenüber schandhaft verhalten hatten, dann entschuldige ich mich bei ihm, durch die Blume, für ein Fehlverhalten.

Es genügt für das Durch-die-Blume-Sprechen deswegen nicht, die Blumen schweigend zu überreichen. Es kommt stets darauf an, dem Beschenkten auch zu erklären, aus welchem Grunde ich gerade diese Blume oder dieses Gras ausgewählt habe. Bringe ich meiner Freundin ein Blumentöpfchen mit *Goldlack* (Cheiranthus) mit, dann nicht nur weil es ein so hübsches Pflänzchen ist, sondern auch weil der Goldlack einst das Sinnbild für Treue im Unglück war. Ich sage ihr damit: »Du bist eine so gute Freundin, du hältst immer zu mir, egal wie schlecht es mir geht. Dafür sage ich danke.« Aussprechen werde ich aber vielleicht nur:

Goldlack, Sinnbild der Treue im Unglück. Für dich!

In der modernen Blumensprache verkörpert die Blume symbolhaft den Inhalt unseres Kompliments. Diese Art der Kommunikation setzt einen Wissensvorrat voraus. Sie müssen die Bedeutung, besser noch die Geschichten um bestimmte Blumen und Gräser kennen. Sonst funktioniert es nicht.

Letztlich ist es dann nicht so wichtig, ob die Anekdote hinter der Blume genau der Wahrheit entspricht. Vielmehr darf beim Kompliment das eine oder andere der Wirklichkeit angepasst werden. Ziel ist, die Pflanze als bildhafte Verstärkung einzusetzen, um im anderen die Freude zu vervielfältigen. Auf diese Weise hält sich ein Kompliment länger frisch, mindestens so lange wie die überreichten Blumen.

Die Auswahl der Blumen

Die meisten würden in einen Blumenladen gehen und die hübscheste Sorte kaufen. Nüchterne Charaktere haben als Auswahlkriterium vielleicht die Frische der Blumen, andere wählen ihre Lieblingsfarbe aus. Aber bei der Blumensprache ist das nicht wichtig. Es geht ja nicht um irgendwelche Blumen, denn nicht jede kann symbolisieren, was wir ihr oder ihm sagen wollen. Wir richten uns auch nicht nach dem Geschmack des anderen. Selbst wenn ihre Lieblingsblume weiße Nelken sein sollten, schenken wir nicht jahre- und jahrzehntelang nur weiße Nelken. Sondern wir wählen die Blumen nach ihrer Tauglichkeit für unsere Zwecke aus.

Ein Beispiel: Die Lieblingsblumen meiner besten Freundin sind rosarote Nelken. Nun steht sie vor einer wichtigen Prüfung. Aber ich schenke ihr keine Nelken, sondern etwas ganz anderes: Kapuzinerkresse! Ich stelle mich dann mit dem kleinen Gewürztöpfchen vor sie und erkläre, dass es auf Lateinisch *Tropaeolum majus* heißt, was von dem lateinischen Wort *tropaeum* stammt, einem mit erbeuteten Waffen behängten Baum als Siegeszeichen. Und jetzt sage ich ihr viel mehr als nur: »Du bist klug, du schaffst das schon und viel Glück für die Prüfung!« Denn ich schenke ihr eine bildhafte Vorstellung, durch die sie gestärkt die schwierige Situation überstehen wird. Dass die Blüten, Blätter und Samen der Kapuzinerkresse essbar sind und gut im Salat schmecken, ist eine nette Nebensächlichkeit.

Man darf sich bei dieser modernen Blumensprache nicht schämen, möglichst viel über die ausgesuchten Blumen zu reden, denn es sind die Worte, die das Kompliment beinhalten. Ohne Erläuterung entsteht kein Kompliment und die Blumen bringen nur so viel Freude wie ein Kuss, von dem ich nicht weiß, aus welchem Grunde ich ihn bekam.

Im Folgenden eine kleine Auswahl an Blumen samt einigen der dazugehörigen Geschichten, Bedeutungen, Anekdoten sowie ein wenig botanisches Hintergrundwissen zur Demonstration, wie sich daraus Komplimente kombinieren lassen.

Eisenkraut

Ich verzehre mich nach dir!

Das Eisenkraut mit seinen kleinen, nah beieinanderstehenden Blüten war in der griechischen Antike der Göttin der Morgenröte zugeordnet. In den nördlichen Provinzen Frankreichs sollen die Hirten vergangener Jahrhunderte Eisenkraut gesammelt haben, um damit die Herzen der Frauen zu gewinnen. Es ist eine Blume zur Bezauberung. Wer Eisenkraut verschenkt, offenbart seinen Wunsch, dem anderen näherzukommen.

Statt dies direkt auszusprechen: »Hier schenk ich dir Eisenkraut, denn ich mag dich und will dir näherkommen«, erzähle ich beim Überreichen des Sträußchens zum Beispiel:

Weißt du, in den nördlichen Provinzen Frankreichs …

Klee

Du gibst mir Kraft und Ruhe!

Klee blüht am schönsten an den Ufern von Gewässern, aber er blüht nicht bei stürmischem Wetter. Er braucht Ruhe, um sich zu entfalten. Und diese Ruhe, die er selber braucht, schenkt er auch anderen … – Das könnten wir in eigene Worte fassen und dabei weiße und roséfarbene Blumen mit viel grünem Klee überreichen.

Rose

Pssst – sub rosa!

Wer eine rote Rose als Zeichen seiner Liebe überreicht, braucht keine Worte. Denn dieses Symbol versteht fast jeder.

Die Rose eignet sich aber auch wunderbar für Blumenkomplimente. Es gibt eine solche Vielzahl von Anekdoten und Herkunftsgeschichten zu den *Rosaceae*, den Rosengewächsen, dass wir je nach Zweck und Absicht eine heraussuchen und anwenden können.

Wer zum Beispiel sagen möchte: »Du bist so schön, du sollst nur Schönes um dich haben«, der könnte beim Überreichen der Blume erzählen, dass einer Sage nach die Rose entstand, als Aphrodite dem Meer entstieg, damit die Göttin der Schönheit auf Erden als Erstes angenehme Luft einatmen sollte.

Wer einem anderen ein Kompliment über seine Verschwiegenheit machen möchte (mit dem Hintergedanken, dass dieser auch bei ihm verschwiegen ist), könnte Folgendes verwenden: In alter Zeit soll Cupido dem Harpocrates, dem Gott der Verschwiegenheit, Rosen gesendet haben mit der Bitte, die Liebesaffäre mit seiner Mutter Venus geheim zu halten. Und die Römer hängten bei geheimen Besprechungen eine Rose an die Decke. Alles, was darunter gesagt wurde, sollte *sub rosa* bleiben und nicht weitererzählt werden. Auch an Beichtstühlen finden sich im Hinblick auf diese Aussage häufig geschnitzte Rosen.

Aus solchem Wissen lassen sich kurze und dezente Andeutungen machen. Komplimente dieser Art gehören freilich zu den rein taktischen Komplimenten. Beim Überreichen einer weißen, gelben oder roséfarbenen Rose wäre es möglich, zu sagen (formulieren Sie in eigenen Worten):

Sub rosa! Hast du gewusst, dass Beichtstühle seit dem Mittelalter mit geschnitzten Rosen verziert sind?

Wer ein Kompliment über die Wandlungsfähigkeit einer Person machen möchte, kann ebenfalls auf die Rose zurückgreifen. Sie ist einzigartig in der Vielfalt ihrer Erscheinung innerhalb der Gattung. Sie kann zum Beispiel nur fünf Blütenblätter tragen und ihr Innerstes dem Betrachter offenbaren. Sie kann es aber auch mit über 100 Blütenblättern vor ihm verschließen. Verschenken Sie nun nur eine Kartoffelrose mit wenigen Fiederblättchen oder eine vielblättrige *Centifolia Foliacea?* Und warum gerade diese und keine andere Rosensorte? Vielleicht weil nur ein Wildröschen ihre entzückend extrovertierte Art widerspiegelt und nur eine dichte, samtige, schwer duftende Rose das Geheimnis ihrer Verschlossenheit symbolisiert.

Übrigens überreicht man eine Rose immer mit der rechten Hand. Hält man die Rosenknospe dabei nach oben, heißt es: Ich hoffe auf mehr. Hält man jedoch die Knospe nach unten und reicht sie mit dem Stil nach oben, dann bedeutet es: Du bist mir ziemlich egal, diese Rose schenke ich dir aus Höflichkeit.

Spanischer Flieder

Für die lang ersehnte Frau, den lang ersehnten Mann.

Der Spanische Flieder gilt seit jeher als Sinnbild der ersten Liebesgefühle, weil es nichts Schöneres gibt, als nach einem langen Winter den ersten Flieder im Frühling blühen zu sehen. Aber der Flieder verblüht auch rasch, wie die aufkeimenden Gefühle, bei denen wir uns noch nicht sicher sind, ob daraus eine tiefe Liebe werden wird:

Ich schenke dir Flieder, weil es nichts Schöneres gibt, als nach einem langen Winter wieder den Flieder blühen zu sehen …

Dahinter steht die Aussage: »Ich war so lange Single, schön, jetzt nicht mehr alleine zu sein!«

Trespengras

Du bist ein so netter Mensch, zeig es mehr!

Die Trespe gehört zu den Süßgräsern. Wir finden sie am Wegesrand, auf Wiesen und Feldern. Steht sie zwischen dem nützlichen Weizen und anderen Getreidearten, gilt sie als Unkraut, weil sie rasch wächst und jenen verdrängt. So kann Trespengras, einmal wuchernd, ein ganzes Weizenfeld vernichten. Nur wer das Trespengras frühzeitig bekämpft, erntet ein prächtiges Weizenfeld. Wer nun also dieses Gras in einen Blumenstrauß bindet, sagt damit: »Du besitzt so viele angenehme Eigenschaften, aber du zeigst zu häufig deine negativen Seiten (als Unkraut), die deine positiven in den Hintergrund treten lassen.«

Formulieren würde man aber, während man einen von Trespengras beinah überwucherten Strauß überreicht, eher so:

»Hier ein Blumenstrauß für dich.«

»Danke, wo sind denn die Blumen?«

»Unter dem Trespengras, ganz versteckt, aber wunderschön, wenn man sie einmal gesehen hat.«

Ob dieses indirekte Kompliment ankommt, liegt auch an der Empfindsamkeit des anderen. Wer sichergehen will, dass die Anspielung verstanden wird, verstärkt sie mit der Betonung oder mit einem Blick und Gesten.

Tulpe

Du bist mir das Wertvollste!

An den Ufern des Bosporus war die Tulpe das Sinnbild der heftigen Liebe. Die feurigen Blätter und die schwarzen Pistillen zu verschenken hieß, in Feuer und Flamme für eine Frau zu stehen.

Als die ersten Tulpenzwiebeln 1562 per Schiff nach Holland gelangten, fand sie ein flämischer Händler unter den von ihm bestellten Tuchballen. Da er dieses merkwürdige »Gemüse« noch nie gesehen hatte, Zwiebeln aber schon damals als gesundheitsfördernd galten, ließ er die Tulpenzwiebeln braten, würzte sie mit Essig und Öl und verspeiste sie zum Nachtessen. Leider stellten sie sich als wenig schmackhaft heraus. Und so warf er den Rest des vermeintlichen Gemüses auf den Kompost, wo im Frühjahr Blumen in nie gesehener Pracht erblühten.

Tulpenzwiebeln wurden im 17. Jahrhundert mit Gold aufgewogen, so wertvoll waren sie. Für eine Zwiebel der *Semper Augustus* wurden im Jahr 1637 zehntausend Gulden bezahlt. Das entsprach der Summe, die ein stattliches Haus in Amsterdams bestem Viertel kostete. Keine andere Blume sonst kann so anschaulich zum Ausdruck bringen, wie viel einem Mann eine Frau bedeutet. Aber das muss man auch verbalisieren, sonst bleibt die Tulpe nur eine Blume, die aus nicht schmackhaften Zwiebelknollen wächst.

Zweige des blühenden Mandel- und Kirschbaums

Selbst widrige Umstände können dir und deiner Schönheit nichts anhaben!

Der Mandelbaum blüht schon in den ersten Tagen des frühen März, während andere Sträucher weiter blätterlos sind. Nachts gibt es noch Frost, aber die Blütenpracht bleibt davon unversehrt. Eine starke Pflanze, der Mandelbaum, der lange Wochen herrlich blüht.

Ein Mandelzweig eignet sich als indirekte Entschuldigung, wenn wir zum Beispiel eine Verabredung vergessen haben. Denn der Sage nach wartete die schöne Königin Phyllis auf ihren Geliebten Demophron einen Monat lang bis zum verabredeten Zeitpunkt seiner Rückkehr. Als der Tag gekommen war, lief sie neunmal zum Strand, um Ausschau nach seinem Schiff zu halten. Aber er kam nicht. Vor Gram sank sie am Abend tot zur Erde und verwandelte sich in einen Mandelbaum. Erst als Demophron mit drei Monaten Verspätung zu ihr zurückkehrte, begann er plötzlich zu blühen. Diese Geschichte, verschenkt mit einem blühenden Zweig, wäre eine wunderschöne Entschuldigung durch die Blume in Form eines Kompliments.

Wenn ich zu einem japanischen Kollegen zum Abendessen eingeladen werde und ich bringe einen blühenden Kirschzweig für die Gastgeberin und Köchin mit, dann wird dadurch zum Ausdruck gebracht, dass ich mir Gedanken über die Einladung und den kulturellen Hintergrund des Gastgebers gemacht habe. Ich demonstriere Achtung und Respekt, indem ich zeige, dass ich Japan als das Land der Kirschblüte kenne. Ähnlich verhält es sich mit der Distel als Nationalblume der Schotten oder der Lilie, die seit dem Mittelalter geschichtsträchtiges Blumensymbol der Franzosen ist, aber auch zu den Symbolen auf dem Staatswappen Kanadas gehört. (In dessen Flagge erscheint allerdings nur das Ahornblatt, außer in Québec, wo die Lilie alleiniges Flaggensymbol ist.) Eine Orchidee überreiche ich einer Gastgeberin aus Queensland, und wenn diese einmal erzählt hat, dass sie aus Barbados stammt, ist es ein Feigenbaum, während für eine Italienerin ein schön arrangierter Olivenzweig passend wäre. Das Blumensymbol muss nicht dominieren, aber ein dezenter Hinweis darauf, dass man sich mit dem Ereignis heute Abend und mit der Gastgeberin beschäftigt hat, ist ein hübsches Kompliment.

Man kann sich darüber streiten, ob es wirklich für die Gastgeberin in einem fremden Land eine Freude ist, etwas aus ihrer eigenen Heimat, beziehungsweise etwas dort Übliches, geschenkt zu bekommen. Vielleicht würde sich eine Japanerin mehr über einen Wurstblumenstrauß freuen mit Weißwurst und verschiedenen Varianten von Rindswürsten, umrahmt mit appetitlichen Salamiblättern. Sie könnte lächeln und dann später, nachdem alle gegangen sind, die Nase rümpfen. Denn was sagt es aus, wenn wir etwas aus unserer eigenen Kultur mitbringen? Doch nur: Sieh, so ist es bei uns üblich. Das bin ich und meine Kultur. Pass dich an! Um wie viel höflicher ist es, die Kultur des anderen in den Mittelpunkt zu rücken und zu sagen: Schau, ich hab mich mit dir beschäftigt. Deine Kultur interessiert mich, sie ist spannend. Bitte erzähl mir mehr davon. Deswegen schenke ich dir einen nach der Tradition des Ikebana arrangierten Kirschblütenzweig. Man darf in diesem Fall nicht davon ausgehen, was einem selber gefallen würde. Denn nicht jeder ist bei einem Wurstblumenstrauß vollkommen außer sich vor Freude. Es gilt:

Ein Kompliment machen heißt, immer den anderen in den Vordergrund rücken, nicht sich selber.

ANHANG:
LÖSUNGEN DER ÜBUNGEN

Grundmuster

1. Grundmuster: Die Kausalstruktur

»Ich könnte jetzt nicht zeichnen, nicht einen Strich, und bin nie ein größerer Maler gewesen als in diesen Augenblicken«, meinte Goethe und demonstriert damit eine schöne Anwendung der Kausalstruktur. Aber es geht auch einfacher, zum Beispiel:

> *Durch dich habe ich mich erst kennengelernt.*

> *Du hast mir doch erst gezeigt, was eigentlich geschmack-
> voll ist.*

> *Seit ich dich kenne, sehe ich die Menschen mit anderen Augen.*

Und auch poetischer:

> *Durch dich lerne, übe, genieße, verlerne und verliere
> ich mich.*

Die Kausalstruktur wirkt aufrichtig, besonders wenn eigene Gefühle in Worte gefasst werden. Ein schönes Beispiel stammt von Schiller; freilich, dieses Beispiel ist prall und bunt übertrieben, wie es typisch für den jungen Stürmer und Dränger[63] ist:

> *Als ich dich das erste Mal sah, und mir das Blut in den Kopf
> stieg, meine Pulse jagten und jede Wallung sprach, jeder
> Atem flüsterte: sie ist es ... und mein Herz dich erkannte*

> *und bekräftigte: sie ist es! und wie das widerklang durch die ganze Welt …! Damals ging meiner Seele der erste Morgen auf.* (Nach: Kabale und Liebe)

Nehmen Sie selber Farbe heraus und formulieren für das 21. Jahrhundert passender, also eher nüchterner, vielleicht so:

> *Du bringst mich auf Gedanken, die zu denken oder auszusprechen ich mich gar nicht getraut hätte.*

Weitere Beispiele/Anregungen:

> *Ich muss dich nur sehen und schon bin ich total aus dem Konzept.* (Der andere als positive Ursache für die eigene Verwirrung)

> *Du bist mit mir verheiratet, deswegen bist du Expertin für Verständnis.* (Indirektes Kompliment unter Verwendung der Kausalstruktur)

Besonders schwierig ist die Kausalstruktur nicht. Sie ist ein Denkansatz, um rasch auf ein passables Kompliment zu kommen. Was recht häufig passt, ist:

> *Seit ich dich kenne, sehe ich die Welt mit anderen Augen.*

> *Seit ich Sie kenne, habe ich viel über Projektmanagement gelernt.*

> *Seit du hier bist, hat sich hier alles irgendwie zum Positiven verändert.*

Hier ein altes orientalisches, sehr lyrisches Kausalkompliment:

> *Du verwandelst das Wesen der Natur: ein Mensch, der Schmerzen hat, beginnt zu lächeln, wenn du mit ihm sprichst, und wo du erscheinst, glänzt in der Nacht das Morgenrot.*

2. Grundmuster: Aufgreifen und Wiederholen

1) Es gibt keine Wow-Frau, deswegen ein recht schlechter Versuch eines Kompliments.

2) Es gibt »süße« Hunde und »süße« Frauen. Das Aufgreifen von »süß« wirkt deswegen überzeugend.

3) Ein Spiel kann *toll* sein und eine Frau kann *toll* sein. Das Kompliment ist aus verschiedenen Gründen gelungen: Es wird dasselbe Wort verwendet (toll), aber damit Unterschiedliches bezeichnet (tolles Spiel, tolle Frau). Es wird nicht behauptet, das Spiel sei toll, *weil* die Frau toll ist. Denn es bestünde auch kaum ein Zusammenhang. Kein Fußballspieler spielt besser, weil wir im Stadion mit einer tollen Frau sitzen. Aber das Wort wird aufgegriffen und in einem anderen Kontext verwendet. Ein sehr gutes Kompliment also, das durch die Verneinung mit einem Spannungsmoment beginnt.

4) Hier wird das Wort »wahnsinnig« aufgegriffen, aber eine wahnsinnig tolle Hose steht kaum in Zusammenhang mit einer wahnsinnig tollen Frau. Anders als in Beispiel 2 besteht zwischen einer Hose und einer Frau einfach weniger Ähnlichkeit als bei einem niedlichen Welpen und einer hübschen Frau. Denn beides wollen wir knuddeln und streicheln und lieb haben. Wer das mit seiner eigenen Hose tun möchte, wirkt schon ein wenig befremdlich. Deswegen nur ein mittelmäßiges Kompliment.

3. Grundmuster: Die Drei-Satz-Synthese

Kompetente Mitarbeiter gibt es überall (A). *Kreative Köpfe auch* (B). *Aber beides in einem Mitarbeiter zu finden, ist schon ein Glück für dieses Team* (AB).

4. Grundmuster: Einzigartigkeit

Ich kann immer nur das in dir sehen, was dich von all den anderen unterscheidet.

5. Grundmuster: Das Komplimentmuster des Abu Nuwas

Du siehst gut aus, du bist klug, du hast einen tollen Charakter, was willst du mehr? Warum willst grad du so sein wie andre? Andre sollten so sein wie du.

6. Grundmuster: Das Sprachlosmuster

An dieser Stelle kann ich keinen Lösungsvorschlag nennen, weil nur Ihre innere Einstellung darüber entscheidet, ob eine Ausrede oder die Wahrheit vorliegt. Der Ausruf *Mir fehlen die Worte!* bleibt dieselbe Formulierung, ob ehrlich gemeint oder nicht. Aber vielleicht finden Sie reizvollere Varianten dieser Aussage. Rainer Maria Rilke schlägt vor:

Mein Atem reicht nicht aus, dich zu beschreiben!

7. Grundmuster: Das Ein-Wort-Muster

Sie sind klug, der klügste Mensch, den ich kenne.

Du bist klug, sagst Kluges, denkst Kluges.

8. Grundmuster: Die Selbsterniedrigung

Ach was, ich kann doch nicht kochen. Nicht so gut wie du.

Ich hätte nie gedacht, dass ich einmal einen Mann finden würde, der damit umgehen kann, dass ich so exzentrisch und zickig bin.

Wenn ich so klug wäre wie du, was hätt' ich nicht alles erreichen können.

Ich könnte das niemals so gut wie du.

Ich verstehe nicht, wie ein Mensch so kreativ sein kann. Das wäre mir nie im Leben eingefallen!

Anmerkung: Das Grundmuster der Selbsterniedrigung ist nur beschränkt für das berufliche Umfeld geeignet. Hier kommt es auf *positive* Selbstpräsentation an. Wer zu einem Kollegen sagt: »Also ich könnte das nicht so gut wie du«, macht zwar ein Kompliment, aber ein viel zu gelungenes. Denn was soll ein Unternehmen mit einem Mitarbeiter, der von sich behauptet, die Aufgaben schlechter als die Kollegen zu bewältigen? Man kündigt ihm. Deswegen solche Komplimente vorsichtshalber nur im privaten Bereich anwenden.

9. Grundmuster: Die Überhöhung des anderen

Ja. Wir überhöhen einen Vorgesetzten etwa, indem wir darauf hinweisen, dass uns gerade seine Meinung zu einem Thema besonders wichtig sei. Vorsichtig formulieren, denn es soll nicht »schleimig« klingen:

Mir ist wichtig, dass Sie von mir einen richtigen Eindruck haben.

Gerade Ihnen würde ich gerne demonstrieren, dass sich dieses Projekt kostengünstig umsetzen lässt.

Mir liegt viel an Ihrer Meinung zu diesem Thema.

10. Grundmuster: Die Selbsterhöhung

Hier ein paar Beispiele:

> *Ich mache normalerweise keine Komplimente. Aber bei dir,*
> *du siehst einfach zu gut aus.*

> *Ich bin von Schönheit umgeben. Du passt gut in mein*
> *Leben.*

> *Normalerweise erlaube ich keinem, mir so nahezu-*
> *kommen.*

11. Grundmuster: Der treffende Vergleich

1) *Es gibt kleine Pandas und aufgemotzte Golfs, schmale*
   Jaguars und protzige Jeeps. Aber du, du bist wie ein
   Mercedes, zuverlässig, treu, zeitlos-elegant und mit einem
   starken 200-PS-Motor.

> *100-mal schöner als 100 weiße Rosen bist du!*

> *So ein Botticelli-Lächeln ...* (Statt: Dein Lächeln sieht
> genauso aus wie das auf einem Gemälde von Botticelli)

Vorsicht Misslingen: Beim Vergleichen sollten wir vorsichtig sein,
denn die Grenze zum Kitschigen ist nah. »Deine Haut ist so weiß
wie das Strahlen der Sterne« mag noch angehen, aber was Kalif
Yazid ibn Moauja vor zweitausend Jahren eingefallen ist, klingt
schon sehr kitschig:

> *Dein Augenlid ist wie das Blatt einer Narzisse*

– aber, man weiß es nicht. Komplimente sind kultur- und zeit-
abhängig und Geschmäcker so verschieden wie kaum etwas auf
der Welt.

Schau dir diese Zehen an, wie Zuckersaft mit Sirup!

stammt aus einer US-Soap und war ernst gemeint. Gängiger vielleicht diese Metaphern:

Du bist eine Wundertüte an Möglichkeiten und Bedeutungsebenen.

Dein Teint hat genau die Farbe von jungen Aprikosen.

Aber wie gesagt, der Geschmack des anderen bestimmt die Farbe des Kompliments!

2) *Ihre Fachkenntnisse auf diesem Gebiet, also davon können sich die anderen 'ne Scheibe abschneiden.* (Abwärtsvergleich mit Komplimentinhalt Leistung)

Du spielst nicht, du verstellst dich nicht, so was kannte ich vorher nicht. (Sozialer Vergleich mit nicht näher definierten Vergleichspersonen mit Komplimentinhalt Innere Werte)

12. Grundmuster: Kürze
Diese kurzen Komplimente kennt jeder:

Du siehst toll aus!

Sie! Super!

Eine schöne Stimme (hast du)!

Oder wie wäre es mit nur einem einzigen Wort? Zum Beispiel dem Wort *Yakamoz*? Dieser türkische Ausdruck wurde 2007 zum schönsten Wort der Welt gewählt[64]. Übersetzt bedeutet er: Die Widerspiegelung des Mondes im Wasser. Es kann sehr romantisch sein, wenn einem Mann beim Anblick einer Frau nur ein solches Wort in den Sinn kommt.

13. Grundmuster: Die Du-bist-Struktur

1) Synonyme und Varianten zu »schön«: anmutig, anziehend, atemberaubend schön, attraktiv, außergewöhnlich, außerirdisch, begehrenswert, bemerkenswert, betörend, bewegend, bewunderungswürdig, bildschön, doll, edel, eindrucksvoll, einmalig, elysisch, erstaunlich, erstklassig, exzellent, fabelhaft, fantastisch, fashionable, faszinierend, feenhaft, fein, formvollendet, glänzend, göttlich, grandios, graziös, großartig, herrlich, himmlisch, hinreißend, hübsch, irreal, jenseitig, kostbar, lieblich, märchenhaft, makellos, malerisch, opalisierend, paradiesisch, pittoresk, prächtig, reizend, sagenhaft, sexy, smart, surreal, traumhaft, überdurchschnittlich, übernatürlich, übersinnlich, unerreicht, unglaublich, unübertroffen, verführerisch, vollendet, vortrefflich, wunderbar ...

2) Welche sind Ihnen eingefallen? Mir gefällt:

Du bist vollkommen in jeder Hinsicht.

Schön aber auch dieses Grundmuster in Kombination mit dem 11. Grundmuster:

Du bist die Welt, die mein Leben umschlungen hält.
(Metaphernkompliment)

Du bist so nah und so weit weg und ewig wie das Meer.
(Literarischer Vergleich mit der Nennung des Tertium Comparationis: nah und weit weg gleichzeitig)

Du bist wie eine Laterne auf meinem Weg, du machst ihn zwar nicht kürzer, aber viel heller. (Literarischer Vergleich mit Erläuterung des Tertium Comparationis)

Du bist wie der Sommerwind! (Eine Kombination aus dem 11., 12. und 13. Grundmuster)

14. Grundmuster: Die Alles-an-dir-Struktur

Ergänzungen bei Frauen: abenteuerlich, aufsehenerregend, ausgefallen, außerordentlich, beachtlich, bedeutend, bedeutsam, beeindruckend, delikat, eindrucksvoll, grandios, ideal, knusprig, köstlich, lecker, sexy, verlockend, wild, zauberhaft ...

Ergänzungen bei Männern: athletisch, außergewöhnlich, bärenstark, baumstark, deftig, couragiert, draufgängerisch, eindrucksvoll, furchtlos, gewagt, großartig, gut gebaut, imposant, kämpferisch, kernig, kräftig, kraftstrotzend, mutig, robust, stramm, sehnig, unerschrocken ...

Ergänzungen für beide: einwandfrei, exzellent, fantastisch, geil, genial, klasse, nice, ohnegleichen, perfekt, phett, piepfein, prima, spitze, super, taff, vollendet, wunderbar ...

15. Grundmuster: Die Wenn-dann-Struktur

Wenn ich nicht schon Franzose wäre, dann wäre ich gerne Engländer. (Nationales Kompliment)

Wenn ich bei dir wäre, wäre ich der glücklichste Mann.

Wenn du nicht so schön wärst, könnt ich ja auch mal woanders hinsehen.

Manchmal darf man das »dann« auch vielsagend verschweigen:

Wenn ich nur einmal so aussehen würde wie du ...

16. Grundmuster: Emotionswörter

Ich erlebe dich als eine schöne Frau, als einen klugen Menschen, als eine gute Mutter, als eine aufregende Frau, als eine belesene und überlegte Person ...

Ich empfinde dich als sensibel, feinsinnig, elitär, einen Menschen, der auf die kleinen Dinge Wert legt, einen moralischen Menschen; als einen treuen und gutmütigen Freund …

Ich spüre, dass du sehr viel Liebe in dir hast, eine Wärme, und du übst eine besondere Anziehungskraft auf andere Menschen aus. Ich spüre, dass du eine gute Aura hast. Ich spüre, du hast viel Gutes in dir, du willst mehr als das, was andere dir zutrauen. Ich spüre, dass du ein Mensch bist, der anderen so viel zu geben hat …

17. Grundmuster: Soziale Verstärkung

Jeder Millimeter an dir ist Wahnsinn. Da kannst du jeden Mann fragen. Alle werden es dir bestätigen.

Du bist makellos. Nenn mir einen, der mir nicht recht geben würde! (In Kombination mit dem 18. Grundmuster, Rhetorische Frage)

Du bist so gebildet. Jeder hier war total beeindruckt von deiner Leistung. (In Kombination mit dem 13. Grundmuster, Du-bist-Struktur)

18. Grundmuster: Die rhetorische Frage

1) Weißt du eigentlich, dass du Anfang und Ende für mich bist, alles und ewig und ohne Wiederkehr?

2) Wie kann es sein, dass ich dich nur ansehe und schon hab ich Träume, die ich längst vergessen hatte?

3) Woher kommt es nur, dass ein Blick von dir genügt, dass ich alles andere vergesse?

4) Ist dir klar, dass ein Mann nur einmal im Leben so etwas Schönes wie dich im Arm hat?

19. Grundmuster: Fünf Sinne

Ich sehe deinen Augenaufschlag und liebe ihn.

Die Zeit duftet nach Rosen, wenn ich sie mit dir verbringe.
(Kombination mit der 1. Eloquenz: Wortkombinationen)

Deine Haut riecht nach jungen Aprikosen und schmeckt nach roten Kirschen.

20. Grundmuster: Subjektivität

1) Ich mag deine Augen / Ich finde, dass der Glanz deiner Augen funkelnder ist, als frischer Schnee in den Berghängen glänzt / Ich glaube, es gibt keine schöneren Augen als deine

2) Ich fühle mich so geborgen in deiner Nähe. (Kombination mit dem 16. Grundmuster, Emotionswörter)

3) Ich liebe deine wunderbaren Hände / Ich mag die kleinen Adern auf deinem Handrücken und die Sehnen, ich mag, wie gebräunt sie sind und wie zart, wie kräftig und gepflegt.
(Kombination mit der 4. Eloquenz: Die treffende Beschreibung von Eigenheiten)

Eloquenzien

1. Eloquenz: Wortwahl & Kombination

Die 1. Eloquenz, kombiniert mit verschiedenen Grundmustern:

Du bist schön wie ein Garten mit schattigen Träumen.
(13. Grundmuster)

*Du bist so wundervoll. Ich will deinen Körper küssen und
jeden einzelnen deiner Gedanken.* (Eine Kombination
von dem deutschen Lyriker Erich Fried, hier im 13. und
20. Grundmuster)

*Wenn ich dich anschaue, habe ich auf einmal Wünsche,
die ich vorher gar nicht kannte. Und Träume, die ich
vergessen hatte.* (Diese schöne Kombination stammt von
Else Lasker-Schüler, deutsche Lyrikerin, hier im 9. Grundmuster)

Du bist wie ein Garten aus Träumen. (11. & 13. Grundmuster)

Jeden deiner Gedanken könnte ich küssen. (Angelehnt an
das 14. Grundmuster)

*Ich muss dich nur sehen, schon hab ich Träume und tausend
Wünsche.* (1. & 15. Grundmuster)

Im Schatten deiner Schönheit will jeder Mann liegen.
(17. Grundmuster)

Du bist schön wie ein blühender Garten. (11. und 13. Grundmuster)

*Jeden Teil deines Körpers will ich küssen und jeden deiner
Gedanken.* (20. Grundmuster)

2. Eloquenz: Die Stellung der Worte im Satz

Die Jahre können den Augen einer schönen Frau nichts anhaben
= distanziertes Kompliment

Den Augen einer schönen Frau können die Jahre nichts anhaben
= weniger distanziertes Kompliment

Der Schönheit deiner Augen können die Jahre nichts anhaben
= intensiv, vor allem auch durch das Einweben des persönlichen Du

Deinen Augen können die Jahre nichts an Schönheit nehmen
= noch intensiver, beinahe intim durch Verwenden eines Abwärtsvergleiches, wodurch die Betonung auf der Einzigartigkeit der Frau liegt

Wie intensiv das Kompliment sein darf, hängt von der Vertrautheit im Beziehungsgefüge ab. Hier kann es manchmal zu Missverständnissen kommen, vor allen Dingen dann, wenn zu vertraut komplimentiert wird, obwohl man erst in einer noch distanzierten Beziehungsphase steckt. Vorsichtshalber ist es geschickter, unverbindlich mit allgemein gehaltenen Komplimenten anzusetzen. Je nach Reaktion des anderen darf man dann intensiver werden.

3. Eloquenz: Das Erzeugen spannender Komplimente
Hier das Beispiel einer möglichen Formulierung aus einer unendlichen Vielzahl noch schönerer:

Ich weiß nicht, ob du es bist, die das Kleid so gut aussehen lässt, oder ob es umgekehrt ist – aber du siehst wunderschön aus.

4. Eloquenz: Die treffende Beschreibung von Eigenheiten

Mir fielen einige schöne Aspekte bei meinem Mann ein, aber ich würde sie an dieser Stelle nicht verraten. Nur ich kenne sie, nur mir fallen sie auf. Deswegen kann ich hier keine Lösungen vorschlagen, die nur Sie kennen können. Sie kennen und lieben eine ganz besondere Person, und nur Sie können sehen, was mir als Fremdem verborgen bleibt. Vielleicht ist der Inhalt Ihres beschreibenden Kompliments der aufregende Schwung seiner oberen Nasenwurzel? Der herrliche Bogen ihrer Augenbraue? Der trotzige Zug um seine Oberlippe oder ihr unvergesslicher Schwung der Lippen? Vielleicht hat Ihre Frau zwei Schenkel, die Ihnen den Verstand rauben, oder Ihr Mann pulsierende Adern auf dem Handrücken und haselnussfarbene Locken.

5. Eloquenz: Die Steigerung des Schönen

Ja. Selbst ein Superlativ lässt sich noch steigern, zum Beispiel durch eine Ergänzung:

Du bist die schönste Frau – hier und in meinen Träumen.

6. Eloquenz: Die wirkungsvolle Übertreibung

1a) *Nein – ich liebe dich (es)!*

b) *Nein – ich finde dich wunderbar!*

2) Im Folgenden Anregungen für die Üppigkeit an gleichbedeutenden Worten. Wählen Sie zu viele auf einmal aus. Es gilt: Je mehr Worte mit ähnlicher Bedeutung wir aneinanderreihen, desto emotionaler wirkt das Kompliment. Je weniger Worte, desto sachlicher. »Sachlicher« wird häufig mit »glaubhafter« assoziiert. Auf der anderen Seite kommt es auch auf die Sprechgeschwindigkeit an. Beobachten Sie die Reaktion Ihres Gegenübers: Wann ist es genug? Wie viel möchte er oder sie noch hören? Fügen Sie Ernsthaftigkeitsbeteuerungen bei, setzen Pausen, arbeiten Sie mit Ges-

ten und Blicken. Ein einziges Kompliment dieser Art kann sich, mit Unterbrechungen, auch mal einen ganzen Abend hinziehen!

a) Anregungen für ein Kompliment über die schlanke Figur:

> *Du wirkst so knabenhaft. So schmal und dennoch sportlich. Manchmal ein wenig mager, aber nie hungrig. Eher geschmeidig und feingliedrig. Wie eine Tänzerin.*

b) Anregungen für ein Kompliment über grüne Augen:

> *Deine Augen sind grün wie Jade oder wie Smaragde. So leuchtend grün. Wie frisches Gras. Grünspangrün. Laubgrün. Wunderschön grün.*

3a) Einfache Verdopplung (Duplicatio):

> *Du bist schön, einfach nur schön.*

b) (Redundante) semantische Verdopplung:

> *Du siehst gut aus und bist schön.*

c) Einfache Verdopplung und fingierte Selbstkorrektur:

> *Du bist schön – nein, nicht das richtige Wort. Doch, doch das richtige Wort für dich: schön. Wunderschön.*

d) Semantische Verdopplung ohne Klimax:

> *Du bist siehst gut aus und bist ein hübsches Ding.*

e) Semantische Verdopplung, fingierter Selbstkorrektur und Klimax:

> *Du siehst gut aus, ach Quatsch, was sag ich, gut aussehen … – du bist schön! Bildschön!*

4a) *Auch wenn deine Nähe Gift wär, ich würde bei dir sein,
      so lange, bis ich sterbe.* (Unmögliches, Song von Silbermond)

b)   *Ich verspreche dir die Ewigkeit. Ich verspreche dir alles,
      was du willst.*

c)   *Für dich springt doch jeder ohne Fallschirm.*

5a) Frage: »Stör ich?« Antwortmöglichkeiten in Form des Kompliments:

   Niemals.

   Du störst mich niemals.

   Für dich habe ich immer Zeit.

   Ich nehme mir (doch) immer Zeit für dich.

   Jede andere würde mich stören, aber du niemals.

Achtung: Auf die Betonung achten, es darf nicht eine Spur Ironie
darin mitschwingen, sonst ist das Kompliment zerstört.

b) Frage: »Was erwartest du eigentlich von deinem Leben?«

   Die Ewigkeit und dich – da bin ich ganz bescheiden.

7. Eloquenz: Der Schock-Effekt
Ja, zum Beispiel:

   *Zerfleischende Monster, blutrünstige Mörder, stinkende
   Kanalisation und morastige Leichen. Nichts ist so schlimm
   wie ein Leben ohne dich!*

8. Eloquenz: Die kreisrunde Harmonie des Satzes

Wahnsinn, wie du dich schick gemacht hast, echt Wahnsinn ...

Selten, einen Menschen wie dich zu treffen. Selten ...

9. Eloquenz: Der Charme der Zurückhaltung

1) *Du bist ja nicht gerade ein Schwächling.* (Mit 13. Grundmuster)

2) *Du bist ja nicht gerade blöd.* (Mit 13. Grundmuster)

3) *Es ist ja nicht so, dass du keinen einzigen Ton treffen würdest* ... (= reine Form der 9. Eloquenz der Zurückhaltung, nur dann ein Kompliment, wenn es an eine wirklich ausgezeichnete Sängerin gerichtet wird. Bei allen anderen mittelmäßigen Sängerinnen könnte es als abwertendes Urteil verstanden werden.)

10. Eloquenz: Bildersprache und Liebesdiskurse

»Du bist wie ein Feuerwerk.«
(= Auftakt des Liebesdiskurses mit dem 13. Grundmuster [Du-bist-Struktur] mit zur Nachfrage provozierendem Inhalt als erster Teil des Kompliments)

»So rasch verglüht?«
(= der oder die andere steigt in den Liebesdiskurs ein)

»Nein, so einmalig und unwiederbringlich.«
(= zweiter Teil des Kompliments, der nur dann angeführt werden kann, nachdem der Gesprächspartner die Einladung zum Liebesdiskurs angenommen hat)

»Dann werden wir uns nicht wiedersehen?«
(= anknüpfen an das Wörter »einmalig« und »unwiederbringlich« in Form einer rhetorisch kokettierenden Frage)

»Nicht, wenn nicht die Welt untergeht.«
(= Übertreibung als Antwort)

»Was sollten wir auch in einer nicht existierenden Welt ...«
(= anknüpfen an den Gedanken des Weltuntergangs)

»Ewig zusammen sein und ewig einander genießen.«
(= anknüpfen an eine »nicht existierende Welt«, hier: philo-
sophische Anknüpfung: was nicht ist, ist ewig.)

11. Eloquenz: Das Spiel mit der Intellektualität

Hypotaktisch:

*Du bist ein guter Freund und der beste Geschäftsmann,
den ich kenne. Ich kann mir auch keinen besseren Ehemann
vorstellen, der gleichzeitig auch noch ein so liebevoller
Vater ist.*

Parataktisch:

*Du bist ein guter Ehemann. Du bist ein wundervoller Vater.
Du bist ein guter Freund. Du bist ein brillanter Geschäftsmann und ein unvergleichbarer Liebhaber.*

12. Eloquenz: Feierlichkeit und der Zauber des Wörtchens »und«

Mit der 12. Eloquenz wird Begeisterung vorgegeben. Sie sollte,
wie jede Eloquenz, in einem bestimmten Moment genau das richtige Stilmittel sein. Voraussetzung ist, dass Ihnen genügend beschreibende Worte einfallen. Ein Kompliment für das gute Essen
könnte sich so anhören:

Es hat gut geschmeckt.
(= einfaches Standardkompliment im 12. Grundmuster,
Kürze)

Oder so:

Die Sauce und das Fleisch und es war so zart und der belgi-
sche Rotwein dazu und erst das Dessert – einfach wunderbar.
(= Kompliment in der 12. Eloquenz: Feierlichkeit)

13. Eloquenz: Die Kunst des Verschweigens

Nicht nur dass du die schönste Frau bist, mit der ich
jemals aus war. Du bist auch die klügste. (13. Eloquenz &
13. Grundmuster)

Ich will gar nichts darüber sagen, dass du schön bist.
Auch nicht darüber, dass du der klügste Mensch bist,
den ich kenne. Ich will nur hier sitzen und dich ansehen.
(13. Eloquenz in Reinform)

Keiner redet davon, dass du klug und schön bist. Warum
soll man aussprechen, was jeder weiß? (13. Eloquenz &
18. Grundmuster)

14. Eloquenz: Der Überraschungseffekt

1) *Du bist doch das hinterhältigste Miststück, das ich kenne.*
   (Auftakt mit dem 13. Grundmuster als Provokation)
   Lächelst mich an, dass ich nicht mehr weiß, wo mir der
   Kopf steht. (Eigentliches Kompliment als Auflösung)

2) *Macho!* (Auftakt mit dem 12. Grundmuster als Provokation)
   Ich mag Machos. (Eigentliches Kompliment als Auflösung)

3) *Echt, du hast so einen langweiligen Bankerjob?*
(Provokation im 18. Grundmuster)
Find ich gut. (Eigentliches Kompliment)

15. Eloquenz: Das Vereinen von Gegensätzlichem

Als ich dich zum ersten Mal gesehen hab, dachte ich mir,
wow, das ist ne humorvolle, knallhart intelligente Frau,
bei deren Anblick jedem Kerl die Hose eng wird.
(Gegensätze: knallhart/intelligent sowie – fälschlich –
intelligent/sexy, hier ergänzt mit dem 17. Grundmuster)

Techniken für glaubhafte Komplimente

Lösungen zu den Techniken für glaubhafte Komplimente

1) *Mit dir verschwindet die Welt, verblasst des Geschdern*
unn hot des Moje kaa Kontur. (1. Technik, Dialekt, hier:
Hessisch)

Du bist, ganz objektiv gesehen, ein Mensch, der einen
wirklich, im positiven Sinne, alles vergessen lässt:
Die Welt verschwindet halt irgendwie und das Gestern
ist wie verblasst. Und das Morgen hat eh keine Kontur
mehr. (2. Technik, Objektivität & 10. Technik, Verschämte
Füllwörter)

Ich habe das Gefühl, dass in deiner Nähe für mich alles
unwichtig wird: die ganze Welt verschwindet, finde ich,
das Gestern wird eh total blass und das Morgen hat
gar keine Konturen mehr. (3. Technik, Subjektivtät &
10. Technik, Verschämte Füllwörter)

*Ich weiß nicht, wie ich es sagen soll, dass alles andere
außer dir so unwichtig für mich geworden ist. Die ganze
andere Welt ist verschwunden und das Gestern egal und
das Morgen spielt ohne dich für mich sowieso keine Rolle.*
(4. Technik, Gespielte Hilflosigkeit & 10. Technik,
Verschämte Füllwörter)

*Ich sage dir, wie es ist: Seit ich dich kenne, ist alles andere
unwichtig für mich geworden. Die ganze Welt, das Gestern
und das Morgen.* (6. Technik, Tatsachentechnik)

*Ich wünschte, du würdest mir glauben, was du mir bedeu-
test: mehr als die Welt, die so unwichtig geworden ist, seit
ich dich kenne, genauso unwichtig wie die Vergangenheit
und die Zukunft ohne dich.* (8. Technik, Wunsch)

*Weißt du eigentlich, was du mir bedeutest? Ich glaube
nicht. Aber ich sage es dir: Du bist alles für mich. Die Welt
ist unwichtig, das Gestern und Morgen. Nur du zählst.*
(12. Technik, Dialogismus & 10. Technik, Verschämte
Füllwörter)

*Mein Gott! Wie du hier zur Tür rein kommst! Neben
dir verschwindet die Welt, verblasst das Gestern und das
Morgen hat keinerlei Kontur!* (13. Technik, Ausruf)

*Wenn ich mit dir zusammen bin, dann sehe ich nur dich –
ach was, das ist viel mehr als das –, dann verschwindet die
ganze Welt, dann hat das Gestern keine Bedeutung und
das Morgen besteht nur aus dir.* (14. Technik, Geschickter
Einschub & 15. Technik, Fingierte Selbstkorrektur)

2) Wie wäre es mit:

*Ich verspreche mir ein Abendessen mit einer bildhübschen
und doch fremden Frau, durch deren Augen ich mich selbst
sehe und mir einbilden kann, interessant zu sein.*

20 Komplimentformen für 20 Ziele

1. Absagekomplimente

1) *Du bist ein wahnsinnig charmanter Mann* (Teil 1, Kompliment) *und einer, nach dem sich die Frauen umsehen.* (Teil 2, verschieben) *Wäre es ein anderer Zeitpunkt ...* (Übergang) *Es ist leider nicht möglich, dass wir ein Paar werden.* (Teil 3, Absage)

Du bist die größte Verführung, der ich jemals begegnet bin. (Teil 1, Kompliment) *Aber es würde nicht gut gehen mit uns.* (Teil 3, Teil 2 fehlt = Absagekompliment ohne Verschiebung)

Ich hab dich wirklich unglaublich gern, jeder Mann muss eine so liebevolle Frau wie dich mögen. (Teil 1, Kompliment, und Teil 2, verschieben, in einem) *Aber es ist der falsche Zeitpunkt.* (Teil 3, Absage)

2) *Sie sind ein hochbegabter Kollege und die Abteilung verdankt Ihnen viel.* (Teil 1, Kompliment) *Die Entscheidung fiel aber zugunsten eines anderen Bewerbers.* (Teil 2, Absage) *Mir persönlich tut es sehr leid, ich hätte Sie gerne im Team behalten.* (Freiwilliger Zusatz: Tröstung)

Sie besitzen ein ganz erstaunliches enzyklopädisches Wissen und auch die Kreativität, es anzuwenden. (Teil 1, Kompliment) *Die Stelle wurde aber leider mit einem anderen Kandidaten besetzt.* (Teil 2, Absage)

Jeder hält dich hier für einen fantastischen Anwalt. (Teil 1, Kompliment) *Du hast die Wahl, bei jeder Kanzlei zu arbeiten, wo du nur willst.* (Teil 2, verschieben) *In unserer Kanzlei ist es leider nicht möglich.* (Teil 3, Absage)

2. Ausweichkomplimente

1) *Ich habe mehrere Ideen. Soll ich dich jetzt mit Rücksicht
   auf deine Schönheit um 10 Jahre jünger machen oder mit
   Rücksicht auf deine Klugheit um 10 Jahre älter?*

2a) *Alles, mein Schatz, einfach alles.* (8. Eloquenz, Kreis)

Vorsicht: Es darf nicht ironisch klingen, bitte den Kontext beachten und ernsthaft bleiben!

b) *Alles an dir ist wunderbar.*

c) *Weil einer schönen Frau jedes Kleid gut steht.* (Ausweichen
   auf Verallgemeinerungen)

3. Begrüßungskomplimente
In Spanien gilt es als Kompliment, als »Freund« vorgestellt zu
werden, was nicht unbedingt heißt, dass man sich privat gut leiden
kann. Dieser Satz demonstriert das vertrauensvolle und respekt-
volle Verhältnis, zum Beispiel zu einem Mitarbeiter. Sein Selbstwertgefühl, das *orgullo*, wird dadurch gestärkt. Im deutschsprachigen Raum würde man nicht gleich als Freund vorstellen,
aber den anderen mit einem positiven Label zu besetzen, ist eine
Freundlichkeit, die schmeichelt:

Das ist Herr Müller, unser immer hilfsbereiter Nachbar.

*Das ist Natalie Fischer, die kluge Studentin, von der ich
euch erzählt hatte.*

*Das ist Maria von Grafenberg, Inhaberin der schönsten
Galerie Münchens.*

298   Anhang: Lösungen der Übungen

4. Berufskomplimente

Das kommt darauf an. Zu viel Bescheidenheit kann schädlich sein,
wie in folgendem Wortwechsel zwischen Vorgesetztem und Mitarbeiter:

> *Guter Testplan. Hervorragend!* (Vorgesetzter)
> *Nichts Besonderes …* (Bescheidenheitsreaktion)
> *Ach so, ich dachte schon.* (Rücknahme des Kompliments)

5. Compliment Opener

1) Hier ein humorvoller Ansatz. Wird der Witz verstanden, kann
das Eis gebrochen sein:

> *»Tolle Haare. Sind die echt?«* (Antwort ja/nein)
> *»Sie sehen dennoch wunderschön aus.«*

2) Der Vorteil liegt in der zeitsparenden Ökonomisierung. Einmal
auswendig gelernt, sind Floskeln wie Compliment Opener auf
viele Personen anwendbar. Theoretisch. Weil wir uns aber doch
jeden Tag im selben sozialen Umfeld bewegen, müssen Floskeln
immer wieder neu sein. Damit entfällt der Vorteil zeitsparender
Ökonomisierung. Sinnvoller ist es, zu lernen, wie man Komplimente macht. Dafür stehen ja die Grundmuster und die Eloquenzien zur Verfügung. Daraus lassen sich individuell zugeschnittene
Komplimente formulieren.

Wer aber dennoch lieber mit amerikanischen Openern agieren
will, der sollte zumindest die Techniken zur Erzeugung glaubhafter Komplimente ergänzend anwenden. So kann eine Floskel
zumindest so klingen, als sei sie keine.

3) *Ich sitze hier und beobachte Sie schon eine Weile. Dabei
denke ich mir, was für eine schöne Frau. Was macht die mit
dir? Sonst ist es nicht meine Art, einfach jemanden anzusprechen. Aber ich habe das Gefühl, als würde ich etwas verpassen, wenn ich nicht den Versuch mache.* (1. Grundmuster,
Kausalstruktur & 16. Grundmuster, Emotionswörter)

Sie sind mir sofort aufgefallen, als Sie zur Tür reinkamen.
Ich war mir dann unsicher: Soll ich Sie ansprechen? Ja, ich
tus. Ich bin Peter Neumann. Wer sind Sie? (1. Grundmuster,
Kausalstruktur & 12. Technik für glaubhafte Komplimente,
Dialogismus)

Hier gibt es viele schöne Frauen. Die meisten kenne ich.
Sie habe ich noch nie hier gesehen. (3. Grundmuster, Drei-
Satz-Synthese)

6. Diplomatische Komplimente

1) *Die Männer haben häufiger recht. Aber die Frauen*
   behalten recht.

2) *Ich hatte bisher immer nur Kurzgeschichten erlebt. Jetzt*
   will ich einen Roman ...

7. Eifersuchtskomplimente

1) *Ja, Strohköpfe sind immer schnell Feuer und Flamme.*
   (Indirektes Kompliment durch Herabwürdigen der Vor-
   gängerin)

   Die Ehe mit dir ist ein Abenteuer, das auf der Erde begonnen
   hat und im Himmel endete. Mit Claudia war es umgekehrt.
   (10. Eloquenz, Bildersprache)

2) *Bei all den anderen hab ich das gesucht, was ich bei dir*
   gefunden habe. (Herabwürdigen der Vorgängerinnen)

   Ich hab mich bei allen Frauen immer danach gesehnt,
   verstanden zu werden und akzeptiert, so wie ich bin.
   Nur bei dir habe ich das gefunden, nur bei dir ... (Kombination mit der 8. Eloquenz, Kreis)

Angelehnt an das 8. Grundmuster (Selbsterniedrigung) können Sie sich als Unwissender deklarieren, der erst durch *sie* (vergleiche das 1. Grundmuster, Kausalstruktur) weiß, was er wirklich will:

> *Ich habe immer nur dich gewollt. Nur, früher wusste*
> *ich das nicht.*

3) *Wäre ich auf der Suche nach einem großen Abenteuer, liefe ich nur Gefahr, die vielen kleinen Abenteuer des Lebens mit dir zu verpassen.* (angelehnt an 15. Grundmuster, Wenn-dann-Struktur)

> *Nein – du bist meine neunte letzte Sinfonie!*
> (13. Grundmuster & 10. Eloquenz)

4) *Von einigen schönen Blüten kann man nicht auf die Vollkommenheit des ganzen Baumes schließen!*

> *Auch ein wurmstichiger verrotteter Stamm kann noch hübsche Blüten hervorbringen.* (Beide 11. Grundmuster & 10. Eloquenz)

8. Entlarvungskomplimente

Bitte bedenken: Es bleibt immer die Möglichkeit, dass der andere die Wahrheit sagt. Inhalte der Komplimente sollten deswegen sein: Ihr Vertrauen zu ihm, seine Ehrlichkeit, die Sie so bewundern, sein Festhalten an Werten, sein Vorbildcharakter für andere und so weiter.

Vermuten Sie Ihren Mann bei einer Geliebten, betonen Sie, dass Sie ihn lieben und ihm vertrauen. Dass Sie wissen, dass ihm seine Familie das Wichtigste ist. Selbstbeherrschung und Geduld ist für dieses taktische Kompliment Voraussetzung. Haben Sie einen moralischen Mann, dann werden solche Entlarvungskomplimente sein schlechtes Gewissen verstärken, bestenfalls gesteht er.

Umgekehrt gilt dasselbe für Frauen. Komplimente sollten von einem Mann bei dem Verdacht auf Untreue seiner Frau nicht über ihre Schönheit gemacht werden. Im schlimmsten Fall erhält sie im

Moment gerade genug Selbstbestätigung von einem anderen. Lassen Sie ihr Freiheit, betonen ihre Aufrichtigkeit und wie viel sie Ihnen bedeutet, um ein schlechtes Gewissen zu etablieren.

Formulierungsmöglichkeiten (versuchen Sie, eigene zu finden):

Du bist ein ehrlicher Mensch. Aus diesem Grunde liebe ich dich. (Kombination des 1. und 13. Grundmusters)

Du bist nicht nur attraktiv oder nur ehrlich. Sondern beides. Das ist selten bei einer schönen Frau zu finden. (3. Grundmuster)

Einschränkung: Bei skrupellosen und versierten Lügnern bringt der Umweg über Komplimente keinen Erfolg. Aber bei den soften Lügnern durchaus. Kinder sind auch auf diese Weise zu Geständnissen zu bewegen. Vielleicht sollte man aber auch nicht jede Lüge zu entlarven versuchen. Ein Kompliment über die Ehrlichkeit des anderen könnte auch von ganz alleine früher oder später wahr werden.

9. Erotische Komplimente

1) Das Kompliment »Sie sind toll gebaut!« aus dem Film Zazie wurde im Jahr 1960 von der Freiwilligen Selbstkontrolle der Filmwirtschaft (FSK) ersetzt durch »Sie sind unglaublich schön«, denn die Worte galten in der Adenauer-Ära noch als unsittlich.

2) Es eignet sich beinah jedes Grundmuster, jede Eloquenz. Wir befinden uns zwar auf dem Gebiet der Erotik, aber immer noch auch auf dem der Rhetorik. Worte wie »rammeln« oder »bespringen« oder das Wort »Spritznest« (für Vulva) können lustvoll konkrete Vorstellungen sein. Mit derben Worten wird unverhüllt Lust auf den anderen demonstriert. Verwenden Sie Ihre eigenen Lieblingsworte und die des Partners, der Partnerin.

Jeder Mann würde dich ficken wollen, bis er tot umfällt. (17. Grundmuster, Soziale Verstärkung)

Ich will dich bespringen und rammeln und nie mehr was andres tun. (20. Grundmuster, Subjektivität)

Komm her Homy, ich will dir das Gehirn rauslutschen. (Marge Simpson, aus der US-Zeichentrickserie »The Simpsons«; 20. Grundmuster & 1. Technik zur Erzeugung glaubhafter Komplimente, Umgangssprache & 8. Technik, Wunsch)

3) Anregungen, wie immer eine Sache des Geschmacks:

So angemacht wie du hat mich ja noch keine! (11. Grundmuster, Treffender Vergleich)

Du bringst mich auf unanständige Gedanken ... (1. Grundmuster, Kausalstruktur)

Wunderbar, wie du deine gute Erziehung vergisst! (4. Eloquenz, Beschreibung & 13. Technik für glaubhafte Komplimente, Ausruf)

Die Falten hast du genau an der richtigen Stelle! (4. Eloquenz, Beschreibung)

Wenn es nicht schwabbelt, kann es kein guter Sex gewesen sein. (15. Grundmuster, Wenn-dann-Struktur)

Das waren die schönsten 20 Sekunden meines Lebens! (Humorvolles Kompliment)

Erotik und Intelligenz müssen nicht unbedingt Feinde sein, wie man an dir sieht. (Zitatkompliment nach Hildegard Knef)

4) *Vollendet schön sind deine Schenkel.* (2. Eloquenz, Wortstellung & 4. Eloquenz, Beschreibung)

Deine feuchten Lippen sind mein Honig. (10. Eloquenz, Bildersprache)

Du bist meine weiche Rose, in deren Kelch ich mich legen will. (10. Eloquenz, Bildersprache)

Ist der Duft an deinem Ohr ein Tröpfchen Chanel N° 5, oder ist es dein eigener Duft? (18. Grundmuster, Rhetorische Frage)

Ich müsste vielleicht gar nicht an den Kuss von dir denken, wenn ich dabei nicht den Duft deiner Haare und deiner Haut gerochen hätte, und an den Duft deiner Haare und deiner Haut müsste ich vielleicht auch nicht denken, wenn ich dabei nicht dein Ein- und Ausatmen gespürt hätte, an das ich jetzt denken muss, aber an dein Einatmen und Ausatmen müsste ich vielleicht gar nicht erst denken, wenn ich nicht deine Augen ganz nahe gesehen hätte, und an die muss ich jetzt denken, aber wenn ich deine Augen nicht ganz nahe gesehen hätte, dann, dann müsste ich vielleicht doch an den Kuss von dir denken. (Zitatkompliment nach Erich Fried (1921–1988), Wirkung entfaltet es durch die Art, wie wir diese Worte auswendig lernen und unserem Geliebten ins Ohr flüstern)

Küssen will ich deine Finger und deine Handflächen, deine Lippen und deine Zunge, deine Augen und deine Brüste, deine Achselhöhlen und Kniekehlen und deinen Schoß. (4. Eloquenz, Beschreibung & 8. Technik für glaubhafte Komplimente, Wunsch)

Jeder Millimeter an dir ist Wahnsinn. (9. Grundmuster, Überhöhung des anderen)

10. Humorvolle Komplimente

1) *Alles an dir ist so kurvig, ich muss mich setzen, mir wird schwindelig ...* (14. Grundmuster, Alles-an-dir-Struktur)

   Ich fühls, mir wird kotzübel, wenn ich dich seh – so viele Kurven hab ich ja noch nie bei einer Frau gesehen, wow! Ufz! (16. Grundmuster, Emotionswörter & 14. Eloquenz, Überraschungseffekt)

   Kurven, Kurven, Kurven ... – fang mich auf, ich werd ohnmächtig! (5. Eloquenz, Steigerung des Schönen)

2a) *Deine Augen strahlen wie ein ganzes Atomkraftwerk!*

   Deine Augen strahlen mich an wie Uran! Und ich bin ihnen total verfallen ...

b) *Gestern habe ich 100 kg Tiramisu, 5 Tafeln Schokolade, 60 Tüten Gummibärchen und 2 Torten gegessen, aber nichts davon war so süß wie du.*

   Du bist so süß wie Baileys, so weich wie Cognac, so prickelnd wie Champagner, so vielfältig wie Cocktails, so exotisch wie Malibu und haust mich um wie Tequila!

3) *Ich will dein Gummibärchen sein, ganz süß und niedlich klein. Du dürftest mich, das will was heißen, mich auch bis zur Unendlichkeit zerbeißen.*

11. Lyrische Komplimente

1) *Du hast so viel Gefühl bei so viel Verstand.* (4. Eloquenz, Beschreibung)

   Du bist klug und gefühlvoll, eine schöne Mischung. (13. Grundmuster, Du-bist-Struktur)

*Ich bewundere vieles an dir. Am meisten vielleicht deine
Ruhe. Selbst wenn die Welt untergeht, bleibst du immer
ruhig und gefasst.* (4. Eloquenz, Beschreibung)

*Wenn keiner mehr weiß, wie es weitergeht, bist du da
und hilfst.* (15. Grundmuster, Wenn-dann-Struktur)

2a) *Ich mache nie Komplimente, aber du bringst mich dazu,
   dir die schönsten Dinge sagen zu wollen.*

b) *Du? Du bist für mich ein einziges wunderbares Wunder.*

c) *Ich kenne viele Frauen. Aber du, du bist für mich ein
   einziges Wunder.*

d) *Wenn ich dir gegenüberstehe, bin ich ganz sprachlos.
   Denn du bist für mich wie ein Wunder.*

e) *Neben dir komme ich mir vor wie ein niemand.
   So wunderbar bist du.*

f) *Ich fühle, du bist ein großes Wunder für alle, die dir
   begegnen dürfen.*

12. Replikkomplimente

1a) *Ich gehe nur, damit ich wiederkommen kann.* (2. Grundmuster, Aufgreifen und Wiederholen)

b) *In deiner Nähe? Niemals.* (18. Grundmuster, Rhetorische
   Frage)

c) *Nur weil ich bei deinen Beinen immer wieder sprachlos bin.*
   (6. Grundmuster, Sprachlosmuster)

d) *Das bist du.* (12. Grundmuster, Kürze)

306 Anhang: Lösungen der Übungen

e) *Welcher Mann / welche Frau wollte das nicht!* (17. Grundmuster, Soziale Verstärkung)

f) *Jetzt gut.* (12. Grundmuster, Kürze)

g) *Für dich immer.* (9. Grundmuster, Überhöhung des anderen,
   kombiniert mit der 6. Eloquenz, Wirkungsvolle Übertreibung)

h) *Das hätte jeder für Sie getan.* (17. Grundmuster, Soziale
   Verstärkung)

i) *Klar, du bist wunderschön.* (13. Grundmuster, Du-bist-
   Struktur)

2) *Und ich bin gern witzig.* (2. Grundmuster, Aufgreifen und
   Wiederholen)

3a) *Nur wir bleiben dieselben.*

   Nur du bleibst immer ganz du.

b) *Doch: du.*

4) Bei dieser typischen und häufig vorkommenden Sequenz ist es
am besten, das 4. Grundmuster (Einzigartigkeit) anzuwenden und
zu kontern:

   »Nein, nur zu besonderen Frauen.«

Oder gar:

   »Nein, das sage ich nur zu einer Frau.«

Möglich ist auch die Anwendung des 18. Grundmusters (Die rhetorische Frage) und die Frage:

   »Findest du, du bist jede Frau?«

Diese überlegene Rhetorik lässt das Gegenüber verstummen. Denn was sollte sie darauf antworten? Entweder: »Ja, ich bin wie jede Frau, also gar nichts Besonderes« – das wäre eine traurige Selbstdegradierung. Oder: »Nein, ich bin etwas Besonderes und nicht nur ›jede‹ Frau«, dann hätte sie recht und Sie könnten zustimmen. Rhetorische Fragen verlangen aber meist gar keine Antwort, und so genügt als Reaktion auf Replikkomplimente dieser Fasson fast immer ein schönes Lächeln.

5) Wenn Sie zum Nachmittagstee bei einer guten Bekannten eingeladen sind und diese präsentiert überstolz ihre neuen Anpflanzungen auf dem rechteckigen Reihenhausrasen, dann gibt es verschiedene Dosierungen für das Kompliment über ihren Garten, das sie zweifellos erwarten wird.

Wunderbar! Vorher war Wildnis, jetzt hast du ein Paradies geschaffen! (10. Eloquenz, Bildersprache, kombiniert mit der 13. Technik für glaubhafte Komplimente, Ausruf)

Ein intensives farbenfrohes und beinahe kitschiges Kompliment, das durchaus gefallen kann. Noch aufrichtiger klingt es so:

Wunderbar! Mensch … vorher Wildnis, jetzt Paradies! Wahnsinn! (9. Technik für glaubhafte Komplimente, Ähhhs, und 11. Technik, Aufregung, mit der Figur des Anapodoton)

Er ist hübsch geworden.

Dieser Satz wäre kein Kompliment. Denn wer stolz etwas präsentiert, will nicht nur »hübsch« oder »gelungen« oder gar »nett« hören. Außer Sie möchten, dass sich die Bekannte über Ihren Neid freut, der durch solche kurzen Aussagen hindurchschimmert. Gelungen dagegen:

Ein wirklich schöner Garten, du hast ja sogar Buschröschen angepflanzt und ein Kräuterbeet und junge Apfelbäumchen, toll, welche Sorte ist es denn? (4. Eloquenz, Beschreibung)

Gar nicht ernüchternd, sondern eher tägliche Wirklichkeit ist der ständige Vergleich untereinander. Also fügen Sie ruhig ein:

> *Du hast wirklich ein Händchen ... Ich könnte das niemals*
> *so gut wie du. Du weißt eben genau, wo du was anpflanzen*
> *musst, damit es in wenigen Monaten so üppig aussieht ...*
> (8. Grundmuster, Selbsterniedrigung)

Bewusst neidvolle Komplimente als Replik werden sehr gerne gehört, beinahe lieber als solche:

> *Mein Gott, der ist toll! Wahnsinn. Da würde ich mich*
> *gerne reinsetzen und nie mehr rauskommen.* (6. Eloquenz,
> Wirkungsvolle Übertreibung)

6) *Nein, das ist ein perfekter Anfang!* (2. Grundmuster,
   Aufgreifen und Wiederholen, in der Variation Gegenteil,
   kombiniert mit der 14. Eloquenz, Überraschungseffekt)

19. Trennungskomplimente

1) *Du bleibst das Feuer in meiner Brust, bis die Ewigkeit*
   grau wird.

Wer möchte, kann das Kompliment durch die Techniken des Glaubhaftmachens aufrauen, damit es nicht so glatt wirkt, sondern weniger perfekt, so wie der Alltag und das Leben wenig perfekt sind. Zum Beispiel mit der 7. Technik, Wahrheit:

> *Was ist dir jetzt sage, ist wirklich wahr: Du bleibst das Feuer*
> *in meiner Brust, bis die Ewigkeit grau wird.*

Und dazu vielleicht die 4. Technik, Hilflosigkeit, kombiniert mit der 9., Ähhhs, und der 1. Technik, Umgangssprache, die die Worte ein wenig unsicher wirken lassen:

*Was ich dir jetzt sage, ist echt wahr. Aber ich bin mir nicht
sicher, ob es zu kitschig ist … Ich sag's jetzt halt einfach:
Du, bitte glaub mir, bleibst für immer das Feuer in meiner
Brust, so lange, ähm, bis die Ewigkeit grau wird.*

An diesem Beispiel erkennen wir, dass sich auch sehr kitschige
Inhalte glaubhaft in ein Trennungskompliment einbauen lassen.
Aus Wirkungssicht ist immer zu beachten, dass er andere emotional hoch aufgeladen und deswegen nur wenig kritisch ist. Seine
rosarote Welt wird auf Ihre Worte abfärben, sodass in diesen Momenten die Gefahr, mit einem Trennungskompliment zu scheitern, gering ausfällt.

2) *Diese Nacht mit dir war etwas ganz Besonderes für mich.
Ich werde dich nie vergessen können.*

Auch hier können die Techniken für glaubhafte Komplimente die
Wirkung steigern. Achten Sie auf Pausen, sprechen Sie langsam,
lassen Sie Ihre Stimme vibrieren und atmen Sie schwer. Kennzeichen der Trauer dürfen nicht fehlen. Dies alles gilt selbstverständlich nur dann, wenn Sie es nicht aufrichtig meinen. Der Vorteil an
der Wahrheit ist, dass sie häufig ohne Anstrengung glaubhaft wird.

3) Grundsätzlich sind alle Grundmuster auch auf die Trennungskomplimente anwendbar, zum Beispiel diese:

Ich werde mich sehr einsam fühlen ohne dich. (16. Grundmuster, Emotionswörter)

*Jeder Mann, der dich einmal kennengelernt hat, wird sich
einsam fühlen, wenn du nicht bei ihm bist.* (17. Grundmuster,
Soziale Verstärkung)

*Nachts werde ich dich nicht mehr riechen, nicht mehr fühlen,
nicht mehr schmecken können und tagsüber nicht mehr sehen
und nicht mehr hören. Ich wünschte, ich könnte bleiben …*
(19. Grundmuster, Fünf Sinne)

Ohne dich werde ich vollkommen verloren sein ...
(8. Grundmuster, Selbsterniedrigung)

20. Zitat-Komplimente

1) *Friedrich Schiller sagt: Ein Augenblick, gelebt im Paradies, wird nicht zu teuer mit dem Tod gebüßt.* (1. Teil) *Ich verstehe, was er meint.* (2. Teil)

   Johann Wolfgang von Goethe hat gesagt, dass jeder Zustand, ja jeder Augenblick, von unendlichem Wert ist, weil er eine ganze Ewigkeit repräsentiert. (1. Teil) *Jetzt erst, in diesem Moment, mit dir im Arm, verstehe ich wirklich, was er meint.* (2. Teil)

   Friedrich Hebbel beschrieb einmal, was für ihn Leben heißt: den Augenblick immer als höchsten Brennpunkt der Existenz zu sehen, auf den die ganze Vergangenheit nur vorbereitet, und diesen Augenblick zu genießen. (1. Teil) *Ich fühle mich im Moment sehr lebendig. Und das liegt an dir.* (2. Teil)

2) *Ein altes Sprichwort sagt, dass die wertvollsten Schätze unter der Erde sind* (Teil 1) – *aber ich kann dich doch nicht einfach einbuddeln!* (Teil 2)

Literaturverzeichnis

Adloff, F. / Mau, S., Vom Geben und Nehmen. Zur Soziologie der
Reziprozität, Frankfurt a. M., 2005

Andersen, N., »Cognitive algebra. Integration theory applied to social
attribution«. In: Advances in Experimental Social Psychology, 7,
1974, S. 1–101

Andersen, P. A., »Cognitive schemata in personal relationships«.
In: S. Duck (Hrsg.), Individuals in relationships. Understanding
relationship processes series. Newbury Park, CA, 1993, S. 1–29

Amaranthes, Proben der Poesie in galanten- verliebten- vermischten
schertz- und satyrischen Gedichten. Franckfurt/Leipzig, 1710/1711

Bolte, A., et al., »Emotion and intuition: Effects of positive and negative
mood on intuitive judgments of semantic coherence«. In: Psychological Science, 14, 2003, S. 416–421

Borisoff D. / Hahn, D., »Thinking with the body. Sexual Metaphors«.
In: Communication Quarterly, 3, 1993, S. 253–260

Buchloh, S., Pervers, jugendgefährdend, staatsfeindlich. Zensur in der
Ära Adenauer als Spiegel des gesellschaftlichen Klimas, Frankfurt
a. M., 1999

Burgoon, M., et al., Human communication, Thousand Oaks, CA, 1994

Buston, P. / Emlen, S., »Cognitive process underlying human mate
choice. The relationship between self-perception and mate preference
in Western society«, 2003, http://www.pnas.org/content/100/15/
8805.full [04.12.2008]

Canli, T., et al., Sex differences in the neural basis of emotional
memories, http://www.pnas.org/content/99/16/10789.abstract
[03.11.2008]

Darwin, C., Der Ausdruck der Gemütsbewegungen bei dem Menschen
und den Thieren, Stuttgart, 1872

Dion, K., et al., »What is beautiful is good«. In: Journal of Personality
and Social Psychology, 24, 1972, S. 285–290

d'Enjoy, P., »Le baiser en Europe et en Chine«. In: Bulletin de la Société
d'anthropologie, 1897, S. 181–185

Fishbein, M. / Hunter, R., »Summation versus balance in attitude
organisation and change«. In: Journal of Abnormal and Social
Psychology, 69, 1964, S. 505–510

Förstl, H., Frontalhirn. Funktionen und Erkrankungen, Heidelberg,
2005

Forgas, J., Soziale Interaktion und Kommunikation. Eine Einführung
in die Sozialpsychologie, Weinheim 1992

Frost, R. / Green, M., »Velten mood induction procedere effects.
Duration and postexperimental removal«. In: Personality and Social
Psychology, 8, 1982, S. 341–347

Gaschler, K., »Was Er sagt und Sie versteht«. In: Gehirn & Geist, 01/2002

Gergen, K., et al., »Deviance in the dark«. In: Psychology Today, 7,
1973, S. 129–130

Griffit, W., »Environmental effects on interpersonal affective behavior«.
In: Journal of Personality and Social Psychology, 15, 1970, S. 240–244

Harari, H. / McDavid, J., »Name stereotypes and teachers expectations«.
In: Journal of Educational Psychology, 65, 1973, S. 222–225

Heinberg, L. J. / Thompson, J. K., »Social comparison. Gender, target
importance ratings, and relation to body image disturbance«.
In: Journal of Social Behavior and Personality, 7, 1992, S. 335–344

Herberstein, S. v., Reise zu den Moskowitern. Hrsg. T. Seifert,
München, 1966

Holmes, J., »Compliments and Compliment Responses in New Zealand
English«. In: Anthropological Linguistics, 28, 1987, S. 458–508

Holmes, J., »Paying Compliments. A Sex-Preferential Politeness
Strategy«. In: Journal of Pragmatics, 12, 1988, S. 224–456

Isen, A. / Gorgolione, J., »Some specific effects of four affect induction
procedures«. In: Personality and Social Psychology Bulletin, 9, 1983,
S. 136–143

Jakobsen, E., »Normal and pathological moods. Their nature and
functions«. In: R. Eisler et al. (Hrsg.), The psychoanalytical study
of the child, New York, 1957, S. 73–113

Etcoff, N. / Orbach, S., Jenseits von Stereotypen: Das neue Verständnis
von Schönheit, http://services.dove.de/nike/art/PT_Studie_
FINAL.pdf [26.06.2008]

Jones, B., et al., »Effects of Menstrual Cycle Phase on Face Preferences«.
In: Archives of Sexual Behavior, 37 (1), 2008, S. 78–84

Jones, B., et al., Proceedings of the Royal Society B, 2006, DOI:
10.1098/rspb.2006.0205

Jones, E., et al., »Some reactions to being approved and disapproved
of as a person«. In: Psychological Monographs, 76, 1962

Klotz, T. / Stiehler, M., Männerleben und Gesundheit. Eine interdisziplinäre, multiprofessionelle Einführung, Weinheim, 2007

Knipf-Komlósi, E., et al., Aspekte des Wortschatzes, Bölcsész Konzorcium, Budapest, 2006

Kühn, S., et al., Psychologische Theorien für Unternehmen, Göttingen,
2006, S. 223

Lair, J. (Hrsg.), »Dudo von St. Quentin: De moribus et actis primorum
Normanniae ducum«. In: Mémoires de la Societé des Antiquaires de
Normandie. III, 3, 1865

Lakoff, G., Women, Fire and Dangerous Things. What Categories
Reveal About of Mind, Chicago, 1987

Lazarsfeld, P., et al., The people's choice. How the voter makes up his
mind in a presidential campaign. New York, 1948

Levesque, M., et al., »Toward an understanding of gender differences
in inferring sexual interest«. In: Psychology of Women Quarterly,
30/2, 2006, S. 150–158

Mackiewicz, J., »Compliments and Criticism in Book Reviews from
Business and Technical Communication Journals«. In: Proceedings
of the Association for Business Communication Annual Convention,
2005

Mathews, K. / Canon, L., »Environmental noise level as a determinant
of helping behavior«. In: Journal of Personality and Social Psychology, 32, 1975, S. 571–577

May, J. / Hamilton, P., »Females' evaluations of males as a function of
affect arousing music«. Vorlage beim Midwestern Psychological
Association Meeting, Chicago, 1977

Mecklenbräuker, S. / Hager, W., »Zur experimentellen Variation von
Stimmungen. Ein Vergleich einer deutschen Adaption der selbstbezogenen Velten-Aussagen mit einem Musik-Verfahren«. In:
Zeitschrift für experimentelle und angewandte Psychologie, 33,
1986, S. 71–94

Miehling, K., Zwangsbeschallung am Arbeitsplatz. Das unterschätzte Gesundheitsrisiko. Freiburg, 2006, http://file1.npage.de/000022/12/ download/zwangsbeschallung_am_arbeitsplatz.pdf [25.06.2008]

Rilke, R., Werke. Kommentierte Ausgabe in vier Bänden. Hrsg. von Manfred Engel et al., Frankfurt a. M., 1996

Roney, J., et al., »Reading men's faces. Women's mate attractiveness judgments track men's testosterone and interest in infants«. In: Proceedings of the Royal Society of London, B, 273, 2006, S. 2169–2175

Sanders, D., Wörterbuch der deutschen Sprache, 1859/65

Schöffel, G., Denken in Metaphern, Opladen, 1987

Schwarz, N. / Clore, G., »Mood, misattribution and jugdments of well-being«. In: Journal of Personality and Social Psychology, 45, 1983, S. 513–523

Simon, H., »Motivational and emotional controls of cognition«. In: Psychological Review, 74, 1967, S. 29–39

Steinhausen, G., (Hrsg.), Briefwechsel Balthasar Paumgartners des Jüngeren mit seiner Gattin Magdalena, geb. Behaim (1582–1598), Tübingen, 1895, S. 13 f.

Tilly, A. v., Memoiren. Dokumente zur Sittengeschichte des 18. Jahrhunderts, Wien, 1923

Velten, E., »A laboratory task for the induction of mood states«. In: Behaviour Research and Therapy, 6, 1968, S. 473–482

Anmerkungen

1 J. Holmes, »Paying Compliments. A Sex-Preferential Politeness Strategy«. In: *Journal of Pragmatics*, 12 (1988). S. 224–456

2 Zur Reziprozität interessant: F. Adloff / S. Mau, *Vom Geben und Nehmen. Zur Soziologie der Reziprozität*, Frankfurt a. M., 2005

3 Nach einer Umfrage der Zeitschrift *Men's Health* im April 2007

4 »Jenseits von Stereotypen: Das neue Verständnis von Schönheit«, vgl. http://services.dove.de/nike/art/PT_Studie_FINAL.pdf [26.06.2008]

5 Vgl. T. Klotz / M. Stiehler, *Männerleben und Gesundheit. Eine interdisziplinäre, multiprofessionelle Einführung*, Weinheim, 2007

6 Turhan Canli et al., vgl. http://www.pnas.org/content/99/16/10789.abstract [03.11.2008]

7 Vgl. Katja Gaschler, »Was Er sagt und Sie versteht«. In: *Gehirn & Geist* 01/2002

8 L. J. Heinberg / J. K. Thompson, »Social comparison. Gender, target importance ratings, and relation to body image disturbance«. In: *Journal of Social Behavior and Personality*, 7, 1992, S. 335–344

9 B. Jones et al., »Effects of Menstrual Cycle Phase on Face Preferences«. In: *Archives of Sexual Behavior*, 37 (1), 2008, S. 78–84

10 Vgl. Jo Mackiewicz, »Compliments and Criticisms in Book Reviews from Business and Technical Communication Journals«. In: *Proceedings of the Association for Business Communication Annual Convention*, 2005

11 Vgl. M. Levesque / C. Nave / C. Lowe, »Toward an understanding of gender differences in inferring sexual interest«. In: *Psychology of Women Quarterly*, 30/2, 2006, S. 150–158

12 Benedict Jones (University of Aberdeen) et al., *Proceedings of the Royal Society B*, DOI: 10.1098/rspb.2006.0205

13 Alexander von Tilly, *Memoiren. Dokumente zur Sittengeschichte des 18. Jahrhunderts*, Wien, 1923

14 K. Mathews / L. Canon, »Environmental noise level as a determinant of helping behavior«. In: *Journal of Personality and Social Psychology*, 32, 1975, S. 571–577

15 J. May / P. Hamilton, »Females' evaluations of males as a function of affect arousing music«. Vorlage beim Midwestern Psychological Association Meeting, Chicago, 1977

16 K. Gergen / M. Gergen / W. Barton, »Deviance in the dark«. In: *Psychology Today*, 7, 1973, S. 129–130

17 W. Griffit, »Environmental effects on interpersonal affective behavior«. In: *Journal of Personality and Social Psychology*, 15, 1970, S. 240–244

18 N. Schwarz / G. Clore, »Mood, misattribution and jugdments of well-being«. In: *Journal of Personality and Social Psychology*, 45, 1983, S. 513–523

19 Das Wort *Stimmung* (engl. feeling, mood) bezog sich ursprünglich auf die Festlegung der Tonhöhe beim Instrument. Diese Tönung wurde im 18. Jahrhundert auf die unbestimmte Grundverfassung der Seele (Gemüt) übertragen und damit vom konkreter fassbaren Gefühl (Emotion) unterschieden.

20 H. Simon, »Motivational and emotional controls of cognition«. In: *Psychological Review*, 74, 1967, S. 29–39. Vgl. E. Jakobsen, »Norma and pathological moods. Their nature and functions«. In: R. Eisler et al. (Hrsg.), *The psychoanalytical study of the child*, New York, 1957, S. 73–113

21 I'm lovin, Song von Jimi Blue

22 Nach: Anonymus: Der Singsklave, Aus der Yatima

23 Song von Culcha Candela, Hamma

24 Aus der US-Serie Boston Legal

25 Gebräuchliches Kompliment in Kamerun für Frauen

26 Kompliment aus youtube.com

27 Übersetzt etwa: »Du hast es drauf!«

28 M. Engel et al. (Hrsg.), *Rilke: Werke. Kommentierte Ausgabe*, Bd. IV, Frankfurt a. M., 1996, S. 1091

29 Der Wortschatz des Englischen mit seinen zwei Quellen, dem Lateinischen und dem Germanischen, hat jedoch einen noch größeren, fast doppelt so großen Wortschatz wie das Deutsche: zwischen 600.000 und 800.000 Wörter. Vgl. E. Knipf-Komlósi et al., *Aspekte des Wortschatzes*, Bölcsész Konzorcium, Budapest, 2006, S. 16

30 »Die Dialektik lehrt, die Rhetorik bewegt.« (Martin Luther, *Tischreden*)

31 Johann Lafer, Kompliment an Kolja Kleeberg in Johannes B. Kerners Sendung »Kochen unter 20 Euro«

32 Nach: Die Leiden des jungen Werther (1774)

33 Der Begriff Alliteration stammt von dem lateinischen *ad* mit der Bedeutung *zu* und *littera*, auf Deutsch *Buchstabe*. Diese rhetorische Figur stammt aber dennoch nicht aus der lateinischen Rhetorik-Literatur, sondern wird erstmals bei G. Pontano, einem humanistischen Dichter des 14. Jahrhunderts, verwendet. Ihrem Wesen nach bedeutet diese Figur, dass ein Laut oder Buchstabe mehrfach wiederholt wird. Ein Beispiel aus dem Französischen lautet: »Pour qui sont ces serpents qui sifflent sur vos têtes?«

34 S. Kühn et al., *Psychologische Theorien für Unternehmen*, Göttingen, 2006, S. 223

35 A. Bolte et al., »Emotion and intuition: Effects of positive and negative mood on intuitive judgments of semantic coherence«. In: *Psychological Science*, 14, 2003, S. 416–421

36 P. Lazarsfeld et al., *The people's choice. How the voter makes up his mind in a presidential campaign*. New York, 1948

37 Es handelt sich dabei um die Studie von Jones et al., »Some reactions to being approved and disapproved of as a person«. In: *Psychological Monographs*, 76, 1962

38 Interessant dazu die Studie von Harari und McDavid, die schon im Jahr 1973 feststellten, dass Schüler mit beliebteren Vornamen bis zu einer ganzen Note besser im Schulaufsatz bewertet wurden als Schüler mit weniger beliebten Vornamen – trotz identischer Leistung: Harari, H. / McDavid, J. (1973): Name stereotypes and teachers expectations. In: Journal of Educational Psychology, 65, S. 222–225

39 Dies belegen zahlreiche Studien, hier eine klassische von: Dion, K. / Berscheid, E. / Walster, E. (1972): What is beautiful ist good. In: Journal of Personality and Social Psychology, 24, S. 285–290.

40 Man spricht vom Summen- oder vom Durchschnittsmodell der Eindrucksbildung. Grundlegende Vertreter des ersteren sind Fishbein, M. / Hunter, R. (1964): Summation versus balance in attitude organisation and change. In: Journal of Abnormal and Social Psychology, 69, S. 505–510. Das Durchschnittsmodell: Andersen, N. (1974): Cognitive algebra. Integration theory applied to social attribution. In: Advances in Experimental Social Psychology, 7, S. 1–101.

41 Spannend dazu: Levesque, M. / Nave, C. / Lowe, C. (2006): Toward an understanding of gender differences in inferring sexual interest. In: Psychology of Woman Quarterly, Bd. 30–2.

42 Es ist bekannt, dass man einer Person Ärger provozierende Äußerungen eher verzeiht, wenn vorher eine positive sozio-emotionale Beziehung bestanden hat, als wenn keine positive Beziehung aufgebaut wurde. Vgl. P. A. Andersen, »Cognitive schemata in personal relationships«. In: S. Duck (eds.), *Individuals in relationships. Understanding relationship processes series*. Newbury Park, CA, 1993, S. 1–29; M. Burgoon et al., *Human communication*, Thousand Oaks, CA, 1994; J. Forgas, *Soziale Interaktion und Kommunikation. Eine Einführung in die Sozialpsychologie*, Weinheim, 1992

43 Melker Marienlied (1113/1140) von Bernhard von Clairvaux und Heinrich von Meißen (ca.1230–1318, genannt Frauenlob), Marienleich

44 Vgl. Miroslaw Peczaks einfühlsame Rezensionen von Lewinsons Wörterbuch. In: Polityka, 14, 3.5.1999, S. 66

45 G. Lakoff, *Women, Fire and Dangerous Things. What Categories Reveal About of Mind*, Chicago, 1987; D. Borisoff / D. Hahn, »Thinking with the body. Sexual Metaphors«. In: *Communication Quarterly*, 3, 1993, S. 253–260

46 US-Serie Scrubs

47 E. Velten, »A laboratory task for the induction of mood states«. In: *Behaviour Research and Therapy*, 6, 1968, S. 473–482

48 Übrigens deuten neuere Befunde darauf hin, dass die willentliche Selbstregulation und Unterdrückung negativ emotionaler Zustände eine entscheidende Rolle bei der Entstehung einer Depression spielen können. Vgl. H. Förstl, *Frontalhirn. Funktionen und Erkrankungen*, Heidelberg, 2005, S. 252. Zur Dauer der Stimmungsinduktion vgl. R. Frost / M. Green, »Velten mood induction procedere effects. Duration and postexperimental removal«. In: *Personality and Social Psychology*, 8, 1982, S. 341–347

49 J. Roney et al., »Reading men's faces. Women's mate attractiveness judgments track men's testosterone and interest in infants«. In: *Proceedings of the Royal Society of London*, B, 273, 2006, S. 2169–2175

50 Vgl. die Untersuchungen von Luciano Bernardi, Universität Pavia

51 Es ist bekannt, dass Pop- und Rockmusik vom US-Militär im Irak, in Afghanistan und im Lager Guantanamo als Folter eingesetzt wurde und möglicherweise noch wird.

52 S. Mecklenbräuker / W. Hager, »Zur experimentellen Variation von Stimmungen. Ein Vergleich einer deutschen Adaption der selbstbezogenen Velten-Aussagen mit einem Musik-Verfahren«. In: *Zeitschrift für experimentelle und angewandte Psychologie*, 33, 1986, S. 71–94. Vgl. auch A. Isen / J. Gorgolione, »Some specific effects of four affect induction procedures«. In: *Personality and Social Psychology Bulletin*, 9, 1983, S. 136–143

53 K. Miehling, *Zwangsbeschallung am Arbeitsplatz. Das unterschätzte Gesundheitsrisiko*. Freiburger Initiative gegen Lärm und Zwangsbeschallung. Freiburg, 2006, http://file1.npage.de/000022/12/download/zwangsbeschallung_am_arbeitsplatz.pdf [25.06.2008], S. 2 f

54 P. Buston / S. Emlen, »Cognitive process underlying human mate choice. The relationship between self-perception and mate preference in Western society«, 2003, vgl. http://www.pnas.org/content/100/15/8805.full [04.12.2008]

55 Quid iuvat aspectus, si non conceditur usus?

56 Nach Hafis, »Unwiderstehliche Schönheit«, Nachdichtung von Hans Bethge

57 Song von Culcha Candela, Hamma

58 P. d'Enjoy, »Le baiser en Europe et en Chine«. In: *Bulletin de la Société d'anthropologie*, 1897, S. 181–185

59 C. Darwin, *Der Ausdruck der Gemütsbewegungen bei dem Menschen und den Thieren*, Stuttgart, 1872, S. 218

60 Georg Weerth, Leben und Taten des berühmten Ritters Schnapphahnski, DER RITTER UND DIE HERZOGIN XVII

61 Georg Steinhausen (Hrsg.), Briefwechsel Balthasar Paumgartners des Jüngeren mit seiner Gattin Magdalena, geb. Behaim (1582–1598), Tübingen, 1895, S. 13 f.

62 Nach J. Lair (Hrsg.), »Dudo von St. Quentin: De moribus et actis primorum Normanniae ducum«. In: Mémoires de la Société des Antiquaires de Normandie. III, 3, 1865, S. 169

63 Der junge Schiller wird der literarischen Epoche des Sturm und Drang zugeordnet

64 Wettbewerb der Zeitschrift Kulturaustausch 2007

Was ist das gute Leben?
Welches ist das richtige?

Katja Kullmann
Echtleben

Warum es heute so kompliziert ist,
eine Haltung zu haben

224 Seiten / gebunden
€ 14,95 (D) / sFr 23,50 / € 15,40 (A)
ISBN 978-3-8218-6513-3

Das war der Plan: Ein paar Dinge neu gestalten, ein welt-
offenes, selbstbestimmtes, freundliches Leben führen –
eine Existenz, die weitgehend frei ist von Hierarchien, und in
der Geld, Geschlecht und Geburtsurkunden höchstens eine
Nebenrolle spielen.
Gut ein Jahrzehnt der verschärften Flexibilisierung später
ist, was einst als Lebenskunst gedacht war, zur Über
lebenskunst verkommen. Ideen und Ideale gibt es längst
im Sonderangebot zu kaufen, als T-Shirt-Aufdruck oder
Magazin-Booklet.
Mit welcher Haltung begegnen wir solchen und anderen
Zumutungen? Mit Massenstreik, Montagsdemos, Molotow
oder Mieterinitiativen? Dieses Buch bietet weder »Werte«-
Appell noch Psychotricks zur Schmerzlinderung. Kein
Coaching-Effekt soll von ihm ausgehen. Das Buch weiß es
nicht besser. Es erzählt eine Geschichte aus der Gegenwart.

eichborn
der verlag mit der fliege